本书获得国际潮学研究会"潮汕历史文化研究博士、硕士论文资助计划"资助

内蒙古财经大学学术文库

第一辑

近代潮汕侨乡城镇体系与市场圈

（1840～1949）

Urban system and market circle of
Chaoshan overseas Chinese in modern times
（1840～1949）

于亚娟 / 著

经济管理出版社
ECONOMY & MANAGEMENT PUBLISHING HOUSE

图书在版编目（CIP）数据

近代潮汕侨乡城镇体系与市场圈（1840～1949）／于亚娟著 . —北京：经济管理出版社，2015.12

ISBN 978 - 7 - 5096 - 4173 - 6

Ⅰ.①近⋯ Ⅱ.①于⋯ Ⅲ.①侨乡—城镇—发展—潮州市—1840～1949 ②侨乡—城镇—发展—汕头市—1840～1949 Ⅳ.①F299.29

中国版本图书馆 CIP 数据核字（2015）第 312250 号

组稿编辑：王光艳
责任编辑：许　兵
责任印制：黄章平
责任校对：王淑卿

出版发行：经济管理出版社
　　　　　（北京市海淀区北蜂窝 8 号中雅大厦 A 座 11 层　100038）
网　　址：www. E - mp. com. cn
电　　话：（010）51915602
印　　刷：北京玺诚印务有限公司
经　　销：新华书店
开　　本：720mm×1000mm/16
印　　张：17.25
字　　数：327 千字
版　　次：2017 年 10 月第 1 版　　2017 年 10 月第 1 次印刷
书　　号：ISBN 978 - 7 - 5096 - 4173 - 6
定　　价：68.00 元

序　言①

城镇体系的研究发端于 20 世纪初期，作为一个科学概念的提出是在 20 世纪 60 年代。目前，国外热衷于多角度关注区域城镇体系及其演变的创新研究理念，多学科介入、多角度探讨、多方法交叉、多理论融合的研究趋势十分明显。中国城镇体系研究在中华人民共和国成立后起步，改革开放后随着城镇建设普遍展开而得到较大发展，当前，更呈现出视角、方法等方面的多元化趋向。城镇体系研究是历史城市地理研究的重要内容之一，深入研究近代城镇体系的形成、演变及其规律，不仅有助于深刻了解城镇近代化的丰富内涵，而且可为当今的城镇布局、城镇发展、城镇与区域协调发展、人口统筹等提供有益的借鉴，因而，具有重要的学术价值和实践意义。

在近代城市（镇）地理研究方面，近年来不断有新的成果问世，但是，相关成果较多地集中在单个城市研究或者是不同类型城市的综合研究方面，区域历史城市（镇）地理研究则相对比较薄弱。实际上，基于我国地域类型多样以及各区域历史进程各异的历史与现实，更需要对不同区域类型的城市或城镇展开细致的比较研究，尤其是要充分关注一些特殊历史背景与特殊环境下的区域城镇体系的形成与演变情况，这样，才有利于完整揭示近代城镇体系发展演变的"共性"与"个性"。我国的侨乡是近代以来逐渐形成的特殊区域，是中西文明发生碰撞的地带，其城镇体系的建设和发展既有与其他地区相类似的特点，同时，也有其独特性。作为近代我国与西方交流的"窗口"和"桥梁"的广大侨乡地区，它的城镇体系如何构建，演变有何规律，城镇类型组成有何独特性，城镇之间经济交流的情况以及对城镇体系形成、演变的影响又是如何，值得给予应有的关注。

值得注意的是，近年来广东侨乡研究也出现了一些新的动态：其一，侨批银信文献资料的整理与网络视角研究受到高度重视。王炜中主编的《潮汕侨批业档

---

① 序言作者吴宏岐系暨南大学历史地理研究中心副主任、教授、博士生导师。

案选编（1942～1949）》（2010）与刘进、李文照主编的《江门五邑侨汇档案选编（1940～1950）》（2011），为广东侨乡侨批银信专题研究提供了丰富的原始资料，而郑一省的《多重网络的渗透与扩张——海外华侨华人与闽粤侨乡互动关系研究》（2006）、陈志明等主编的《跨国网络与华南侨乡文化、认同和社会变迁》（2006）、张国雄等主编的《国际移民与侨乡研究》（2014）、张应龙主编的《广东华侨与中外关系》（2014）、袁丁主编的《近代以来亚洲移民与海洋社会》（2014）、刘进主编的《比较、借鉴与前瞻：国际移民书信研究》（2014）等均为网络视角研究方面的出色成果。其二，侨乡建筑文化景观是广东侨乡研究的另一个热点。郑德华对广东侨乡建筑文化的研究（2003），许桂灵、司徒尚纪对广东华侨文化景观地域差异的研究（2004），张国雄对开平碉楼的研究（2005）和台山洋楼的研究（2007），林琳对广东骑楼的研究（2006），吴庆洲对梅州客家民居的研究（2010），谭金花对五邑侨乡和潮汕侨乡农村建筑风格的比较研究（2008）以及开平侨乡民国建筑装饰的成因与社会意义的研究（2014），等等，都令人耳目一新。其三，侨乡地域文化的差异性受到关注。以张国雄、梅伟强、刘进等为代表的对近代五邑侨乡历史文化的研究，以陈春声、王炜中、黄挺等为代表的对近代潮汕侨乡历史文化的研究，以房学嘉、肖文评、肖文燕等为代表的对梅州客家侨乡历史文化的研究，体现出广东地区不同侨乡之间存在地域文化的差异性。其四，都市侨乡问题开始引起重视。张应龙在《都市侨乡：侨乡研究的新命题》（2005）一文中最先提出侨乡研究应当包括乡村侨乡和都市侨乡两大部分，并以广州市为例，论述了都市侨乡的研究范围、特点、重点研究问题及研究意义，提出都市侨乡等同于城市侨乡，所包括的地理范围一般是以行政区域划分为基础，通常包括中心城区和郊区，并且认为一般以延伸到地级市一级为宜。郑德华的《关于"侨乡"概念及其研究的再探讨》（2009）一文认同都市侨乡或城市侨乡的提法，认为这个命题的提出对扩大侨乡研究的视野有一定的启发意义。张应龙、郑德华等前贤从理论层面提出了都市侨乡或城市侨乡问题，但相关的实证研究尚待大力开展。笔者欣喜地看到，于亚娟博士的新作《近代潮汕侨乡城镇体系与市场圈（1840～1949）》已在这个方面做了一些积极的探索。

于亚娟博士的《近代潮汕侨乡城镇体系与市场圈（1840～1949）》一书是在其博士学位论文的基础上修订而成的。作者认为，侨乡城镇是华人华侨研究的内容，城镇不仅涉及到经济发展以及建筑形式，还应关注城镇体系、城镇空间结构及城镇形态等问题，该书以历史地理学的方法研究近代潮汕侨乡城镇，拓展了侨乡研究的新视角，对推动华侨华人学的学科建设具有积极意义。

潮汕地区是我国著名的重点侨乡，也是广东三大侨乡之一。潮人旅居海外时间早、人口多，重点侨乡分布相对密集，所辖各县市基本都是重点侨乡，在我国侨乡城镇中具有典型性。近代以来，因与外界联系密切、华侨华人捐资以及社会自身发展等因素，潮汕侨乡城镇格局变化较大。现代城镇大多数是历史时期城镇的延续和发展，对其研究离不开历史考察，从这个意义上讲，加强历史城镇地理研究是与现代城镇发展和建设需要相适应的。以近代潮汕侨乡城镇体系与侨乡城镇市场圈作为研究着眼点，可以更全面、更客观地把握潮汕侨乡城镇地理的历史变迁，为当今潮汕侨乡之建设提供参考、借鉴的价值。从更宽泛的角度来说，研究潮汕侨乡城镇体系与城镇市场圈对广东省乃至其他省份的侨乡城镇研究，也具有窥一斑而见全豹的效果。这部著作以潮汕侨乡城镇为研究对象，以近代潮汕侨乡城镇发展和经济网络为主线，运用历史地理学的相关理论和方法对广东潮汕侨乡的城镇体系形成与演变、市场圈发展，以及市场圈的演变对城镇体系结构的影响做了系统、深入的探讨。在研究对象上，突破了以往主要以乡村侨乡为主的局限，将研究对象拓展至都市侨乡（包括县城和县辖城镇），从更广泛的角度探究侨乡城镇体系及侨乡空间结构等内容。在研究方法上，作者尤其重视宏观分析与微观研究相结合，在查阅大量文献资料和田野调查后提出了不少独到的见解，如侨乡消费型城市类型的提出就颇有新意。近代城市兴起的类型，传统上分为交通型、贸易口岸型、工矿业型等，通过对潮汕侨乡的深入研究，作者注意到由于侨汇充足，商业资本蓬勃发展，侨乡市镇大规模兴起，侨乡的商业消费特征明显，从而促成了以内购外销为特征的消费型城市的出现。这一新的见解，丰富了我们对近代中国城镇类型的认识。

综观全书，可以看出，作者受过较为严格的学术研究训练，思维较为敏捷，学术研究有一定的敏锐度。当然，限于篇幅和精力，该书对于有些问题的研究还不够细致，例如，对于近代侨资房地产业发展对潮汕城镇体系形成与演变的影响、侨乡市场圈的发展与核心城镇成长之间的关系，等等，可以进行更广泛、更深入的关注。希望作者以后能够开展持续研究，有更多的力作不断问世。

吴宏岐

2016 年 2 月 29 日于广州

前　言

　　强调区域特征与区域差异是地理学区别于历史学的关键所在，因此，"区域"是作为历史学与地理学交叉学科的历史地理学研究的一个很好的切入口。潮汕侨乡相对独立的地理区域与区域内相对一致的文化认同，使其具有历史地理学研究的样本价值。近代潮汕侨乡具有独特的移民背景，拥有被恩格斯誉为"远东唯一具有商业意义的港口"汕头，城镇建设中西合璧，港口长期承载着中西方商品交流的重任，等等，这一切都使得这个区域颇具魅力。

　　目光回眺。近代以来，随着海外移民及侨眷数量不断增加以及大量侨资的注入，近代潮汕侨乡城镇面貌、城镇体系等发生巨大改变，社会在人口构成以及生产、生活方面逐渐出现了有别于其他地区的特点。而且，近代汕头得益于优越的港口条件、地理位置，商品经济发达，很快崛起，不仅改变了潮汕城镇群结构，确立了在近代潮汕城镇群的核心地位，而且强化了潮汕近代化成果，形成了独具特色的近代化模式，即"商业兴盛和华侨投资—农业商品化和工场手工业半机械化—商业网络化和工业机械化"。从这个意义上讲，近代潮汕侨乡的城镇演变便具有了一定的独特性和吸引力。

　　笔者遂以此为选题，在借鉴前辈学人研究成果的基础上，利用潮汕侨乡的方志、民国档案、海关档案等资料，运用华侨华人学、人文地理学、城市地理学等学科的理论和方法，同时，长期深入潮汕地区实地考察，从历史地理学视角考察近代潮汕侨乡城镇发展、城镇体系形成和演变、近代化特征及城镇市场圈发展等，探究其历史演变及内在规律。基于此，本书主干部分共分七章阐述，具体说明如下：

　　第一章，分析近代潮汕侨乡城镇体系及城镇市场圈演变的自然环境和人文背景，指出侨乡的形成、分布以及重商文化传统等对城镇发展产生直接而重要的影响。在此基础上，探讨近代潮汕侨乡的形成与分布。

　　第二章，从历史角度分析了潮汕侨乡城镇体系的演变，指出鸦片战争之前城镇体系进一步协调发展，但是，真正发生巨变是在清朝后期：汕头成为城镇体系核心、商约港口出现且地位凸显、工商小城镇数量增多。民国时期，由于局势动荡不安，因而，城镇体系发展也几经波折。

第三章，从分布结构与分布距离两个视角探讨了潮汕侨乡城镇地域分布格局。前者表明，清朝后期呈现出"水网"，即"城网"的城镇分布结构特点，在民国时期由于新式交通方式兴起而被打破；后者表明，城镇空间距离分布与克里斯塔勒认为的"交通、市场、行政"三原则决定中心地体系的理论基本吻合。

第四章，依据不同标准分析清朝后期与民国时期潮汕侨乡的城镇等级结构，指出清朝后期城镇等级规模与行政等级有较强的一致性，而且，商业职能市镇出现了与行政职能市镇规模相媲美的趋向；民国时期汕头成为域内人口规模最大的城镇。

第五章，分析了近代潮汕侨乡城镇职能类型。除了学界通常划分的行政、贸易口岸、工矿业、交通枢纽等类型以外，笔者提出一种新型近代城镇——因侨汇而消费能力旺盛、消费特征突出的消费型城镇。另外，经济职能、行政职能、教育职能等类型的城镇各自发展，特色鲜明。

第六章，阐述了近代潮汕侨乡的近代化，指出其近代化机制包括动力与掣肘两个方面：前者包括华侨投资、侨汇、港口开放及西方殖民势力；后者涉及市场受限、对侨资和侨汇的依赖、外部环境影响、城镇体系不健全、产业结构失调及受制于人的半殖民地性等。模式可概括为，"商业兴盛和华侨投资—农业商品化和工场手工业半机械化—商业网络化和工业机械化"。

第七章，分析了近代潮汕侨乡城镇的市场圈，指出其经济发展实际上是在内外两个市场圈中的不断运行。从内部市场圈看，形成县、镇、墟市三级结构的区域市场体系；从外部市场圈看，外部市场圈又可分为两个方面：从与欧美日贸易看，汕头一度成为国际商品流通中转站；从与南洋贸易看，华侨的推动作用不容忽视。

随着我国城镇化的深入，区域城镇研究成为近年来学界关注的主题之一，相关成果不断涌现。近代侨乡是中西文明发生碰撞的地带，由此产生的影响不仅体现在经济、文化、社会等宏观层面，还表现在城镇体系、城镇空间结构及城镇形态等若干细致入微方面。以历史地理学的理论与方法对侨乡城镇做个案研究，对于开拓侨乡研究的新视角、丰富区域历史地理研究内容应有积极意义。

目　录

绪 论

一、缘起与意义

1. 选题缘起

历史地理研究的任务是复原历史时期的地理面貌并探究其演变过程、原因及规律，那么，恢复某一时段的地理面貌并对比不同历史时段的地理面貌，进而勾勒出一幅在时间序列中某个区域的地理剖面，从区域入手，无疑是一个很好的选择。

"区域"一词本身就是一个地理学概念，强调区域特征和区域差异正是地理学区别于历史学的关键所在。① 不同区域之间的差异不仅表现在地理景观（自然与人文的景观）上，还表现在区域社会经济与文化发展的过程与特点方面：不同区域经济开发的进程与开发模式、生产生活方式的演进乃至政治模式、文化形态诸方面都会有很大差异。② 地域间的差异体现在各个方面，这种差异已经不仅仅是地理学关注的焦点，历史学进行深入研究，同样地也需要特别关注。近年来，随着历史地理研究的深入，一些研究者开始把自然地理区划作为历史地理区划的基本构架，同时，也结合了某一历史时段或现阶段的人文地理格局。③

潮汕侨乡西北横亘着东北至西南走向的莲花山系，东北与福建境内的博平岭相续，西南延绵至惠来和陆丰沿海，将广东东部切割成背山面海、西北高东南低的相对独立的地理区域。区域内人群聚落在生产生活方式、风俗习惯等方面具有

---

① 吴宏岐：《历史地理学视野下的中国近代社会史研究》，《学术月刊》2006 年第 3 期，第 131 – 132 页。

② 鲁西奇：《区域历史地理研究：对象与方法——汉水流域的个案考察》，广西人民出版社 2000 年版。

③ 鲁西奇：《历史地理研究中的"区域"问题》，《武汉大学学报》（哲学社会科学版）1996 年第 6 期，第 84 – 85 页。

相对的一致性，并且往往能够维持相对的独立性。从这个意义上来讲，潮汕侨乡无疑地是区域研究的一个很好的契入点。

值得注意的是，近代潮汕侨乡还具有一定的独特性，这表现在两个方面：①随着海外移民及侨眷数量不断增加以及大量侨资的注入，潮汕侨乡城镇面貌、体系等发生巨大改变，社会在人口构成以及生产、生活方面逐渐出现了有别于其他地区的特点。②近代汕头得益于优越的港口条件、地理位置，商品经济发达，很快崛起，不仅改变了潮汕城镇群构成，出现了汕头近代化与其他县市城镇化同步进行、两者相辅相成的格局，而且强化了潮汕近代化成果，形成了独具特色的近代化模式——"商业兴盛和华侨投资—农业商品化和工场手工业半机械化—商业网络化和工业机械化"。

从这个意义上讲，近代潮汕侨乡的城镇演变便具有了一定的独特性和吸引力。笔者遂以此为选题，在借鉴前辈学人研究成果的基础上，利用潮汕侨乡的方志、民国档案、海关档案等资料，充分利用华侨华人学、人文地理学、城市地理学等学科的理论和方法，拟从历史地理学视角考察近代潮汕侨乡城镇发展、城镇体系、近代化特征及城镇市场圈等，探究其历史演变及内在规律，以期为当今侨乡城镇建设及经济布局提供借鉴。

2. 选题意义

（1）学术意义。潮汕侨乡是广东省四大侨乡之一，潮汕人旅居海外时间早、人口多，重点侨乡分布相对密集，所辖各县市基本是重点侨乡，在我国侨乡城镇中具有典型性。对潮汕侨乡城镇体系与城镇市场圈的研究，对广东省乃至其他省份的侨乡城镇研究具有窥一斑而见全豹的效果。近代，潮汕大量的侨资带动了侨乡城镇面貌的改变，而目前有关侨乡城镇的研究相对较少，且多从经济、建筑等角度着手。实际上，侨乡城镇是华人华侨研究的内容之一，有关研究不应仅仅停留在城镇经济、建筑形式等层面，还应关注城镇体系、城镇空间结构及城镇形态等问题。① 基于此，本选题以历史地理的方法对潮汕侨乡城镇进行个案研究，这是侨乡研究的新视角，对推动华侨华人学的学科建设，尤其是侨乡研究，具有积极意义。

在我国城市化的带动下，区域城镇研究成为学者们关注的主题之一，近年来

---

① 近年来有关侨乡城镇经济、建筑形式等内容的学术论文有：郑一省：《水客与近代中国侨乡的金融网络及移民网络——以闽粤侨乡为例》（《东南亚研究》2006 年第 5 期），肖文燕：《华侨与近代侨乡农业变迁——广东省梅县个案研究》（《东南亚研究》2007 年第 2 期），孟晓晨等：《社会资本与地方经济发展——以广东新会为例》（《地理研究》2007 年第 2 期），吴庆洲：《梅州侨乡客家民居中西合璧的建筑文化》（《赣南师范学院学报》2010 年第 1 期）等。

相关研究成果不断涌现。近代侨乡地区是中西文明的碰撞地带，侨乡社会发生巨变，以侨乡地区作为个案进行研究，是区域历史城镇研究的拓展，丰富了区域历史城镇地理研究的内容，具有一定的学术价值。

（2）实践意义。潮汕是我国著名的重点侨乡，若按旅居海外的华侨华人人数计，潮汕超过广东省江门五邑和福建省厦门、漳州、泉州等侨乡，是全国最大的侨乡。近代，潮汕侨乡因与外界联系密切、华侨华人捐资以及自身发展等因素，城镇变化比较大。有些地方因特殊的地理位置，辟为港口后迅速发展；有些城镇因华侨投资兴办工业，经济面貌和城镇面貌大为改观；有些靠近铁路、公路等交通要道的城镇，因现代交通的发展而兴盛。当然，也有些城镇因交通路线的变迁和废弛而逐渐衰落；有些农业城镇因西方工业文明的冲击而不再兴盛。侨乡城镇的这些差异特征的产生，有其深刻的历史、地理等背景。现代城镇大多数是历史时期城镇的延续和发展，对于现存城镇的一系列研究离开历史的考察，就难以全面了解其发展脉络，加强对历史城镇地理的研究，是与现代城镇发展和建设需要相适应的。以近代潮汕侨乡城镇体系与侨乡城镇市场圈作为研究着眼点，可以更全面、更客观地把握潮汕侨乡城镇地理的历史变迁，为当今潮汕侨乡地区之建设提供参考、借鉴建议。

二、相关学术史回顾

1. 近代城镇研究现状①

（1）关于城市史及区域城市史的研究。20 世纪 80 年代以来，随着改革开放政策的实施及我国城市化进程的加快，城市史研究迎来了科学研究的"春天"，出现众多颇有见地的成果。如武伯纶的《西安历史述略》（陕西人民出版社，1979 年）、同济大学城市规划教研室的《中国城市建设史》（中国建筑工业出版社，1982 年）、董鉴泓的《中国城市建设史》（中国建筑工业出版社，1982 年）、傅崇兰的《中国运河城市发展史》（四川人民出版社，1985 年）、陈桥驿的《中国历史名城》（中国青年出版社，1986 年）等。"七五"计划期间，国家哲学社会科学规划小组将上海、天津、重庆、武汉 4 所城市历史列为重点研究课题，有关这 4 所城市近代史的研究专著相继问世：如张仲礼的《近代上海城市研究》（上海人民出版社，1990 年）、隗瀛涛的《近代重庆城市史》（四川大学出版社，

---

① 关于近代城镇研究的学位论文和学术论文层出不穷，研究主题主要集中于市镇数量、规模、功能，区域城乡经济互动关系，城市社会结构与社会生活，交通运输与城市经济发展，区域城市商业发展等方面，囿于篇幅本书对此不再一一列出，仅探讨相关学术专著。

1991 年）、罗澍伟的《近代天津城市史》（中国社会科学出版社，1993 年）、皮明庥的《近代武汉城市史》（中国社会科学出版社，1993 年）。可以说，这 4 所大城市史的研究是近代城市史研究的代表之作。此后，对其他城市的历史研究如雨后春笋般蓬勃兴起，中国城市史研究进入前所未有的繁盛时期。相继出现了一批有影响的著作，如戴均良的《中国城市发展史》（黑龙江人民出版社，1992 年）、何一民的《中国城市史纲》（四川大学出版社，1994 年）、宁越敏的《中国城市发展史》（安徽科学技术出版社，1994 年）、何一民的《近代中国衰落城市研究》（四川出版集团巴蜀书社，1997 年）、隗瀛涛的《中国近代不同类型城市综合研究》（四川大学出版社，1998 年）、常宗虎的《南通现代化：1895～1938 年》（中国社会科学出版社，1998 年）、庄德林等的《中国城市发展与建设史》（东南大学出版社，2002 年）、张驭寰的《中国城池史》（百花文艺出版社，2003 年）、朱士光的《西安的历史变迁与发展》（西安出版社，2003 年）、何一民的《近代中国城市发展与社会变迁》（科学出版社，2004 年）、蔡云辉的《战争与近代中国衰落城市研究》（社会科学文献出版社，2006 年）、赵冈的《中国城市发展史论集》（新星出版社，2006 年）、傅崇兰等的《中国城市发展史》（社会科学文献出版社，2009 年）等。

区域城市史研究从区域宏观角度考察特定区域的城市系统发展以及城市在区域内部的地位及作用，是城市史研究深入的必然趋势。区域城市史领域涌现了大量成果，依研究区域不同大致分为三类：第一类以江南市镇及长江沿岸城镇为研究对象，主要包括刘石吉的《明清时代江南市镇研究》（中国社会科学出版社，1987 年）、樊树志的《明清江南市镇探微》（复旦大学出版社，1990 年）、陈学文的《明清时期杭嘉湖市镇史研究》（群言出版社，1993 年）、茅家琦的《横看成岭侧成峰——长江下游城市近代化的轨迹》（江苏人民出版社，1993 年）、戴鞍钢的《港口·城市·腹地——上海与长江流域经济关系的历史考察》（复旦大学出版社，1996 年）、包伟民的《江南市镇及其近代命运》（知识出版社，1998 年）、王卫平的《明清时期江南城市史研究：以苏州为中心》（人民出版社，1999 年）、王迪的《跨出封闭的世界——长江上游区域社会研究（1644～1911）》（中华书局，2001 年）、张仲礼的《长江沿岸城市与中国近代化》（上海人民出版社，2002 年）、任放的《明清长江中下游市镇经济研究》（武汉大学出版社，2003 年）、陈国灿的《江南农村城市化历史研究》（中国社会科学出版社，2004 年）、樊树志的《江南市镇：传统的变革》（复旦大学出版社，2005 年）等著述。这些论著或从宏观层面对江南城镇进行整体性研究，或从微观入手研究江南城镇的个案特例。第二类以沿海城镇为研究对象，主要包括张洪祥的《近代中国通商口岸与租借》（天津人民出版社，1993 年）、张仲礼的《东南沿海城市与中国近代化》（上海人民出版社，1996 年）、杨天宏的《口岸开放与社会变革——近代中国自开商埠研究》（中华书局，2002 年）、复旦大学历史地理研究中心的《港口—腹地和中国现代化进程》（齐鲁书社，2005 年）、王尔敏的《五口通商变局》（广西师范大学出版社，2006 年）、吴松弟的《中国百年经济拼图：港口城市及其腹地与中国现代化》（山东画报出版社，2006 年）等。这类成果主要集中于沿海的港口类城市。第三类则是以除前两类之外的地区的城市为研究对象，主要包括武斯的《区域中原城市史略》（湖北人民出版社，1980 年）、王长升的《长城沿线城市》（东方出版社，1990 年）、钟文典的《广西近代圩镇研究》（广西师范大学出版社，1998 年）、曲晓范的《近代东北城市的历史变迁》（东北师范大学出版社，2001 年）、王守中等的《近代山东城市变迁史》（东北师范大学出版社，2001 年）、唐次妹的《清代台湾城镇研究》（九州出版社，2008 年）等。值得一提的是，台湾"中央研究院近代史研究所"自 20 世纪 80 年代以来陆续出版的《中国现代化的区域研究（1860～1916）》丛书①，丰富了区域城市史的研究内容。

（2）关于城市地理及城市历史地理的研究。许学强、朱剑如的《现代城市地理学》（中国建筑工业出版社，1988 年）、周一星的《城市地理学》（商务印书馆，1995 年）、顾朝林的《中国城市地理》（商务印书馆，1999 年）和《中国城镇体系——历史·现状·发展》（商务印书馆，2002 年）、许学强的《城市地理学》（高等教育出版社，2002 年）、周一星的《城市地理求索》（商务印书馆，2010 年）等著述都达到了一定学术造诣。这些著述从城市体系、城市功能、城镇化等方面对城市地理进行了深入研究。柴彦威的《中日城市内部结构比较研究》（北京大学出版社，1999 年）对中日城市结构进行比较研究，表明城市地理研究，不仅关注城市发展史的研究，而且开始关注城市内部空间的研究。

随着城市史和历史地理学的发展，城市历史地理学在 20 世纪 70 年代末开始有所发展，并以马正林的《丰镐—长安—西安》（陕西人民出版社，1978 年）一书作为城市历史地理研究的开创之作。之后，一系列的城市历史地理著作涌现出来，如南京师范大学江苏城市历史地理编写组的《江苏城市历史地理》（江苏科学技术出版社，1982 年）、曾昭璇的《广州历史地理》（广东人民出版社，1991

①　主要包括：苏云峰：《中国现代化的区域研究：湖北省（1860～1916）》，台北："中央研究院近代史研究所"，1981 年；张玉法：《中国现代化的区域研究：山东省（1860～1916）》，台北："中央研究院近代史研究所"，1982 年；李国祁：《中国现代化的区域研究：闽浙台地区（1860～1916）》，台北："中央研究院近代史研究所"，1982 年；张明园：《中国现代化的区域研究：湖南省（1860～1916）》，台北："中央研究院近代史研究所"，1983 年；王树槐：《中国现代化的区域研究：江苏省（1860～1916）》，台北："中央研究院近代史研究所"，1984 年；谢国兴：《中国现代化的区域研究：安徽省（1860～1916）》，台北："中央研究院近代史研究所"，1991 年。

年）、褚绍堂的《上海历史地理》（华东师范大学出版社，1996 年）、史念海的《中国古都和文化》（中华书局，1998 年）、侯仁之的《北京城市历史地理》（北京燕山出版社，1999 年）、马正林的《中国城市历史地理学》（山东教育出版社，1998 年）、鲁西奇的《区域历史地理研究：对象与方法——汉水流域的个案考察》（广西人民出版社，2000 年）、周霞的《广州城市形态演进》（中国建筑工业出版社，2005 年）、刘景纯的《清代黄土高原地区城镇地理研究》（中华书局，2005 年）、吴宏岐的《西安历史地理》（西安地图出版社，2006 年）、曾谦的《近代山西城镇地理研究》（宁夏人民出版社，2009 年）等。这些著述虽然研究重点各有侧重，但是在不同程度上丰富了城市历史地理的研究内容。

此外，中国台湾学者赵冈的《中国城市发展史论集》（新星出版社，2006 年）将中国城市分为两大系统，即行政区划的各级治所及其以外的市镇。该书对古代城市居民密度、城市人口数量及占总人口比重等问题均有深入探讨。国外学者的研究也颇有建树，对国内城市史研究有一定的推动作用。如美国学者施坚雅对中国城市化的研究成果《中华帝国晚期的城市》（叶光庭译，中华书局，2000 年），有学者评论这是"一部跨学科研究中国城市史的著作……是'自 70 年代以来美国中国史研究由综合性研究转向地方性研究过程中的一本最重要的著作'……该书的校译者陈桥驿认为，施坚雅开创了城市史研究的新方向。另有评论人称，该书的创新之处在于方法论，即施坚雅用计量研究法、城市比较研究法、中心地理论凸显城市史研究的社会性和经济性，突破了传统的中国城市史的定性描述手法"。[①] 而日本学者滨下武志的《中国近代经济史研究：清末海关财政与通商口岸市场圈》（高淑娟等译，江苏人民出版社，2006 年）则从财政与通商口岸市场圈研究入手，揭示地方经济发展的规律，对于通商口岸的城镇经济研究而言，提供了新的视角和方法。还有关于区域城市史研究的著作，如美国约翰逊的《帝国晚期的江南城市》（成一农译，上海人民出版社，2005 年），等等。

综上所述，近年来关于近代城镇的研究在思路与理论创新、对象与内容拓展，以及个案分析等方面均有很大进步，佳作不断，为后来者的研究开辟了道路，提供了经验。但是，仔细审视，不难发现，仍有不足之处，有待进一步地深入研究。具体而言，不足之处包括如下两点：

第一，从研究区域和研究旨趣来看，具有明显的不平衡性。江南市镇研究，广受学者关注，硕果累累。相比之下，其他地区的城市研究则逊色不少。而且其他地区城市的研究，或者集中于大中城市，如北京、上海、广州、西安等地；或者以某一地区的典型城市为侧重点，而忽略区域的整体性，如对沿海城市的研究

---

① 任放：《施坚雅模式与中国近代史研究》，《近代史研究》2004 年第 4 期，第 101 页。

大多将整个沿海区域作为研究对象，只从中选出典型城市作为个案分析元素。事实上，沿海特殊的地理环境使很多地区形成了相对封闭、独立性较强的地理小单元，内部的区域差异是相当明显的，不宜以"一刀切"的方式概而论之。

第二，从研究手段和学科属性来看，城市史或区域城市史的研究成果相对较多，并且已经达到一定学术造诣。相比而言，以历史地理学理论和方法研究城市的成果则有较大空间。当然，既有的城市历史地理方面的研究成果中，有不少佳作都是在广泛收集资料，严谨逻辑推理的基础上推出的，不仅立论严谨、科学，而且不乏独立见解，皆为上乘之作。但是，这些成果多以历史名城或省际区域为研究对象，而对中小城镇，特别是具有同质性区域，尤其是区域侨乡城镇的关注不够。

2. 与近代潮汕侨乡城镇相关的研究

（1）与近代潮汕侨乡相关的研究。潮汕所辖各县市基本上都是侨乡，从这个意义上讲，有关潮汕研究，即潮汕侨乡研究。近年来关于潮汕侨乡的研究生机勃勃，硕果累累。按照研究对象的专门与否来划分，这些研究成果大致可分为两类。

第一类，专著、论文。是以近代侨乡或者广东侨乡为研究对象而涉及到潮汕侨乡的研究。具体而言，又分为四个种类的研究内容：

其一，对侨乡社会变迁、华侨华人与侨乡关系等方面展开研究的成果。如陈达的《南洋华侨与闽粤社会》（商务印书馆，1937年）是民国时期对闽粤社区的社会和经济考察后形成的一份研究报告，内容涉及福建、广东两省华侨影响下的传统生活方式、教育以及婚姻家庭等社会生活的变迁等内容。还有孙谦的《清代华侨与闽粤社会变迁》（厦门大学出版社，1999年）、周大鸣等的《侨乡移民与地方社会》（民族出版社，2003年）、郑一省的《多重网络的渗透与扩张——海外华侨华人与闽粤侨乡互动关系研究》（世界知识出版社，2006年）、陈志明的《跨国网络与华南侨乡：文化、认同和社会变迁》（香港中文大学亚太研究所，2006年）、黄昆章等的《华侨华人与中国侨乡的现代化》（中国华侨出版社，2003年）、熊蔚霞等的《抗日战争时期闽粤侨乡的侨眷生活》（载《南洋问题研究》1992年第4期）、张惠梅等的《20世纪中叶新马华人社会与华南互动之探讨》（载《南洋问题研究》2006年第2期）、郑一省的《东南亚华侨华人与当代闽粤侨乡制度的创新和变迁》（载《东南亚研究》2004年第1期）等成果也侧重强调侨乡社会变迁，以及华侨华人与侨乡关系等内容。

其二，对侨乡经济、社会文化、教育、建筑、移民等其中某方面展开探讨的成果。如在对侨乡经济研究方面，就有对侨汇、经济发展模式等方面的具体研究。林家劲的《近代广东侨汇研究》（中山大学出版社，1999）、林金枝的《解放前华侨在广东投资的状况及其作用》（载《学术研究》1981年第5期）以及《解放前华侨在广东投资的状况及其作用（续完）》（载《学术研究》1981年第6期），还有《侨汇对中国经济发展与侨乡建设的作用》（载《南洋问题研究》1992年第2期）、袁丁等的《1946~1949年广东侨汇逃避问题》（载《华侨华人历史研究》2001年第3期）等论著对广东省侨汇做了具体研究，而沈卫红的《侨乡模式与中国道路》（社会科学文献出版社，2009年）则通过对侨乡社会在世界历史中的现代化进程问题，探讨中国在未来现代化进程中应选择的方式。对侨乡文化、教育等方面的研究，有许桂灵等的《广东华侨文化景观及其地域分异》（载《地理研究》2004年第3期）、许肇琳等的《广东华侨与侨乡教育》（载《学术研究》1987年第4期）、郑甫弘的《海外移民与近代沿海侨乡教育结构的变迁》（载《南洋问题研究》1996年第4期）等。其他侨乡经济研究方面的成果还有赖松龄的《广东侨乡土地改革的偏差及其纠正》（载《华侨华人历史研究》1992年第3期）、赵增延《建国初期侨乡的土地改革》（载《中共党史研究》1990年第5期）、龙登高的《粤闽侨乡先行改革的社会成本分析》（载《华侨华人历史研究》2001年第3期）、张晓辉的《民国时期广东社会经济史》（广东人民出版社，2005年）等论著。

其三，侨乡研究的理论探讨成果。如张应龙在《都市侨乡：侨乡研究新命题》（载《华侨华人历史研究》2005年第3期）中提出侨乡研究不仅指乡村侨乡，都市侨乡也应同样关注；而郑德华在《关于"侨乡"概念及其研究的再探讨》（载《学术研究》2009年第2期）中提出侨乡研究应属于地域研究范畴，地域特性、历史特性应该是侨乡研究中要特别注意的问题。

其四，综合性论述成果。如方雄普等的《华侨华人百科全书·侨乡卷》（中国华侨出版社，2001年）、郑民等的《华侨华人史研究集（一）》（海洋出版社，1989年）、庄国土的《中国侨乡研究》（厦门大学出版社，2000年）、胡百龙等的《侨乡文化纵论》（中国华侨出版社，2005年）、刘权的《广东华侨华人史》（广东人民出版社，2002年）。

上述四种研究成果，尽管不是以潮汕侨乡为主要研究对象，但或多或少涉及到潮汕侨乡情况。

第二类，专门以近代潮汕侨乡为研究对象的研究成果。这一类研究成果研究的主题主要集中在经济、社会及文化等方面。如经济方面的有，陈朝辉等的《潮汕平原经济》（广东人民出版社，1994年）、杨群熙的《华侨与近代潮汕经济》（汕头大学出版社，1997年）、王本尊的《海外华侨华人与潮汕侨乡的发展》（中国华侨出版社，2000年）、翁楚湘等的《潮汕农业》（潮汕历史文化研究中

心，2000 年）、王炜中的《潮汕侨批》（广东人民出版社，2007 年）、杨正军的
《粤东侨乡——汕头新和村社会经济变迁》等，这些论著对近代潮汕的农业、商
业等方面进行了相对深入的研究。对侨乡社会方面的研究成果主要有，陈礼颂的
《一九四九年前潮州宗族村落社区的研究》（上海古籍出版社，1995 年）、杜桂芳
的《潮汕海外移民》（汕头大学出版社，1997 年）、杨群熙等的《海外潮人慈善
业绩》（花城出版社，1999 年）等。对文化方面的研究有，杜松年的《潮汕大文
化》（中国科学技术出版社，1994 年）、黄挺的《潮汕文化源流》（高等教育出
版社，1997 年）、陈泽弘的《潮汕文化概说》（广东人民出版社，2001）、赵春晨
的《城市百年履痕——近代城市文化与社会变迁图录》（花城出版社，2001 年）、
郭剑鸣的《文化与社会现代化：对汕头为中心的潮汕社会发展的文化透视》（汕
头大学出版社，2002 年）、黄桂的《潮州的社会传统与经济发展》（江西人民出
版社，2002 年）、王晶的《潮汕区域文化研究》（暨南大学出版社，2008 年）
等。对移民方面的研究有，李志贤的《海外潮人的移民经验》（新加坡潮州八邑
会馆：八方文化企业公司，2003 年）等。此外，还有林远辉等的《清代樟林港
与早期潮汕人的出洋》（载《侨史学报》1986 年第 3 期）、林仁川的《近代汕头
华工输出述略》（载《岭南文史》1985 年第 1 期）、林金枝的《近代华侨在汕头
地区的投资》（载《汕头大学学报》（人文社会科学版）1986 年第 6 期）、林金
枝的《华侨投资对沿海城市的兴起和中国近代化的作用》（载《华侨大学学报》
1987 第 2 期）、罗晓京的《1910～1941 年泰国对华贸易与汕头港》（载《东南亚
历史学刊》1987 年第 4 期）、吴凤斌的《鸦片战争后从汕头出洋的契约华工》
（载《侨史学报》1988 年第 4 期）、林风的《"香叻暹汕"贸易体系的形成及其
历史作用》（载《汕头侨史》1989 年第 1 期）、余潮仁的《试论潮汕人的心态特
征》（载《汕头大学学报》1989 年第 4 期）、林俊聪的《民国时期粤东与台湾贸
易概况和意义》（载《岭南文史》1990 年第 1 期）、陆集源的《汕头港与潮汕侨
胞的历史渊源》（载《交通世界》1994 年第 5 期）、杜桂芳的《潮汕侨批：义务
与权利——以强烈的心理需求为特征的家族观念》（载《华侨华人历史研究》
1995 年第 2 期）、陈春声的《近代华侨汇款与侨批业的经营——以潮汕地区的研
究为中心》（载《中国社会经济史研究》2000 年第 4 期）、黄静的《潮汕与中国
传统侨乡：一个关于移民经验的类型学分析》（载《华侨华人历史研究》2003 年
第 1 期）、陈丽园的《潮汕侨批网络与国家控制（1927～1949）》（载《汕头大学
学报》2003 年社科版增刊）、王元林等的《近代广东侨乡生活方式与社会风俗的
变化——以潮汕和五邑为例》（载《华侨华人历史研究》2005 年第 4 期）、陈友
义的《试论开埠对近代汕头崛起的历史作用》（载《广东史志视窗》2007 年第 6
期）、郑銮娟的《明清时期潮州经济市场网络初探》（载《知识经济》2009 年第

8 期）、郑銮娟的《潮州陶瓷产业空间结构及其形成机制研究》（载《中国陶瓷》2010 年第 4 期），以及徐艺圃的《汕头地区早期华工出洋概论》（载《汕头侨史论丛》第 1 辑）、王绵长的《近代华侨对汕头经济和海运贸易的贡献》（载《汕头侨史论丛》第 1 辑）、杨振新的《汕头港市的形式》（载《汕头文史》第 4 辑）、张映秋的《樟林港埠与红头船》（载《汕头文史》第 8 辑）、王琳乾的《解放前的汕头海关》（载《广东文史资料》第 51 辑）等学术论文，以及中国台湾学者范毅军的《汕头贸易与韩江流域手工业的变迁（1867～1931）》（载《台湾"中央研究院"现代史研究集刊》第 11 期）。范氏之文资料广泛，立论严谨，论证缜密，是一篇力作。

还需要特别指出的是，近年来在资料汇集和方志撰写方面也取得了一定成效，为潮汕侨乡城镇研究提供了宝贵资料。资料收集和整理，主要包括中国海关学会汕头海关小组等的《潮海关史料汇编》、林金枝等的《近代华侨投资国内企业史资料选辑（广东卷）》（福建人民出版社，1989 年）、广东省档案馆等的《华侨与侨务史料选编》（广东人民出版社，1991 年）、潮州市地方志办公室的《潮州两千年》（潮州市地方志办公室，1991 年）、王炜中的《潮汕侨批集成（第一辑）》（广西师范大学出版社，2007）等。方志主要包括汕头海关编志办公室的《汕头海关志》（汕头海关编志办公室，1988 年）、黄万德的《汕头建置沿革》（汕头市地方志编纂委员会办公室，1990 年），以及一系列华侨志，如《丰顺县华侨志（初稿）》（1988 年）、《揭西县华侨志（初稿）》（1988 年）、《潮州市华侨志（初稿）》（1988 年）、《汕头市华侨志（初稿）》（1990 年）、《广东省志·华侨志》（1996 年）、《饶平华侨史志》（1999 年）等。

（2）与潮汕侨乡城镇相关的研究。就笔者目力所及，迄今为止未见以潮汕侨乡城镇为研究对象的学术专著。不过，已有一些相关的学术积累，一些著作论及近代潮汕城镇地理，主要包括黄梅岑的《潮州街道掌故》（广东旅游出版社，1991 年）和《潮州牌坊纪略》（潮州市文化局文艺创作基金会编印，1994 年）两著，前著考证了潮城的 15 条主要街道和 32 条巷里名称由来等内容，后著除概述历史上潮州牌坊的情况外，重点记述了 43 座牌坊的建筑特点及位置。陆琦的《广东民居》（中国建筑工业出版社，2008 年）介绍了广府、潮汕、客家三大体系的传统聚居形态和空间格局。

与近代潮汕侨乡城镇相关的学术论文也不多，主要包括孙淑彦的《岭东古建筑明珠——揭阳孔庙》（载《岭南文史》1994 年第 4 期）、王钊的《揭阳城隍庙》（载《岭南文史》1994 年第 4 期）、李琛的《侨乡小城镇近代骑楼保护对策探讨》（载《小城镇建设》2003 年第 11 期）、林琳的《广东及周边地区骑楼发展的时空过程及动力机制》（载《人文地理》2004 年第 1 期）、郑松辉的《论潮汕近代民居建筑的海洋文化内涵》（载《汕头大学学报》2004 年第 4 期）、吴妙娴等的《近代华侨投资与潮汕侨乡建筑的发展》（载《华南理工大学学报》（社会科学版）2005 年第 1 期）、张应龙的《输入与输出：广东侨乡文化特征散论——以五邑与潮汕侨乡建筑文化为中心》（载《华侨华人历史研究》2006 年第 9 期）、邓毅《后殖民语境下的文化变迁：侨乡城镇的近代化历程》（载《河南社会科学》2008 年第 4 期）等。

综上所述，关于潮汕侨乡研究已有一定基础，而且个别侨乡城镇研究已积累了相当的成果，但是，仍存在诸多不尽如人意之处，具体而言，有如下几点：

第一，关于近代潮汕侨乡社会、经济、文化、移民等方面的研究着力较甚，有关侨乡城镇的研究则明显不足。数量不多的近代潮汕城镇研究多属于宏观层面的探讨，往往谈及城镇经济、城镇文化，缺乏城镇体系、城镇形态、城镇功能，以及侨乡城镇发展模式方面的区域研究。

第二，学术界对汕头关注较多，相当一部分研究是以汕头为核心考察对象。实际上，近代诸如潮汕侨乡等地理小单元的发展变迁具有典型性，颇具研究价值。如果将汕头置于潮汕区域，视潮汕侨乡城镇群为一个独立的地理单元进行研究，那将是一个不错的尝试。

第三，缺乏多重视角、交叉学科的综合研究。潮汕作为中国农业文明与西方工业文明接触的前沿地带，其近代社会生活、经济、文化经历了巨变，其城镇体系、空间布局及变迁等方面的研究亟须诸如历史地理学等跨学科的研究手段和研究视角的介入。

三、资料基础与研究方法

1. 资料基础

本课题属于区域历史地理研究范畴，因此，本书的顺利开展必须以大量地方文献资料作为支撑。从总体上来看，关于近代潮汕侨乡的历史文献，相对而言，还是比较丰富。表现在以下几方面：

（1）方志。主要分为两类：第一类是旧志，晚清、民国时期，方志资料较以前增加了诸多内容，如与城镇发展相关的"实业"、"工商"等。新增内容恰好说明当时社会发生了明显的变迁，这不仅为立论提供思路，而且也是佐证论点的重要依据。有些志书，特别是民国时期纂修的志书，对城镇人口、工商业人口、职业构成、店铺统计与分布等都有较为详细的记述，为本课题微观研究提供了可贵的资料来源。华人华侨志书是侨乡研究必不可少的文献资料，潮汕侨乡华侨志相对于广东省其他侨乡来说，相对丰富，是本课题研究重要的资料来源。第二类是新编志书。近年来，大量新编县市志出版。这些县市志在材料运用、编撰体例、书写文风等方面与旧志均有明显差异。这些新县市志可以与旧志相互印证，相互补充，可为本课题研究提供更为客观的资料来源。

（2）流失域外文献的整理出版。因诸多原因导致许多珍贵文献史料流失海外。近年来，有些流失域外的文献材料通过多种途径得以整理出版。如陈光烈的《饶平县志补订》（饶平县地方志编纂委员会办公室，2009 年）几经周折终于在内地公开出版，填补了饶平民国志书的空白。另外，诸多清朝档案实录等资料相继刊出也是本课题不可或缺的资料。

（3）民间资料、地方出版物。潮汕侨乡的民间族谱、熟悉掌故的老人们的口碑相当丰富且重要。还有一些文物、文书等散布在民间，通过田野调查和访谈可将这些资料收集、整理并利用。这些都是进行潮汕侨乡研究的一手资料。

地方未公开出版发行的刊物、丛书等内容丰富而具体，是不可忽视的重要材料。如由广东省、潮州市、汕头市及所属各县市各级政协文史资料委员会编著的《文史资料》，潮汕历史文化研究中心编的学术丛刊《潮学研究》，汕头市潮汕历史文化研究中心与汕头大学潮汕文化研究中心合编的《潮汕文化论丛》等文史资料，所包括的近代潮汕侨乡的内容对本书具有重要参考价值。

（4）档案与报刊。主要是汕头市档案局、广东省档案馆和中国第二历史档案馆所藏的民国时期潮汕侨乡的档案，记载详细、齐全，是本书的重要资料来源。民国时期也出现了《广州民国日报》、《岭东日报》等地区性报纸，为恢复当时潮汕侨乡情景提供了重要资料来源。

2. 研究方法

本书在研究中采用的基本方法是历史文献分析法与田野实地考察法，并在此基础上注意四个"相结合"。具体阐述如下：

（1）两种方法。历史文献分析法。历史文献分析法是一种综合性的方法，是历史学、历史地理学研究的基本方法。潮汕侨乡城镇历史地理研究所需史料大部分要从文献中获得，历史文献分析法要求研究者具有资料检索、考据、分析和运用的综合能力，对历史文献进行收集、分类及考证、辨伪，提取可信、可用的资料信息。另外，地理学研究中将地图应用列入历史文献分析法的范围，"地图的优点在于地图大大优于自己的观察以及文字的阐述，它表现空间的完整性和一目了然……而在文字阐述中，关于空间关系的理解则几乎完全丧失了……只有在地图上才能够完全辨认出任何现象的空间布局和分布"。① 在近代潮汕侨乡城镇研究中，地图的运用也尤其重要。

田野实地考察法。实地考察和文献记载相结合，相互补充，两者并行运用，应该是研究中国历史地理学的较为有效的步骤。文献记载和实地考察并不是对立的，而是可以相互补充的，"由于文献记载并非都是第一手的史料，也并非都是得之且验的结果，因而就不能说是毫无讹误之处。通过实地考察，这些讹误就可以得到纠正"，"实地考察是为了更容易看到地理现象的实际情况，有助于了解期间演变的过程，更有助于探索这样一些演变的规律"。② 另外，实地考察还可以获取文献资料所不能提供的信息，如碑刻、民间口碑等。侨乡历史地理研究尤为需要实地考察。侨乡民间尚存数量可观的亟待整理的资料，如民间族谱、碑刻、民间老人的口述资料等。充分重视并利用这些资料将推动侨乡研究迈向更广阔的领域。

（2）四个"相结合"。历史文献考证与实地考察相结合。全面搜集、整理并精细考证有关潮汕侨乡城镇的历史文献，勾勒近代潮汕侨乡城镇发展概貌。利用田野调查和实地考证的手段，以实证主义手法弥补、纠正文献记载的疏漏和错误。将历史文献考证与实地考察有效结合，既避免沉迷于纷繁复杂的历史史实而难以抽绎出一般的法则和普遍的规律，又避免历史遗留物经百年洗礼或人为破坏而出现发展进程中断或缺失，以及口耳相传的主观臆断或失真。

宏观视野与微观分析相结合。宏观审视材料探索近代潮汕侨乡的城镇发展史和城镇体系、城镇市场圈演变过程，构建课题框架，微观角度剖析城镇内部空间结构发展演变，力求展现内容立体丰满。田野调查亦采用区域普遍调查和典型个案调查相结合的宏观与微观结合法。调研内容以城镇史和发展现状为主，兼顾区域经济、社会发展和生态环境演变情况，也体现宏大背景下微观考察某一事物的治学方法。

定性与定量分析相结合。研究过程注重定性分析与定量分析相结合，除采用因果分析法、功能分析法、区位分析法、比较分析法等定性研究方法外，如果基础资料条件允许，也将尽可能地充分运用层次分析法、途径分析法等技术手段进行研究，并通过大量研究性图表的制作，来体现定性分析与定量分析的有机整合与利用。既避免定量分析证据无法详举，论证的问题不能直观表现的缺点，又避免定性分析难以与客观史实贯通、空疏无物、大而不当的不足。

区域比较与区域互动相结合。本书以潮汕作为区域取向，以区域比较法与区

①　［德］阿尔夫雷德·赫特纳：《地理学：它的历史、性质和方法》，王兰生译，商务印书馆1986年版。

②　史念海：《中国历史地理纲要》（上册），山西人民出版社1991年版。

域互动法展开研究。区域比较，一是研究区域内诸多因素相互作用所形成的区域共同特征；二是要比较区域内部的更小层次区域之间的差异。区域互动，一是要研究区域内各要素之间的相互影响与相互作用；二是要研究区域之间的相互影响与相互作用。区域比较与区域互动相结合的最终目的是要寻求区域内的总体特点。

四、研究对象、核心概念与研究框架

1. 研究对象及相关说明

（1）研究对象。20世纪90年代以来，随着华侨华人研究的方兴未艾，侨乡研究逐渐纳入学者视线。实际上，中国大陆学者进行侨乡研究有着天然优势，"侨乡集中、语言便利、资料相对容易驾驭"，"加强侨乡的研究在某种程度上可以弥补在海外华人现状研究方面的不足"①。有的学者更进一步，提出侨乡研究甚至应该作为中国大陆学者的特色研究。②

在侨乡研究的现有研究成果中，大多学者将侨乡历史研究与侨乡历史地理研究混为一谈，有很多内容应归属侨乡历史地理研究范畴。李安山论及华侨华人学研究范畴时指出，"华侨华人历史研究"的具体内容之一为："华侨华人的起源地及与祖籍地关系的研究，包括侨乡（族谱、海外人口、捐赠、投资、合作等方面）、侨批、侨汇等演变发展的研究等"。③ 笔者认为，此中大部分内容应视为历史地理学研究范畴，不能简单划归历史学。原因在于：第一，华侨华人起源地与祖籍地的关系，是两个地域关系问题的研究，历史地理学当是其重要的、基本的研究视角。第二，华侨华人在侨乡的投资、捐赠有地域选择性，侨批、侨汇等也有地域差异性，研究这些差异的表现及成因更需要用历史地理学的视角。华侨华人投资侨乡，侨乡面貌的改变、经济发展模式的地域差异，以及侨乡城镇功能、空间结构、城镇形态、规模等主题的研究更宜采用历史地理学的方法，这些归属侨乡历史地理的研究范畴似乎更为合理，而不应简单地将其列为历史学的研究内容。

这就牵扯出另外一个问题，即侨乡历史地理研究。除了上述侨乡社会历史地

① 黄滋生：《论侨乡研究的现状及意义》，《华侨华人历史研究》1991年第4期。
② 袁丁：《从学术史看华侨华人研究的学科发展》，李安山：《中国华侨华人学——学科定位与研究展望》，北京大学出版社2006年版。
③ 李安山：《中国华侨华人学的学科定位与研究对象》，李安山：《中国华侨华人学——学科定位与研究展望》，北京大学出版社2006年版。

理研究以外，侨乡历史地理研究还包括侨乡人文历史地理研究。如人口变迁问题、侨乡地理分布问题、侨乡人文环境（风俗、宗教信仰、教育等）与侨乡地理环境之间关系问题等。历史上侨乡的人口数量、侨乡地理分布及特点、侨乡对异域文化接纳后呈现出的不同的表象和特征，使侨乡呈现出不同地域风格。[①] 近代潮汕侨乡地理特点是，三面环山一面临海，形成相对独立的地理单元，并在此地理基础上随着移民激增和商业发展，潮汕侨乡呈现出不同于其他地区的侨乡特色，如城镇体系的演变方面，等等。

由上述可知，本书在历史地理学视角下以近代潮汕侨乡的城镇为研究对象。

（2）潮汕侨乡历史地理研究与潮汕历史地理研究。潮汕侨乡历史地理研究与潮汕历史地理研究都是以潮汕为区域限定的历史地理视域下的研究，研究过程中所使用的理论、方法都主要借鉴于历史地理学。

潮汕侨乡历史地理与潮汕历史地理有何重要区别？仅从字面含义看，两者的区别主要在于"侨乡"这一关键词。潮汕是侨乡广东"三大侨乡"（潮汕侨乡、兴梅侨乡、广府侨乡）之一，历史上，尤其是近代以来，华侨的活动对潮汕的经济、社会、城镇等方方面面都产生着越来越显著的影响，侨乡社会文化价值观等精神层面也发生了深刻的改变。潮汕侨乡历史地理研究集中关注与潮汕华侨活动相关的各种地理现象的演变[②]，并且还是潮汕华侨研究与潮汕历史地理研究的交集。而潮汕历史地理并未与华侨华人研究建立起明显的联系，何为潮汕历史地理的研究内容？由于历史地理学是"探索中国历史时期各种地理现象的演变及其和人们的生产劳动、社会活动的相互影响，并进而探索这样的演变和影响的规律，使其有利于人们利用自然和改造自然的科学"。[③] 因而，潮汕历史地理研究便是以历史时期潮汕各种地理现象的演变及其与人们的活动间的相互关系为研究对象。

2. 核心概念的界定

研究某一区域地理景观的变迁应注意保持区域的相对完整性。一般而言，这

[①] 参阅拙文《华侨华人历史地理刍议》（于亚娟、吴宏岐：《华侨华人历史地理刍议》，《东南亚纵横》2012 年第 1 期，第 47－52 页）。文章认为侨乡历史地理研究是华侨华人历史地理研究的重要内容之一，华侨华人历史地理研究是介于华侨华人学科和历史地理学之间的交叉学科。主要原因在于，就其研究对象、资料来源而言与华侨华人学科的关系密切，就其研究理论和研究方法而言又属于历史地理学的范畴。

[②] 于亚娟、吴宏岐：《华侨华人历史地理刍议》，《东南亚纵横》2012 年第 2 期，第 49 页。该文章认为，华侨华人历史地理研究是探索历史时期与华侨华人相关的地理现象的演变及两者间的相互影响，并进而探索这样的演变和影响的规律的科学。

[③] 史念海：《中国历史地理纲要》（上册），山西人民出版社 1991 年版。

里所谓的"相对完整性"包含两个层面的含义，即地理完整性和历史完整性。对此，苏联历史地理学者 B. C. 热库林曾指出："区域的完整性提供了将所获得的结论与其他时期的资料进行比较的可能性。历史学家的许多奠基性著作由于研究区域的不一致，因而就难以和地理学对象的现代研究作比较。例如，历史学家们往往按行政区、省、总督辖区和其他区域来作计算，而这些行政单位又往往由各种各样的景观和经济区组成，结果由于区域差异，给历史资料和现代资料的比较造成了极大困难。因此，应当建议研究地理学对象发展全过程的历史地理学家从工作一开始就确定所研究区域的界线。"① 因此，有必要对本书所涉及的基本时段——"近代"，和基本区域——"潮汕"，进行界定。

如上所述，本书以近代潮汕侨乡的城镇为研究对象，那么，何谓侨乡？何谓城镇？这些都是直接关系到本书能否顺利开展的重要问题。因此，有必要厘清其内涵和外延。

（1）近代。从时间范围的角度看，学术界一般将"近代"界定为 1840～1949 年。本书所涉及的"近代"大体亦然。一方面，1840 年鸦片战争以后我国开始向半殖民地半封建社会转变，1840 年在近代史上具有承前启后的重要性；另一方面，潮汕地处沿海，随着西方坚船利炮撞开国门，潮汕比内地更先、更深刻体验到资本主义工业生产的冲击，潮汕侨乡的城镇变化较内地而言，更为深刻，1840 年，在潮汕发展史上的重要性不言而喻。因此，本书上限始自 1840 年。

第二次鸦片战争以后，汕头开埠，潮汕侨乡城镇格局开始出现重大变化。19世纪末清朝政府解禁，允许华侨归国，大量侨汇投于家乡，潮汕侨乡城镇面貌较之前出现更大变化，并逐步形成自己的特色。20 世纪二三十年代潮汕经济处于历史发展的黄金时期，城镇体系逐步完善。抗日战争期间，潮汕侨乡沦陷于敌手，先前的城镇建设成就多毁于战火。自此，潮汕城镇建设和体系布局处于下滑状态。尽管抗日战争以后曾经出现短暂繁荣，但很快由于内战爆发而被迫再次中断。直至中华人民共和国成立，潮汕侨乡城镇才翻开新的一页。为了全面了解潮汕侨乡城镇勃兴与衰落之全貌，抗日战争及战后城镇的状况也应纳入本书考察视野。因此，本书近代下限止于中华人民共和国成立前夕，一般而言，定为 1949 年。

1911 年辛亥革命结束了清朝统治，开创了中国历史的新纪元。因此，本书又以 1911 年为分界点，将近代分为清朝后期和民国时期。清朝后期指的是1840～1911年，民国时期指的是 1912～1949 年。在具体的研究过程中，清朝后期、民国时期也将做进一步的阶段划分。

（2）潮汕。历史地理学意义上的区域是历史的范畴。换言之，某一区域的

---

① ［苏］B. C. 热库林：《历史地理学——对象和方法》，韩光辉译，北京大学出版社 1992 年版。

界线不是严格不变的，而是随着不同历史阶段的社会经济环境、自然环境以及政治变迁等因素的变化处于动态之中，"历史地理研究者往往截取历史时期的某一时段，对区域地理面貌作横向的考察，其区域的划分常以该历史阶段的地理面貌为依据，在使用这种方法设定研究区域时就需要注意研究区域的历史连续性"。①

本书的研究区域——潮汕，在清代的地理范围上，已经有潮属"八邑"或"九邑"之说，"八邑"名称及大致范围是：海阳、潮阳、揭阳、澄海、饶平、普宁、惠来、丰顺。"九邑"，则是除了"八邑"之外再加上大埔。

清朝宋湘曾作《广东省各府州县名集成》，其中，与潮州府辖下各县相对应的诗文如下："潮州城内有海阳，始属饶平大埔堂。澄海普宁兄弟邑，惠来均与共邻疆。揭阳舟到潮阳港，丰顺同程不觉长。一自韩文宣化后，河清海晏不波扬。"诗文的前三联描述了包括大埔在内的潮属"九邑"的大致地理历史概况，诗文的尾联总结了自韩愈开启潮州文化大潮后，潮州已持续近千年的繁盛、海滨邹鲁景象。从地理环境与格局来看，潮汕侨乡处于西北的莲花山系、北部的凤凰山、西南的峨眉嶂包围之下，形成了一个三面环山一面临水、既封闭又开放的地理单元。汀江、梅江、梅潭河三江汇合于大埔的三河，之后汇成韩江南向流入大海，大埔与"八邑"在地理环境上具有了某种天然的联系，与"八邑"浑然而成一特定区域。

民国时期政区多变，从行政建制来看，潮汕时有盈亏，但是显著的地理格局以及侨乡特色并未改变，自然地理意义上的潮汕大致相当于清朝潮属"九邑"之地。

因此，考虑到研究区域的历史连续性，本书"潮汕"主要包括今潮州市、汕头市、揭阳市及下属各县，以及梅州辖下的大埔和丰顺。可见，本书关于"潮汕"地域的界定主要基于自然地理环境与人文景观两个方面，基本上忽略或较少考虑行政建制因素。

（3）侨乡。有学者认为，"侨乡"这个语词以书面的形式出现，似在1948年左右。② 然而，作为华侨故乡之侨乡在鸦片战争后就已出现。鸦片战争以前，虽有许多华侨之乡，但却难与海外华侨取得联系，故这时的侨乡不能算作完整意义的侨乡社会，因为，它们与非侨乡没有根本上的差异。③ 鸦片战争以后，通过一系列不平等条约，大量华工出国，这些华侨在居住国通过各种方式和国内亲人

---

① 鲁西奇：《区域历史地理研究：对象与方法——汉水流域的个案考察》，广西人民出版社 2000 年版。

② 赵灿鹏：《目光向外：中国现代华侨研究的一个倾向暨"侨乡"称谓的考察》，《华侨华人历史研究》2008 年第 1 期，第 42 页。

③ 黄重言：《试论我国侨乡社会的形成、特点和发展趋势》，郑民、梁初鸣：《华侨华人史研究集（一）》，海洋出版社 1989 年版。

联系，这样，我国东南与南部沿海地区成为最早的完整意义上的侨乡。①

学术界对于侨乡的定义，尚未达成共识。不过，一般认为，该地是一定数量华侨华人的故乡和祖籍地，还有一定数量的侨眷，而且该地由于与华侨华人存在各种联系而使其表现出与其他地方不同的特征，这样的地方就是侨乡。以此标准判定，一般可将广东侨乡分为广府地区、潮汕地区和兴梅地区三大区域。《广东省志·华侨志》将广东省侨乡按照华侨、侨眷数量等指标，划分为重点侨乡和一般侨乡，其中，潮汕各侨乡都为重点侨乡，分布如图0-1所示。

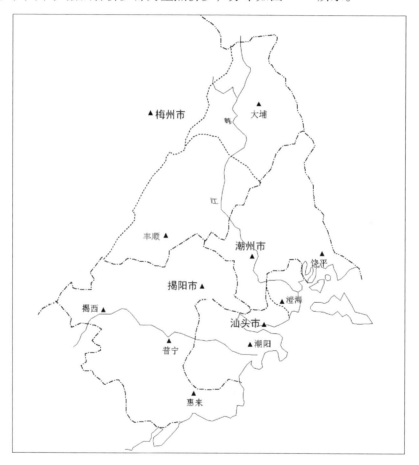

图0-1 潮汕侨乡分布示意图

资料来源：广东省地方史志编纂委员会：《广东省志·华侨志》，广东人民出版社1996年版，第138页附图"侨乡分布图"。

---

① 王元林：《海外华侨华人与侨乡关系演变的特点》，《暨南学报》（哲学社会科学版）2001年第4期，第129页。

值得特别引起注意的是，近年来有关侨乡研究的重点往往以乡村侨乡为主，而忽略了都市侨乡。① 实际上，按照侨乡的基本含义，侨乡不仅仅存在于乡村，都市也有侨乡。因此，"完整的侨乡研究应该包括'乡村侨乡研究'和'都市侨乡研究'两个部分"②。其中，都市侨乡是相对于乡村侨乡而言，指乡村以外的侨乡，包括城市侨乡以及介于城市和乡村之间的镇一级侨乡。

　　本书是以潮汕城镇地理为研究对象，受城镇规模、城镇体系等研究内容的限制，研究层面主要限于都市侨乡层面。

　　需要特别指出的是，本书所使用的"侨乡"一词分为泛称和特指两种情形。由于潮汕是广东省典型侨乡之一，而且侨乡基本形成于19世纪末20世纪初，与本书研究时限大体吻合，③ 因而，提及潮汕时往往以"潮汕侨乡"之名称出现，其实际含义就是潮汕地区。此为泛称意义上的侨乡。特指意义上的侨乡是行文中具体指出某一侨乡，一般会列出具体侨乡的名称。

　　（4）城镇。城最早是指被高大的墙体所围之地，即都邑的城垣，主要用于防御野兽侵袭，后来演变为防御敌方入侵。《墨子·七患》："城者，所以自守也"，"筑城以卫君，造郭以守民"，其意均体现防御职能，建筑城垣最初是从军事角度出发的。市指的是进行商品交易的场所，最早的市没有固定地点，多在井旁进行交易，又有市井之称。后来，随着人们在特定地点进行交易，形成集市。商代货币的使用大大促进了商品经济的发展，为了经营上的方便，市逐渐被吸引到人口比较集中，又是奴隶主贵族居住的城中，并有固定的位置，真正意义上的城市方才产生。④ 由于城与市的密切联系，往往又将城等同于城市。城市往往是行政区划的治所，它们通常都有城墙或加上外郭保护，城内有政府的行政机关。这一系统的最高层是京师，其中，有宫殿及有关的衙门廨署，以下则是各省级、府级、州县级的治所。⑤

　　镇的出现较城为晚，最初的含义与山相关，后来，在很长时间里演化成与军事相关。"有商贾贸易者谓之市，设官防者谓之镇"⑥，道出了镇的军事色彩。到了宋朝，由于实行中央集权，大批前朝驻镇军队撤离，再加上商品贸易逐渐活跃，镇逐渐摆脱了军事色彩，成为县治和村落之间具有商业意义的贸易集散中心地，具有相对的独立性。清朝乾隆年间《澄海县志》言："民人屯聚之所为村，商贾贸易之所为市，远商兴贩所集，车舆辐辏为水陆要冲，而或设官将以禁防

　① 张应龙：《都市侨乡：侨乡研究新命题》，《华侨华人历史研究》2005年第3期，第41页。
　② 张应龙：《都市侨乡：侨乡研究新命题》，《华侨华人历史研究》2005年第3期，第42页。
　③ 有关潮汕侨乡的形成，请参阅本书第一章第三节。
　④ 周一星：《城市地理学》，商务印书馆1995年版。
　⑤ 赵冈：《中国城市发展史论集》，新星出版社2006年版。
　⑥ （清）沈彤：《吴江县志》卷四《镇市村》。

焉，或设关口以征税焉为镇，次于镇而无官司者为埠，此四者其定名也。"① 清朝尤其是清朝后期，镇的内涵等同于市镇。民国时期镇逐渐成为地方行政单位。

本书所谓的城镇是城与镇的合称。城一般是行政区划的治所，城内有政府的行政机关。具体而言，清朝后期的城市指潮汕侨乡府、县（厅）级行政机构驻地，民国时期的城市指区署、县（市、局）级行政机构驻地以及1930年建置的汕头市。由于1909年镇作为基层行政建制拥有相应的行政区域和基层行政组织②，因而，清朝后期的镇指介于县治与乡村之间的非农业聚落，民国时期的镇指县下行政建制的镇。本书的研究对象是近代潮汕所有的行政中心和商业市镇，因此，统一用"城镇"这一概念。

3. 研究框架

本书试图在历史地理学视角下，综合运用历史学、地理学、社会学等多学科的理论和方法对近代潮汕侨乡城镇的历史变迁和地理分布进行细致研究。具体研究框架如下：

首先是绪论部分，着重探讨了课题研究的缘起，研究的学术价值、现实意义，关于近代城镇的研究现状、与近代潮汕侨乡城镇相关的研究现状，本书开展研究所依据的资料、研究的方法，研究对象、所涉及基本概念的界定以及行文结构等。

其次是本书的主体结构，共分七章。

第一章，近代潮汕侨乡城镇发展的背景因素。主要从自然地理基础、人文地理环境、近代潮汕侨乡的形成与分布等方面阐述近代潮汕侨乡城镇变迁所依托的背景，其中，华侨对潮汕侨乡城镇体系的发展演变的影响，正是本区域相对于其他区域城镇体系发展的独特性所在。本章中将重点讨论这一问题。

第二章，潮汕侨乡城镇的发展与城镇体系的演变。近代以前，潮汕城镇体系已经形成，清朝后期，特别是鸦片战争以后，社会经历了巨变，城镇体系也发生了重构，本章将重点探讨城镇体系重构的原因和内容。及至民国，抗日战争前随着潮汕侨乡经济的大发展，城镇体系也得到了深化和丰富，形成以汕头、潮州、潮阳、揭阳为骨干的地区城镇群。然而，抗日战争期间这些成果被毁于一旦，城镇体系遭受重挫，以至于抗日战争后城镇及城镇体系的恢复和发展都相当缓慢。从清朝后期到民国时期，镇一级城镇尤其值得关注，它的变化不仅体现在数量上，还体现在行政建置的形成上。本章从对各级别城镇的等级、数量的变化方面分析，试图探究近代城镇体系的演变规律。

---

① （清）金廷烈：《澄海县志》卷二《埠市》。
② 参阅清末宣统三年（1911年）颁布的《城镇乡自治章程》。

第三章，近代潮汕侨乡城镇地域空间结构的演变。本章以城镇空间分布、地理分布、城镇间距离特征来探讨城镇地域空间结构。另外，影响城镇空间结构演变的因素是多方面的，自然环境与资源、交通布局、地域政治经济等方面的内容对城镇体系都有重要影响。尤其不能忽视汕头开埠后潮汕侨乡新式近代交通网络对于城镇分布的影响。

第四章，近代潮汕侨乡城镇等级规模结构。城镇等级规模的划分一般以人口数量作为标准，清朝后期由于缺乏完整的人口资料，依据城池大小对清朝后期县及县级以上城镇规模进行比较。而县以下镇规模将采用行政建制、墟市大小、军事机构设置等多项指标共同作为衡量的标准进行划分。民国时期人口资料相对丰富，抗日战争前城镇经历了长时间的积累，取得了很大发展，主要采用 1938 ~ 1942 年的人口资料作为各级城镇等级的划分标准，将城镇划分为若干等级，并进而尝试对近代城镇等级规模特点进行提炼。

第五章，近代潮汕侨乡城镇的职能组合结构。依据城镇职能的不同而将近代潮汕侨乡城镇分为八种类型，这些类型城镇在组合结构上呈现出一定的特征。根据近代商业贸易职能中心的变迁、工业职能城镇的组合结构、金融职能城镇的变迁概括出近代潮汕侨乡城镇体系经济职能组合结构以潮州、汕头为区域双核心，并向外辐射的特点。行政职能城镇变迁体现在府（道、区）城镇和县市局城镇两个层面。近代教育在潮汕侨乡萌芽、发展，学校在数量、类别上，各地分布有一定差别，从而表现出教育发展的地域不均衡性。

第六章，华侨与潮汕侨乡城镇的近代化。本章考察了潮汕侨乡城镇近代化在交通及通讯、生活方式、城镇建筑、近代企业发展、教育转型等方面的表现。在此基础上，探究了城镇近代化的动力因素，继而对近代化模式"商业兴盛和华侨投资—农业商品化和工场手工业半机械化—商业网络化和工业机械化"进行分析和探索，并据此分析潮汕侨乡近代化的诸多制约因素。

第七章，近代潮汕侨乡城镇的市场圈。汕头开埠后，潮汕侨乡城镇商品经济较之前更为活跃，本章通过对潮汕侨乡的经济发展过程与特点的考察，将近代潮汕侨乡市场圈分为内外三个层次："欧美日—潮汕侨乡—内地"、"南洋—潮汕侨乡"，以及"潮汕侨乡域内"。本章分三节对上述这三个市场圈贸易概况、贸易特点进行分析，"欧美日—潮汕侨乡—内地"市场圈在近代之初的潮汕对外贸易中占有重要地位，"南洋—潮汕侨乡"市场圈非常活跃，而且华侨在其中扮演了非常重要的角色，"潮汕侨乡域内"市场圈以遍布各地的墟市为纽结而形成。

第 一 章

近代潮汕侨乡城镇发展的背景因素

城镇作为社会发展的历史产物和地理实体，其产生与演变必然脱离不了一定的自然地理环境和人文地理环境。美国芝加哥学派的社会学者 R. D. 麦肯齐指出："居住地和水源早在人类的游牧生活时代，就是形成人类联系中地点和空间固定性的两个首要因素……聚居点在很大程度上取决于当地的能源和原料条件。"① 这里所指的"居住地"、"水源"以及"能源和原料条件"可以理解为地形、地貌、植被、水文等，除此之外，气候、灾害等因素共同组成的相互联系、相互制约的有机整体即为自然地理基础；人文地理环境指适于人类社会活动的产业结构、政治建制、人口、经济发展等因素构成的有机整体。二者共同构成城镇存在和发展的地理基础，它不仅促进或限制了城镇的发展，而且在一定程度上影响了不同区域的城镇发展和演变的特征。黑格尔曾谈道："助成民族精神产生的那种自然的联系，就是地理的基础。假如把自然的联系同道德'全体'的普遍性和道德全体的个别行动的个体比较起来，那么，自然的联系似乎是一种外在的东西。但是我们不能不把它看作是'精神'所从而表演的场地，它也就是一种主要的，而且必要的基础。"② 其中，所谓"地理的基础"就是指人类历史发展所依赖的自然地理环境，这也是城镇兴起与发展基础的、先决的条件。

人文地理环境对城镇的发展同样重要，因为，人类社会是城镇形成与发展的必要条件之一，如果没有人类社会的存在，那么，城镇也就无法形成。由于不同区域的人文地理环境各具特色，因而，考察一定区域城镇发展及城镇体系演变时，必须对其赖以存在的人文地理环境进行深切关注。

---

① ［美］R. D. 麦肯齐：《人类社区研究的生态学方法》，宋俊岭译；R. E. 帕克、E. N. 伯吉斯、R. D. 麦肯齐：《城市社会学——芝加哥学派城市研究文集》，宋俊岭、吴建华、王登斌译，华夏出版社1987年版。

② ［德］黑格尔：《历史哲学》，王造时译，上海书店出版社1999年版。

此外，近代潮汕"华侨回乡营筑宅居，都在传统建筑形式上注入了西式建筑的因素。小洋楼在全地区各地随处可见，新建的祠堂和庙宇也多如繁星。这种奇异的聚落景观面貌，用物态形式表现了潮汕人保守性格和开放意识的融合"①，因此，潮汕地区城镇形成了与其他地区不同的鲜明的侨乡特色。

鉴于此，本章拟分自然地理基础、人文地理基础，以及侨乡的形成这三个方面，来研究近代影响潮汕侨乡城镇发展的背景因素。

第一节　自然地理基础

潮汕侨乡位于广东省的东南部，东经 115°～117°，北纬 22°53′～24°14′，东南濒临南海，东与台湾岛隔海相望，东北面与福建省相毗邻，北接广东省梅州市，西接汕尾市，总面积 10346 平方公里。因为三面背山，一面向海，所以，潮谚有称"省尾国角"。虽然远在新石器时代已有先民在此生活，但是，直到唐朝后期仍被中原士民认为是瘴疠之区。经唐朝后期、五代宋朝、元朝、明朝的开发，至清朝，这一现象大为改观。清朝乾隆四十年（1775 年）周硕勋编修的《潮州府志》中记载潮州府境："地卑则多湿而少燥，南极则多暑而少寒。……唐宋以前，山原瘴疠，视为迁谪之区。今则度氛渐豁，不称荒裔而称乐郊矣。"这是潮汕地区进入清朝后生态环境的一个巨大变化。② 境内西北部多山，地势西北高东南低，东南以平原为主，中部为丘陵地带。境内有韩江、榕江、练江等多条河流，沿海江河出口处为冲积平原。

一、地形地貌

在所有影响城镇发展和布局的自然地理条件中，地形是最基本、最直接的条件。潮汕侨乡地形大势是西北高而东南低，东北和西北多高山，东南面海，形成一个内陆比较封闭，有很长海岸线的地理小区域。地貌上以平原为主，丘陵为次，平原面积约 3100 平方公里，占总面积的 30%③。平原三面环山，西部为阴那山—莲花山地，西南为峨眉嶂山地，北部为凤凰山地，山地和丘陵约

---

① 黄挺：《潮汕文化源流》，广东高等教育出版社 1997 年版。
② 朱士光：《清代潮汕地区生态环境及其变迁》，《明清档案与潮州文化》，潮州市文化广电新闻出版局：《明清档案与潮州文化》，广东人民出版社 2008 年版。
③ 黄挺、陈占山：《潮汕史》，广东人民出版社 2001 年版。

占本区总面积的 70%。[1] 与黄冈三角洲和韩江三角洲平原隔海相望的是南澳群岛。

1. 山地丘陵

山地主要分布于境内北部和西北，其中，海拔 500 米以上的山地约占 7%，海拔 1000 米以上的山峰有 20 余座。从西往东依次是莲花山、八乡山、释迦崇和凤凰山等。莲花山横亘在西北部，从揭阳北部开始，经过普宁、潮阳，进入惠来和陆丰沿海，成为潮汕侨乡与珠江流域的分水岭。八乡山地处丰顺、揭西交界处的莲花山脉中段，平均海拔 700 多米。释迦崇位于丰顺东面，属莲花山东南侧的支脉，海拔 1285 米，山麓西南接揭阳，东南邻潮安。凤凰山层峦叠嶂，绵延百余里，是潮汕侨乡最高峰，海拔高达 1497 米，成为本地区北部的天然屏障，主峰位于潮州与丰顺县交界处。

丘陵台地面积占总面积的 63%，其中，海拔 200 米以上的丘陵有小北山和桑浦山。潮阳、惠来等地山势渐降，丘陵一般低于 200 米。韩江三角洲中的三列岛丘，也属于低丘陵地形。在丘陵与平原之间，主要在韩江三角洲北部和榕江平原南部，有海拔 20～40 米，覆盖着红色土壤的花岗岩台地。

2. 平原地区

韩江、榕江、练江、龙江和黄冈河五大河流的沿海江河出口处冲积为平原地带。潮汕平原主要由韩江三角洲、榕江下游平原、练江下游平原组成，是广东省第二大平原，平原面积仅次于珠江三角洲。除了上述平原以外，还有黄冈河平原、龙江平原。城镇首先产生在这些自然条件较易驾驭的平原上，各平原开发时间有先后之别，城镇的建立也便相应有早晚之差。如韩江三角洲平原开发的时间较早，其东南部许多村庄创建于宋朝以后，而潮阳县境内的练江平原 70% 的村落置于明朝，[2] 城镇的产生时间及发展历史便出现很大差异。

潮汕各平原中韩江三角洲平原面积最大，达 915 平方公里。包括今潮州市区大部、潮安县南部、澄海县及汕头市区的大部分。在潮安以南直至海边，呈扇形，扇顶在意溪，东西两侧为丘陵包绕。

黄冈河平原位于韩江三角洲之东，饶平县境内，东邻福建诏安，是潮汕平原最东部的一片小平原。黄冈河平原沿黄冈河中下游发育，中游河岸平原狭小而多山间盆地，下游平原宽阔，它的东界为赤岭、仙春、大埔，西界为高堂、钱东、盐鸿。

---

① 黄挺、陈占山：《潮汕史》，广东人民出版社 2001 年版。
② 杨全义：《潮汕自然概览》，汕头大学出版社 1997 年版。

榕江平原分布于揭西、普宁、揭阳、潮阳之间和汕头市区西部，东与韩江三角洲平原相连，桑浦山又把这连片的平原隔开。榕江上游平原为棉湖平原，包括普宁的梅塘、里湖、赤岗、洪阳，揭西的金和、塔头、东园、凤江及棉湖等镇；中游平原主要为揭阳南部平原，西起普宁南溪和揭阳白塔，东至云路、炮台，西南抵潮阳金玉、灶浦和关埠，北达揭阳新亨；下游三角洲较为狭小，只有关埠以东至汕头市区以西的牛田洋南北两片平地，包括揭阳地都、潮阳西胪、河溪、汕头牛田洋围垦区。平原沿榕江两岸发育，以中游的棉湖为界，可分为东西二段。西段平原狭小，两侧为广阔的台地、丘陵。

练江平原是潮汕第三大平原，位于普宁至潮阳一线，与榕江平原仅隔铁山及烟墩山丘陵地，西北起流沙镇，北面为铁山—北山丘陵，东南至海门，西南侧紧靠大南山，平原宽达 8～17 公里。

龙江平原是惠来中部龙江出海口冲积而成的三角洲平原。

3. 海岸线与岛屿

潮汕侨乡依山面海，有漫长的海岸线，长达 325.6 公里，[①] 海岸线曲折绵长，多优良港湾。海岸线陆岸部分，东起饶平的东界镇上东乡，与福建诏安交界；西端在惠来神泉港西侧，与陆丰交界。临海的优越地理位置使潮人很早便开启了对外交往繁荣经济的大门，唐朝、宋朝时的潮州已是东南沿海重要的外贸港口，《宋史·外国传·三佛齐传》称："太平兴国五年（公元 980 年）……是年潮州言，三佛齐国蕃商李甫海，乘船载香药、犀角、象牙，至海口，会风势不便，飘船六十日，至潮州。"[②] 潮汕一域历来商业繁荣，城镇经济职能也因此较为突出。

海域有大小岛屿 76 座和南澎、勒门 2 组列岛，共同构成南澳群岛，与黄冈三角洲和韩江三角洲平原隔海相望，面积约 107 平方公里。在群岛中，南澳岛最大，南澳岛是以低山丘陵为主的岛屿，海拔高程最高达 587 米（大尖山）和 576 米（牛头岭）。潮汕侨乡向来有"沉东京（湾），浮南澳"之说。岛南海域较深，因海岸受侵蚀，多岬角。岛北至海山岛之间海域，处于静风环境，泥沙淤积而渐浅，成为大陆平原不断扩张的区域。

二、气候、土壤等农业环境

气候类别及土壤特性是制约经济作物和经济发展模式的主要因素。潮汕侨乡地处热带与亚热带之间，北回归线自东向西依次经过南澳、澄海、汕头、揭

---

① 蔡人群、李平日：《潮汕平原》，广东旅游出版社 1992 年版。

② （明）张燮：《东西洋考》卷三《旧港》。

阳、普宁、揭西等地。古代时期潮汕的气候湿热多瘴疠之气，并不宜人。宋朝初期开始气温下降，雨量也比以前少。近代时期已逐渐发展成为温度、湿度相对适中之地。民国时的《潮州府志略》称："所属诸邑，或濒于海，或依于山。地卑则多湿而少燥，南极则多暑而少寒……唐宋以前，山原瘴疠，视为迁谪之区。今则度氛渐豁，不称荒裔而称乐郊矣。"① 北部有凤凰山、八乡山等山地山体的屏障作用，有效地阻挡了来自北方的冷空气，减弱寒流影响，所以，冬天不会太寒冷，温度比区域外部同纬度地区稍高。又由于南面和东南面濒临南海，受海洋气流影响强烈，因而，夏天不会太炎热，如今全年平均气温为21～22℃。总体上，冬夏温差较小，"冬短又无严寒，夏长而无酷暑"。潮汕侨乡背山面海的地形有利于降水，雨水充沛。除海域中的南澳岛和沿海一带年雨量少于1500毫米以外，其他地区年雨量多达1700～2100毫米，其中，普宁和揭阳多达2100～2200毫米。不过，由于大气环流的影响，降水年际变化较大，尤以潮阳和澄海为甚，降水量最多年份达2740.3毫米和2337.1毫米，降水量最少年份仅812.6毫米和818.0毫米，两者均达3倍之差。② 每年降水期主要是在3月下旬至9月下旬。雨季往往也是全年气温最高时期。这种雨热同期的气候条件利于农业高产。

丘陵山地的土壤基本为自然土，占潮汕侨乡土地面积的42%。平原土壤基本上由河流冲积而成，河口三角洲平原则由冲积、海积而成。冲积物主要是上游花岗岩风化物，部分为变质岩风化物，都富含矿物质和微量元素，有利于农作物生产。滨海地区分布有沙土，主要是海积和风积而成，主要由石英砂组成，土层深厚但无层次，保肥能力较低。河流两岸及冲积阶地还有潮沙泥土分布，由冲积沉淀物组成。多样的土壤孕育了潮汕大地的农业。

农作物高产与否，取决于生物生长期、光热、雨量、土地肥力以及上述诸多因素的协调状况。潮汕平原地区全年气温基本适宜生物生长期，水资源丰富，而且雨热同期，加之平原土地地势平坦，地下水位适中，大部分土地易排易灌，土壤肥沃。因此，潮汕侨乡的平原地带土地质量较好，生产潜力大，为潮汕侨乡农业高产提供了基本保证。

三、水文状况

潮汕侨乡河网纵横，集水面积100平方公里以上的河流有31条。其中，流域面积1000平方公里以上的包括韩江、榕江、练江、龙江和黄冈河，被称之为

---

① 潘载和：《潮州府志略》之《自然现象·气候》，岭南美术出版社2009年版。
② 陈朝辉、蔡人群、许自策：《潮汕平原经济》，广东人民出版社1994年版。

"四江一河"（见图1－1）。城镇的发展和分布与水文关系密切，城镇分布受制于山川布局，同时，也因近水交通便利而繁荣，有些城镇还因水而得名。如惠来县隆江城以隆江水穿城而过因此得名。又如清朝海阳县庵埠，因境内河流众多古称龙溪；还有潮安县浮洋，古为滨海洪泛区，韩江泥沙冲击而成浮陆之地，因而得名，等等。

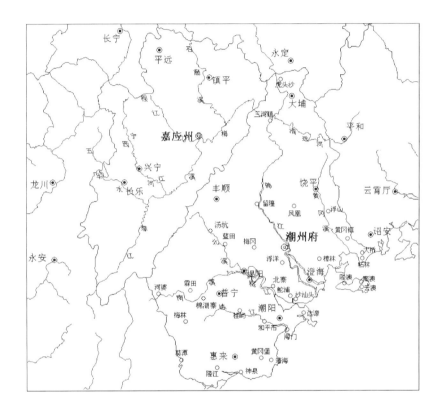

图1－1　潮汕侨乡主要水系分布

资料来源：中国历史地图集编辑组：《中国历史地图集》（第八册），《清时期·广东》，中华地图学社1975年版。

韩江是潮汕侨乡最大的河流，是广东省的第二大江，从发源地到东溪出海口全长470公里，流域总面积达30112平方公里。[①]韩江在隋朝之前称员水，唐至北宋称恶溪，南宋称韩水、鳄溪，清朝始定韩江至今。韩江以大埔三河坝和潮州竹竿山为界分为上中下游三个河段。韩江水量丰沛，对潮汕侨乡社会经

---

① 王琳乾、陈大石、萧有馥：《潮汕自然地理》，广东人民出版社1992年版。

济发展和农业生产具有深远意义；同时，潮汕侨乡还是自古以来人口密集之区，城镇分布相对较为集中之地。其他相对较小的河流城镇分布数量上也相应较少。

榕江是潮汕侨乡第二大河，发源于普宁峨眉嶂山地的西部，全长210公里。榕江支流众多，呈树枝状分布，蜿蜒曲折，覆盖流域面积达4700多平方公里，南河和北河为两大支流。流域降水充沛，水源丰富，各支流落差大，水力资源也较为丰富。榕江也是潮汕侨乡主要的交通要道之一。

练江是潮汕侨乡第三大河，是连接普宁和潮阳的水上通道，因河湾曲折蜿蜒如练而得名。练江干流长71公里，流域面积达1353平方公里。练江发源于普宁大南山西北坡，上游称流沙河，下游注入海门湾。练江源流短浅，干流大部分流经平原区，比较平缓，支流繁多，历史上洪水汇集快而宣泄慢，极易造成洪灾。

龙江也称隆江，位于潮汕西南部，发源于普宁西部峨眉嶂北端，与榕江源头相近，由南往北流，经惠来，在神泉港出海。龙江全长88公里，流域面积1500多平方公里，上游是山区峡谷，落差大，水力资源丰富，下游是平原区，河道弯曲。龙江是惠来最主要河流。

黄冈河发源于饶平县北部上善大崇坪，由北向南流贯全县。上游是山地，河流绕山而行，先后汇集东溪、北溪和南溪。中游从三饶至联饶赤岭，低山丘陵连绵、谷底时宽时窄，有浮山、樟溪等盆地。下游以平原为主，地势平坦，水流缓慢，分6条河流入海。黄冈河不仅灌溉饶平农田，而且也是该县最重要的水源，是该县的母亲河。

除了地表径流外，潮汕侨乡地下水资源也十分丰富，仅次于珠江三角洲。主要包括普通地下水、地下热水和矿泉水。

四、自然灾害

自然灾害对传统的农业生产和人们的日常生活造成极大危害，由此也制约一定区域社会经济和城镇的发展。因此，考量影响城镇发展的因素不能不提及自然灾害。近代潮汕侨乡遭受的自然灾害一般包括洪涝、干旱、台风、地震、冻灾、虫灾、雨雹、饥灾等几种。

由于受大气环流的影响，降水年际变化较大，加之年内、月内降水变化也很大，因而，容易导致成洪涝。笔者据潮汕侨乡方志统计，近代时期潮汕各地遭受水灾多达100次，其中，潮安（海阳）26次，丰顺19次，大埔17次，饶平 11 次，揭阳和潮阳各 6 次，澄海 4 次，惠来、汕头和普宁各 3 次，南澳 2 次。[1]

近代潮汕侨乡均遭受干旱之灾，累计次数达 50 余次，其中，潮安（海阳）、饶平和丰顺最多，分别为 8 次、7 次和 5 次。最近一次旱灾是 1946 年，据《潮州志》载，潮属各县"自三十四年（1945 年）十月至今，大旱七月余，田不能耕，海无可渔"。

近代潮汕遭受台风灾害的次数达 90 次，其中，潮安（海阳）20 次，汕头 11 次，揭阳 10 次，南澳 9 次，普宁和澄海各 8 次，饶平、潮阳和丰顺各 7 次，大埔 2 次，惠来 1 次。最严重的一次是 1922 年的"八二之灾"。1922 年 8 月 2 日，"下午三时风初起，傍晚愈急，九时许锋利益厉，振山撼岳，拔木发屋，加以海汐骤至，暴风倾盆，平地水深丈余，沿海低下者且数丈，乡村多数被卷入海涛中，已而飓风回南，庐舍倾塌者尤不可胜数，灾区淹及澄海、饶平、潮阳、揭阳、南澳、惠来、汕头等县市"[2]。

近代潮汕侨乡共遭受地震灾害共 43 次，其中，潮安（海阳）15 次，汕头 8 次，澄海 7 次，丰顺 5 次，揭阳 4 次，潮阳 2 次，饶平和大埔各 1 次。其中 1918 年 2 月 13 日的地震是自宋治平四年（1067 年）以来最为严重的一次地震，波及大埔、丰顺、汕头、南澳等县市，房屋倒塌无数，余震百余日。

近代潮汕侨乡共遭受冻灾共 10 次，其中，饶平 3 次，揭阳和大埔各 2 次，潮安（海阳）、丰顺和南澳各 1 次。最严重一次是清朝光绪十八年（1892 年）12 月的冰灾，丰顺、大埔、潮安（海阳）、南澳等县"连降大雪三天，积雪深厚，鸟雀多冻死，人畜亦有冻死者"[3]。

近代潮汕侨乡共遭受虫灾共 32 次，其中，大埔 13 次，潮安（海阳）12 次，潮阳 5 次，揭阳和丰顺各 1 次。

近代潮汕侨乡共遭受雨雹之灾共 18 次，其中，饶平 5 次，大埔 4 次，潮安（海阳）和揭阳各 3 次，澄海、南澳和丰顺各 1 次。

近代潮汕侨乡共遭受饥灾共 9 次，其中，潮安（海阳）3 次，揭阳 2 次，大埔、潮阳、丰顺和汕头各 1 次。最严重一次是 1940 年，日军占据潮汕，交通堵塞，米价暴涨，"潮安城每元仅籴谷一斤，得亦甚难，居民多不能举火，贫者致有拾寇兵马矢，淘取麦屑充饥者，饿殍日恒百数十人。揭阳春来亢旱，

① 饶宗颐：《潮州志》，潮州修志馆 1949 年版；（清）吴道镕：《海阳县志》光绪二十八年（1669 年）；温廷敬：《大埔县志》1943 年；李唐：《丰顺县志》1943 年。干旱、台风、地震、虫灾、雨雹、冻灾、饥灾几种灾害统计数据亦出自此 4 种方志。

② 广东省文史研究馆：《广东省自然灾害史料》（内部资料），1961 年，第 124 页。

③ 丰顺县地方志编纂委员会：《丰顺县志》，广东人民出版社 1995 年版。

米谷腾贵，先是青年抗日会沿街标字，云饿死不如求生，求之不得，则出之于抢……汕头自沦陷后市况萧条，饿殍载道，路旁时有弃儿，穷黎当街攫食，触目伤心"。①

综上所述，农业社会，人类改造自然环境的能力有限，自然条件对人口的聚集产生着举足轻重的作用，进而通过影响人口分布而影响城镇发展。即使社会经济发展到一定阶段，人类改造自然的能力有所提高，也不能完全改造自然状况。自然条件影响人口分布进而影响城镇发展的过程始终在进行。自然地理基础作为人类生存环境，对一定区域城镇的发展与演变起着基础性的作用。尽管百余年来潮汕遭受了数不清的自然灾害，但是与平原广布、水源充足、气候宜人的自然条件相比还不足以使潮汕社会和城镇发展陷入停滞，近代潮汕侨乡城镇总体上处于不断发展的态势。

第二节　人文地理环境

城镇是人类活动的中心，人是城镇的主体。人类社会发展所形成的政区建制、交通条件，以及社会经济发展水平和一定区域的社会文化都会直接或间接影响城镇的发展。本节拟从政区沿革、地理区位及交通、重商传统以及地域文化等方面探讨近代潮汕城镇发展的人文地理环境。

一、政区沿革

早在六千多年前，潮汕侨乡就有人类活动，不过，直到夏商西周时期仍为"扬州域"荒僻地区。春秋为"百越地"。秦属南海郡。西汉元鼎六年（公元前111年）置南海郡。三国时属吴，归广州，后属扬州。晋朝咸和六年（331年）置东官郡辖揭阳、潮阳、海宁（时属潮汕地域）和绥安4县。晋朝义熙九年（413年）分东官郡立义安郡，共辖5县（即上述4县和新塘县），置义招县（今大埔县）。隋朝开皇九年（589年）置潮州。隋朝大业三年（607年）罢潮州，复称义安郡，归扬州管辖。唐朝武德四年（621年）又废义安郡改称潮州。唐朝天宝元年（742年）改潮州称潮阳郡，属福建。唐朝乾元元年（758年）恢复潮州之名。五代属南汉，潮州只辖海阳、潮阳2县。宋朝至道三年（997年）潮州

属广南东路。宋朝宣和三年（1121 年）分海阳建揭阳。元朝称潮州路，领 3 县。明朝称潮州府，明朝成化十四年（1478 年）设饶平县，明朝嘉靖三年（1524年）置惠来县，明朝嘉靖四十二年（1563 年）置澄海县和普安县（即普宁县），潮州府共领 11 个县。

清承明制，仍称潮州府。清朝顺治元年（1644 年）潮州府辖海阳、潮阳、揭阳、程乡、饶平、惠来、大埔、澄海、普宁、平远、镇平 11 县，隶属广东总督布政使司岭东分守道海防分巡道。清朝康熙元年（1662 年）清政府迁界，潮州府沿海饶平、海阳、澄海、揭阳、潮阳、惠来裁撤。至清朝康熙八年（1669年），澄海县才恢复建制。清朝雍正十年（1732 年），割饶平县属隆澳、深澳，福建诏安县属云澳、青澳，置南澳厅。清朝乾隆三年（1738 年）置丰顺县。潮州统辖海阳、潮阳、饶平、惠来、揭阳、澄海、普宁、丰顺和大埔 9 县。清朝咸丰十一年（1861 年）辟汕头为通商口岸。

民国时期，政局动荡，行政建置多次调整。潮汕侨乡政区调整过程大致如下：辛亥革命后，政区建置基本沿袭清制，但废府、州、厅，一律改县，实行省县二级制。潮州府不复存在，1912 年 7 月，南澳直隶厅废止，置南澳县。潮汕侨乡属广东巡按使。1913 年开始，设道于省县之间，形成省道县三级制。1914 年完成全省政区调整，全省设粤海、岭南、潮循、高雷、钦廉、琼崖道 6 道，潮汕侨乡归属潮循道，辖 25 县。同年，海阳县因与山东省海阳县重名，更名为潮安县。1920 年，撤销潮循道，成立潮梅善后处。各县由省直辖。1921 年，汕头埠自澄海分出，成立汕头市政厅。1925 年设广州、北江、东江、西江、南路和海南 6 个行政区，下辖 94 县（州），但翌年即废除。1927 年 9 月 23 日，"八一"南昌起义军进入潮安，设立潮安革命委员会，24 日进入汕头，成立汕头革命委员会。前后共 7 日，俗称"潮汕七日红"。1930 年 11 月 25 日，第一次国务会议决议批准汕头设市，汕头市政厅改为汕头市政府建制，隶属广东省政府。1932年设绥靖委员公署，全省分为东、西、南、北、中五个区，统辖军事行政，潮汕侨乡隶属东区绥靖委员公署。1933 年，在潮阳、普宁、惠来 3 县交界处划为四区，设南山移垦委员会，1935 年改为南山管理局，隶属东区绥靖委员公署，治所初设于林招乡，后迁往两英。1936 年 10 月 15 日成立第五专员公署，管辖潮安、潮阳、揭阳、饶平、惠来、澄海、普宁、南澳、丰顺、汕头市、南山管理局共 9 县 1 市 1 局，治所设于潮安。1937 年开始实行自治两级制，县为一级，乡镇为另一级，区为虚级。抗日战争爆发后，为适应抗日战争形势的需要，广东省设立 4 个行署，分辖 9 个行政督察区。潮汕侨乡属于第五行政区督察专员公署，辖潮安、揭阳、潮阳、饶平、惠来、普宁、澄海、南澳、丰顺、大埔等县和南山管理局。汕头市属省管辖。1940 年撤行署，另设珠江、潮汕、兴梅、东江、北江、西江、粤中、高雷、钦廉9区和海南行政区。翌年复设9个行政督察区，辖县如旧。1947年，广东政区将行政督察区分为省府直接督察区和专署行政督察区。省府直接督察区辖汕头、湛江2市和南海、番禺等10县，专署行政督察区分为11区。其中，第六区行政督察专员公署辖潮安、潮阳、澄海、南澳、饶平、惠来、普宁、大埔、丰顺等县和南山管理局与东沙群岛，汕头市为省辖市。1949年4月广东省务会通过省扩编为15个行政区，潮汕改为第七、第八两个行政区。第七行政督察专员公署辖普宁、惠来、潮阳、陆丰4县和南山管理局，专署设于潮阳；第八行政督察专员公署辖潮安、丰顺、澄海、饶平、揭阳、南澳6县和汕头市，专署设于潮安。① 大埔归第九区管辖。不过，由于共产党领导人民开展革命的根据地不断扩大，自1948年起占据潮汕侨乡半壁江山，因而，这次调整收效甚微。

二、地理区位及交通

地理区位就是地理位置。何谓位置？苏联著名经济地理学家巴朗斯基认为："位置就是某一个居民点或者自然区，对于这个居民点或这个自然区外在的某些客观存在的东西的总和。如果这些客观上存在的东西是赤道和本初子午线，那么就是数理地理上的位置。如果这些客观上存在的东西是山、海等，也就是自然地理方面客观上存在的东西，那么这就是自然地理上的位置。经济地理学上认为位置是某一个地方、某一个区域或城市对于它外部存在的，具有某些经济意义的东西的关系——不管这些客观上存在的东西是属于自然条件方面的，还是在历史过程中创造出来的。在政治地理上特别重要的是要考虑到在一定的国际政治局势下，一个国家跟它的敌人和盟邦的相对位置。换句话说就是：数理地理上的位置是从坐标网（这里所指的是经纬网——译者注）上确定的，自然地理上的位置是从地形地图上确定的，经济地理上的位置是从经济地图上确定的，政治地理上的位置是从政治地图上确定的。"② 那么，历史地理视野下的位置就是历史时期某一区域外在的某些客观存在的东西的总和，涵盖数理地理、自然地理、经济地理、政治地理、文化地理等诸多方面。

潮汕地处中国大陆的东南隅，广东省的最东端，与福建省毗邻。清朝潮汕"境广三百七十里，袤四百八十里，由水路抵省一千六百四十里，由陆路抵省一千零六十里……领县九。潮阳在南，澄海在东南，惠来在西南，皆滨海，揭阳普

---

① 吴榕青：《潮州历史政区地理述略》，《岭南文史》1998年第4期，第28页。

② ［苏］H. H. 巴朗斯基：《经济地理学论文集》，邓静中、周起业、李恒等译，科学出版社1958年版。

宁为西南内地，大埔在北，饶平在东北，五邑皆介万山中。而饶境亦大半际海云。东至分水关一百四十里福建诏安界，西至迳心堡二百三十里嘉应界，南至海门一百七十里为大海，北至碪头峰市三百一十里福建上杭界，东南至海山一百二十里南澳界，东北至柏嵩关二百二十里福建平和界，西南至葵潭二百九十里惠州府陆丰界，西北至柴黄二百二十里嘉应界"。"海阳县广八十里，袤一百八十里。……东至白石岭饶平县界五十里，西至白水岩揭阳县界三十里，南至鳌头澄海县界五十里，北至樜溪丰顺县界七十里，东南至寮口洲饶平县界三十里，东北至南岭栋饶平县界六十里，西南至万里桥揭阳县界三十里，西北至建桥小溪坝嘉应州界一百二十里。潮阳县广一百七十里，袤一百二十五里，至府一百四十里，水路至省一千七百八十里，陆路至省一千里"。① 加之漫长的海岸线和众多天然良港，以及境内韩江等水运，潮汕侨乡在对内连接区域各地，对外沟通华南、华北以及东南亚各国沿海等方面发挥着重要作用，成为粤东、闽西南以及赣南地区的门户。

潮汕侨乡的水运因其天然良港和境内水系而发达。南澳岛自古便成为中外交通的要道。有关研究指出，早在明朝"南澳岛之为葡萄牙人的贸易据点，其重要性绝不低于宁波和漳州"② 清朝后期南澳岛更是这一地区的航运中心。随着航海条件的改善，海外航线不断增加与扩大，横帆船的兴起，以及澳洲移民航线的开辟，汕头逐渐兴起，在近代海外交通史上据有一席之地。至 1933 年汕头港出入船舶 4478 艘，总吨位 632.4468 万吨，为清末民国时期历史中的最高峰。③ 早期潮汕侨乡与省内各地的联系基本上也是通过水运。如与广州的联系，先是溯韩江而上至梅县畲坑，然后进入龙川，再沿东江顺流南折而下，往西经惠阳、博罗而至。

潮汕侨乡的陆路交通虽从晋至清末，官道驿铺遍布乡野，但蜿蜒迂回，道窄难行，过往商贾往往会选择水路。直到 20 世纪公路的兴起，才改变了潮汕侨乡陆路交通的面貌。20 世纪 20 年代潮汕始建公路，1933 年底广汕公路全线建成，至第二次世界大战前夕已有护堤、饶钱、安黄、潮揭、普揭、兴揭等公路，联结汕头、潮安、饶平、澄海、揭阳、普宁和潮阳等县，全地区初步形成公路交通网。抗日战争至解放战争期间，因战事频繁，部分线路和桥梁遭受破坏。抗日战争胜利后陆续恢复，并增加一些新线，到 1949 年潮汕侨乡公路总长 724 公里。④

① （清）周硕勋：《潮州府志》卷四《疆界》。

② John Crawfurd. History of the Indian Archipelago, Vol. 3, 1820, London, p. 178.

③ 杜经国、吴奎信：《海上丝绸之路与潮汕文化》，汕头大学出版社 1998 年版。

④ 陈朝辉、蔡人群、许自策：《潮汕平原经济》，广东人民出版社 1994 年版。

潮汕侨乡修建铁路历史较早。清朝光绪三十年（1904 年）兴建潮州至汕头的潮汕铁路，清朝光绪三十二年（1906 年）建成通车，清朝光绪三十四年（1908 年）自潮州向北延伸至意溪，全长 42.1 公里。这条铁路是粤东地区第一条铁路，广东省第二条铁路。遗憾的是，抗日战争期间为防止日军利用，于 1939 年 6 月 21 日拆毁。1904 年张弼士曾计划修建从惠阳至饶平黄冈的惠潮铁路以及从汕头出发，经普宁、海陆丰、惠州至东莞石龙的汕石铁路，都没能实现。

还值得浓墨重彩的一笔是汕头的航空。1933 年在汕头石炮台附近建成民航机场，成为我国开办航空事业较早的城市。中国航空公司沪粤航线开始经停汕头机场，开辟了上海—汕头—广州航线。抗日战争时期停止民间运输。第二次世界大战以后，又恢复民航业务，开辟上海—厦门—汕头—广州—香港航线和汕头—广州—香港—曼谷航线，还有抵达台北、台南的客机。1949 年 10 月 19 日汕头机场被国民党军队炸毁。

三、重商传统及外贸

人多地少在广东农村一直是个问题。至鸦片战争前夕的清朝道光十九年（1839 年）广东人口达 2286.4 万，平均每平方公里 104 人。从清朝道光二十年（1840 年）至清末 71 年间，广东人口由 2323 万发展到 2954 万，平均每年净增人口 8.8 万。[①] 至民国前期，约有 3318 万人，按当时全省面积计算，平均每平方公里为 148.1 人，人口密度为南部 6 省之最。[②] 而耕地面积却远不足以承担如此数量的人口。民国时期全省耕地面积为 4000 余万亩，人均耕地仅 1.2 亩。稻田种植约 2856 万余亩，占耕地面积的 70%。[③] 尽管潮汕平原是广东省除珠江三角洲之外的第二大耕地区域，但还是无法满足潮汕人口的粮食需求。迫于生存压力，潮汕侨乡很早就形成了异于内地的重商思想。

重商思想体现在农业方面则是商业性农业的发展，原先以水稻为主的粮食作物生产逐渐转变为多种经济作物组合型，改变了单一农业的局限性。清朝时期，经济作物已经较为发达了，其中，蚕桑、甘蔗、水果、塘鱼、蒲葵、花卉、蔬菜等已形成商品性集中产区。清朝人对此有所描述：粤地“该人工勤而物产茂，野无旷土，于焉乐利矣”[④]，潮汕侨乡因自古重商，农业商品化倾向更

---

① 朱云成：《中国人口（广东分册）》，中国财政经济出版社 1988 年版。
② 《西南六省社会经济之鸟瞰（上）》，《中行月刊》第 16 卷第 3 期，1938 年 3 月。
③ 《广东省银行二十五年份营业报告（一）》，《银行周报》第 21 卷第 23 号，1937 年 6 月 15 日。
④ （清）陈徽言：《南越游记》，谭赤子校点，广东高等教育出版社 1990 年版。

为明显。

农业商品化的发展为手工业生产提供了充足的原料,到清朝末期,潮汕侨乡手工业门类众多、花色品种齐全,技术工艺精湛,潮盐、蔗糖、茶叶、刺绣、木雕、造船、建桥等业逐步发展成专门化的手工业商品生产部门。

农业商品化、手工业专门化,加上近代交通运输的发展,潮汕侨乡商品经济逐渐繁荣。16 世纪以后,潮汕商业日益繁盛,赣南、闽西南、兴梅以及潮汕本地的土特产通过韩江及海路运往省内外各地,潮州和汕头异军突起。潮州位于韩江三角洲的顶点和韩江的出海口,独特的地理位置使其在明、清时期自然而然地成为粤东最大的物资集散地。清朝乾隆年间,粤海关在澄海设立税馆,分南关口、东陇口、卡路口、南洋口、樟林口 5 处,办理进出口货物查验和征收关税。① 足见当时潮州的商品经济发展之程度。如果说潮州的繁荣源于它所处的政治中心和前文所述的独特地理位置,那么汕头的兴起则与潮汕商业发展和港口贸易密切相关。汕头商业发达由来已久,《1882～1891 年潮海关十年报告》就称:“汕头的重要性,首先在于商业。居民基本上都是商人。”② 至 1910 年时,汕头已拥有商店 6000 多家③。1921 年汕头建市后,商埠景象更是繁荣。据 1926 年初的户口统计,全市计有 13596 户,共 7.9 万余人,其中,商户人口占近 3.2 万人。④ 汕头的对外贸易额也非常显著,汕头港的“转口土货,以糖品为巨擘”,1935 年约值 1390 万元,1936 年增至 1630 万元⑤。

重商传统所致的商业发达以及贸易发展,在很大程度上促进了城镇的发展和繁荣。这不仅体现在城镇数量的增加,而且表现在城镇景观、城镇交通发展方面。例如,至 1935 年初,汕头市内马路长 18.6 英里,有各类汽车上百辆。⑥

四、地域文化

有学者指出:“各地人群具有不同的类型,这起源于特定的物质与文化生活方式;而纷繁多样的生活方式,则凸显了各地人群对各异的自然条件及人文社会

① 洪松森:《潮汕古代经济史略》,《韩山师专学报》(社会科学版) 1990 年第 2 期,第 102 页。
② 广东省政协文史资料研究委员会:《潮商俊彦》,广东人民出版社 1994 年版。
③ 梁荣:《论广东 150 年》,广东人民出版社 1990 年版。
④ 《要闻》,《广州民国日报》,1926 年 3 月 2 日。
⑤ 广东经济年鉴编纂委员会:《广东经济年鉴(上)》第 4 章《经济历史》1940 年,第 67 页。
⑥ 《汕头情况缩写》,《香港华字日报》,1935 年 4 月 6 日。

环境的不同反应。"① 那么，作为人群赖以生存的城镇，通过自然和文化对人群的塑造进而受到影响。"地理环境特点及其变迁与区域文化特色及其嬗变，是影响历史上都邑城市兴衰发展及其功能、形态形成与变化的两大主要因素。"② 换言之，城镇的产生与演变一定程度上受到自然条件和社会文化的影响。关于自然条件前文已述，兹不赘言，这里仅讨论潮汕地域文化。

近代潮汕从传统农业社会逐渐向商业社会转型，汕头开埠后西方文化的渗透以及海外华侨的对域外文化的间接传播都为潮汕文化的历史性嬗变准备了条件，潮汕文化由传统向近代转型。传统潮汕文化的从业观是"重士绅，轻细民"，价值观是"学而优则仕"和"农本商末"。③

近代这种文化逐渐发生变化，潮汕人"培养子弟读书，只求粗通文字，以便经商贸易，不求科举仕途上显达，他们安于商人生活"④。潮汕人的文化心态逐渐转向刻苦拼搏、冒险开拓、义利并举等商业文化心理。潮汕文化趋向多元化。据20世纪30年代社会学家陈达在潮汕调查记述："喜著西服的时风，在一部分的青年是极盛的，特别是学生或与外洋有过接触的人。"⑤ 地域文化嬗变表现在城镇建设方面则是西式建筑风格在潮汕各地大量出现。如汕头以小公园为中心呈现放射状的道路布局，以及大量骑楼式建筑的出现，都明显融入了西方的建筑风格。

近代潮汕文化嬗变的进步意义在于破除了传统的社会阶层观，颠倒了传统的行业本末意识，推动了家族意识向社会意识的开放，新构了乡土祖国情结，主张义利结合和求真务实的处世态度，等等。⑥

综上所述，近代潮汕行政区划、交通状况、重商传统及区域文化嬗变等人文地理基础为潮汕侨乡城镇的发展提供了基础，成为影响潮汕侨乡城镇演变的重要因素，在潮汕侨乡城镇发展及体系演变中发挥着重要作用，使潮汕侨乡的城镇发展与演变具有自身的独特性。

————————

① 中国大百科全书总编纂委员会：《中国大百科全书·地理学卷·人文地理学分册》，中国大百科全书出版社1984年版。

② 朱士光：《关于中国城市史研究的几个问题之管见》，《江汉论坛》2012年第1期，第12页。

③⑥ 郭剑鸣：《潮汕社会近代化成功的文化启示》，《汕头大学学报》（人文社会科学版）2002年第6期，第98页。

④ 林济：《潮商》，华中科技大学出版社2001年版。

⑤ 陈达：《南洋华侨与闽粤社会》，商务印书馆1939年版。

第三节　近代潮汕侨乡的形成与分布

　　从地域分布角度看，潮汕是广东三大侨乡之一（另外两大侨乡是广府侨乡和兴梅侨乡）。如图 1－2 所示，潮阳华侨数量为 90 万～110 万人，潮州、揭阳、普宁为 50 万～70 万人，揭西、大埔为 30 万～50 万人，惠来、汕头为 10 万～30

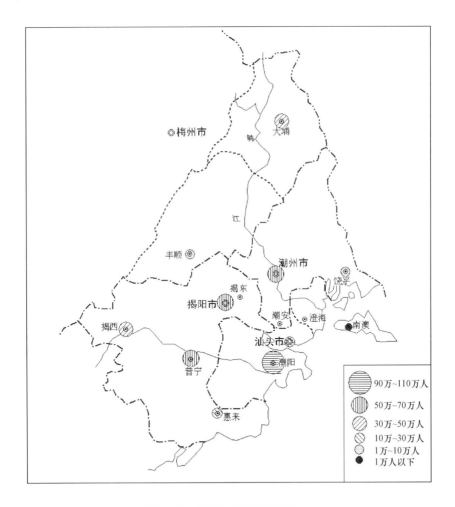

图 1－2　潮汕侨乡华侨数量分布

　　资料来源：广东历史地图集编委会：《广东历史地图集》，广东省地图出版社 1995 年版，第 49 页"广东华侨祖籍分布示意图"。

万人，丰顺、饶平为 1 万～10 万人，南澳不足万人。潮汕华侨通过投资、捐赠等途径积极参与家乡建设，潮汕侨乡城镇因之具有不同于其他地方的特点。潮人移民海外历史久远，但是，侨乡的形成则主要是在近代时期。本节旨在探讨潮汕侨乡的形成及地域分布，以及潮汕华侨之于侨乡城镇的意义。

一、潮汕人移民的原因解析

关于潮汕人移民海外原因，学术界已有一定研究。[①] 归纳起来大致包括：经营海上贸易而居留彼地，亲人乡邻携带，西方殖民势力的劳工输出，早期清朝台湾移民，天灾人祸生存压力大，等等。然而，不同历史阶段潮汕人移民海外的原因各不相同，不宜概而论之。本书研究时限是近代时期，因此，拟对这一历史时期对潮汕人移民海外产生重要影响的因素进行探讨。

清朝咸丰十年（1860 年）到 1949 年，出现了潮汕人向东南亚的第二次大规模移民。这一次移民潮长时间持续着，只在 20 世纪 30 年代初受世界性经济危机影响而出现低潮，40 年代前半段因为太平洋战争爆发而中断。在这 80 多年的时间里，经汕头口岸移民东南亚的人数有 140 万人左右，其中，多数是潮汕人。[②] 之所以这一时期出现掀起移民高潮，主要源于以下几方面的因素。

1. 广东土地制度使得近代潮汕侨乡人地矛盾突出，生产性人口过剩

首先，农村的土地制度使得农民"耕者无田"。广东土地制度的一大特色是集团地主，即诸如宗祠和庙宇之类集体占有土地的形式，尤其是族田（又称"太公田"或"公偿田"）分布广泛，一般要占到全省耕地面积的 1/3，而且是优质地。[③] 军阀、官僚及恶霸地主利用宗法势力占有大量农田。土地集中于封建地主阶级手里，贫农势必无立锥之地。广东佃农所占农村总人口的比率超过 50%，远远高于全国的平均水平。[④] 这种人为的人口过剩必然使潮汕原本人多地少的矛

① 比较有代表性的著作包括：冷东：《东南亚海外潮人研究》（中国华侨出版社，1999 年），黄挺：《潮汕文化源流》（广东高等教育出版社，1997 年），杜桂芳：《潮汕海外移民》（汕头大学出版社，1997 年），杜松年：《潮汕大文化》（中国科学技术出版社，1994 年），陈国梁、卢明：《樟林社会概况调查》（中山大学社会研究所，1936 年）等；比较有代表性的学术论文包括：黄挺：《1860 年以前的潮州海外移民——以族谱资料为中心》，（载《海交史研究》2008 年第 1 期），蔡鸿生：《关于"海滨邹鲁"的反思》（载《潮学研究》第一辑），黄桂：《蓝鼎元所见之下潮汕社会》（载《潮学研究》第七辑），冷东：《蓝鼎元视野下的清初潮汕社会》（载《中国边疆史地研究》1999 年第 4 期），张映秋：《近代潮汕人民向外移植及其对潮汕经济开发的影响》（载《汕头侨史论丛》，1986 年）等。
② 饶宗颐：《潮州志》卷十《户口志·统计图表》，潮州修志馆 1949 年版。
③ 张晓辉：《民国时期广东社会经济史》，广东人民出版社 2005 年版。
④ 《工商半月刊》第 7 卷第 14 号，1937 年 7 月 15 日，第 160 页。

盾更加尖锐。其次，据统计，自明朝洪武年间至中华人民共和国成立六百多年来潮汕耕地面积不断增加，但是，由于人口急剧增长，人均耕地面积总趋势明显不断缩水（见表1－1）。农民无地可耕，加之西方资本主义经济的冲击下又造成一大部分农民破产，因此所谓的富余劳动力大量涌现，在生计无着的情况下，他们成批奔赴南洋等地寻找生存机会。

表1－1　六百多年来潮汕人均耕地变化

年份	明朝洪武二十四年 （1391 年）	明朝万历二十年 （1592 年）	清朝嘉庆二十二年 （1817 年）	1946 年	1950 年
人均耕地（亩）	11.56	6.65	2.09	1.26	0.89

资料来源：翁楚湘、宋升拱：《潮汕农业》（内部资料），潮汕历史文化研究中心2000 年版，第11 页。

2. 近代工业欠发达，大量富余劳动力不能得到有效安置

潮汕地处沿海，鸦片战争后首先受到资本主义工业生产的冲击，自给自足的自然经济结构遭到破坏。毛泽东指出："自然经济的破坏，给资本主义造成了商品的市场，而大量农民和手工业者的破产，又给资本主义造成了劳动力的市场。"[①] 但是，近代潮汕工业并没有发达到足以为大量失业人口提供就业机会的程度。1925 年创办的汕头同化罐头厂，高峰时期也只有工人20 余人，临时工100 人；1928 年创办的汕头冰雪厂有十七八个工人，工人多一些的也不过几百人；1931 年创办的汕头利生火柴厂，最多时也不过有工人550 人。[②] 揭阳县上陇邱氏迪新厂生产的浴巾、面巾、油心带等针织品尤为有名，1930 年前后该厂就已使用电力进行生产，有工人数十人。[③]《潮梅现象》载："开明电灯公司，清宣统二年开始营业，民国时期（20 世纪30 年代）有职员44 人，夫役12 人……工人105 人。"[④] 1934 年，汕头成立潮汕玻璃厂，由汕头市、揭阳、潮州的6 家玻璃厂组成，各厂有工人25 ~ 40 人不等，6 厂共有工人200 余名。[⑤]抗日战争时期，越南华侨荣恒源家族在留隍镇常见漂染厂，工人20 多人；[⑥]《潮海关史料汇编》中述及1922 ~ 1931 年汕头工业发展情况，说"这个地区的制造业还处于初建阶

---

① 《毛泽东选集》（第一卷），人民出版社1967 年版。

② 林金枝、庄为玑：《近代华侨投资国内企业史资料选辑（广东卷）》，福建人民出版社1989 年版。

③⑤ 广东省汕头市地方志编纂委员会：《汕头市志》（第二册），新华出版社1999 年版。

④ 谢雪影：《潮梅现象》，汕头时事通讯社1935 年版。

⑥ 丰顺县华侨志编纂办公室：《丰顺华侨志（初稿）》（内部资料）1988 年，第65 页。

段，没有哪家工厂雇用工人达到 500 名"。① 由此可见，新兴工业并没有给大量富余劳动力提供太多的就业岗位。据国际劳工局中国分局调查，1935 年全国失业总人数为 589.3 万余人，其中，广东约 157.8 万人，涉及数十个行业（应包括手工业），占全国近 1/4，高居榜首。② 大量史料表明，相对于商业发展而言，近代潮汕工业的发展有限，特别是重工业所占比例更为微小，提供的就业机会不足以满足大量失业人口的就业要求。换言之，工业的发展并没有改善富余劳动力的就业问题，大量富余劳动力只能继续将目光转向海外。

3. 近代潮汕侨乡经济发展吸纳了大量女性劳动力，大量男性劳动力就业受限

夏布、土布、抽纱等是近代潮汕大宗出口商品之一，这些行业也是潮汕近代主要的手工业经济内容。然而，在这些手工业生产部门劳动力的主力军是女性，如土布行业，"估计潮阳有三万多人从事这项生产，绝大部分是女工"③；抽纱行业，据不完全统计，1936～1937 年揭阳县全县潮汕商达 143 户，从事抽纱的女工约 10 万人。④ 值得注意的是，不单手工业生产部门女性劳动力在数量上占绝大多数，有些工业生产部门情况仍然如此。如火柴生产行业中，汕头的东明火柴厂男工 10 余人，女工 110 余人；光华火柴厂有男工数十人，女工 200 人左右。⑤ 纺织行业中，女工显然也占多数。如 1921 年，饶平黄冈下市庄七爷在陈厝祠首创"怡怡"织布局，女工 150 人。⑥ 近代潮汕这种生产特点，是促使大量农村男性劳动力不断流向南洋的一个不可忽视的原因。

4. 追逐经济利益的心理驱动使移民延绵不绝

鸦片战争前后，潮汕人大量出国主要是以契约华工的形式，是被动的，到了20 世纪潮汕人大量出国就已经不再是当做"猪仔"被贩卖海外了，而是以出洋

---

① 中国海关学会汕头海关小组、汕头地方志编纂委员会办公室：《潮海关史料汇编》（内部资料）1988 年，第 122 页。
② 彭泽益：《中国近代手工业史资料（1840～1949）》（第三卷），生活·读书·新知三联书店 1957 年版。
③ 中国海关学会汕头海关小组、汕头地方志编纂委员会办公室：《潮海关史料汇编》（内部资料）1988 年，第 103 页。
④ 揭阳县地方志编纂委员会：《揭阳县志》，广东人民出版社 1993 年版。
⑤ 饶宗颐：《潮州志》（第七册），《实业志·五》，潮州市地方志办公室重刊本 2005 年版。
⑥ 饶平县地方志编纂委员会：《饶平县志》，广东人民出版社 1994 年版。

谋生为主的主动形式。① 潮汕人历来善于经商，近代社会突出的商业性质已是众所周知。潮汕商业活动频繁，清朝粤海关 31 个征税口中，潮州府就占了 9 个，可见潮汕商业地位的重要。恩格斯也对潮汕的商业发展做了评价，认为在远东地区"唯一有点商业意义的口岸"就是汕头②。商业地位重要，潮汕人重商、逐利的思想和传统扮演了重要角色。其实，近代华侨赴南洋不仅为谋生，更抱有对财富的渴望，"潮人咸以该处为藏金窝，侨居各处者，不数年间，即可满载而归，故数十年前认为畏途之南洋群岛，一变而为发财捷径，当时各县经济，得彼辈之接济，极呈充裕，埠市亦得间接之余润，商业蓬勃"。③ 这其实说明，潮汕人在谋求生存的基础之上，还有"发财梦"刺激着他们远渡南洋。移民海外的华侨源源不断的侨汇以及返乡创业的华侨在一定程度上又鼓励了潮汕人出洋逐利的行为，"由于人们眼见这些移民把他们的节余存款从海外汇回汕头，以及许多回国者带来可观的家产，出国移民有增无减"④。另外，将华侨出国高峰期与南洋经济发展历史背景相联系，也可以管窥潮汕人移民的重要原因之一仍是逐利的驱动。《潮州志》载："至潮人移植南洋群岛者，为移民史一大事。据统计，清朝同治八年至十一年，汕头出口 10.1261 万人，清朝光绪三十年至 1923 年，实际出口共 52.0699 万人。就中以 1917 年 7.3 万人为最多。盖其时南洋橡椰有价，垦殖利多，商场畅旺，故州人咸趋之也。……复员后，出口人数虽略有增加，而南洋一带亦复遍地疮痍，且轮舶缺乏，外移之数，亦大不如前亦。"⑤ 此段记载也佐证了潮汕人出南洋逐利的一面。

5. 17 世纪、18 世纪严重自然灾害的影响成为移民的潜在原因

近代潮汕侨乡自然灾害频发是潮汕人移民海外的一个重要原因，学术界对此已有研究。笔者以为，除此以外，近代以前的自然灾害所遗留的心理影响也值得关注。

据陈达《南洋华侨与闽粤社会》的调查资料显示，在潮汕华侨出国的原因

---

① 黄绍生认为"'猪仔'贸易，是指 19 世纪及 20 世纪初西方殖民主义者在我国沿海地区所进行的专门诱骗、掳掠华工的罪恶勾当"。指出了契约华工存在的时间，本书认为，以契约华工的形式出国，此时，华工被西方殖民者以"贩卖"的形式带出国境，因此视其为潮汕人被动出国阶段；相对而言，20 世纪以后华侨出国主要为谋生、经商等目的，因此视此阶段为主动出国阶段。参阅黄绍生：《罪恶的"猪仔"贸易在汕头》，黄赞发、陈历明、连振国、黄绍生：《潮人探奥》，广东旅游出版社 1989 年版。

② 中共中央马克思恩格斯列宁斯大林著作编译局：《马克思恩格斯选集》（第二卷），人民出版社1972 年版。

③ 谢雪影：《潮梅现象》，汕头时事通讯社 1935 年版。

④ 中国海关学会汕头海关小组、汕头市地方志编纂委员会办公室：《潮海关史料汇编》（内部资料）1988 年，第 86 页。

⑤ 饶宗颐：《潮州志》（第七册），《民族志》，潮州市地方志办公室重刊本 2005 年版。

中，天灾因素是紧随"经济压迫"、"南洋有关系人"之后的第三大原因，[①] 因此，"天灾"因素之重要性值得深入思考。又据《广东历史地图集》载，17世纪潮汕侨乡水灾、旱灾、风灾在广东位列第一。水灾，从县平均次数来讲，潮汕侨乡8.8次。从地区总县次来讲，潮汕侨乡106县次。旱灾，潮汕侨乡达5.3次，远高于全省每县平均值3.5次。风灾，就全省各县而言，潮阳20次，澄海16次，揭阳县16次，海阳（潮安）12次。18世纪广东水灾最多的是潮汕侨乡，平均11.4次。就各县而言，潮阳37次，澄海25次，海阳（潮安）19次，大埔19次，位列广东前4位。旱灾最多的仍然是潮汕侨乡，平均每县5.8次。风灾最多的地区仍然是潮汕侨乡，94县次。虫灾最多的还是潮汕侨乡，平均每县2.1次。[②] 19世纪自然灾害没有前两个世纪严重，史料没有出现整个区域遭受灾害的记载。[③] 从17～19世纪潮汕侨乡的自然灾害来看，17世纪和18世纪远比19世纪频繁且严重。但是，潮汕人移居海外则主要是在19世纪。这固然是许多因素综合作用的结果，但是，与前两个世纪自然灾害所遗留的历史影响有一定关系。因为，一般而言，自然灾害发生后，人们往往不会立即做出移地而居的决定，但是，灾害频繁发生会对民众心理造成一定影响。17世纪、18世纪这两个世纪，按每50年为一代人计算的话，已经有四代人。那么，19世纪的年轻人在成长过程中会不断耳闻上辈老人有关"灾害"的回忆，这势必会对19世纪的年轻人造成一定的心理影响，他们对潮汕侨乡自然灾害的认识也许比亲身经历的灾害更为深刻，以致会形成潮汕侨乡多灾多难的思维定式。所以，尽管19世纪自然灾害已经没有那么频繁和剧烈，但是，源于上代人影响的"后灾害心理"，成为年轻一代移居海外的潜在助力。

二、潮汕人海外移民与潮汕侨乡的形成

1. 近代潮汕海外移民历程

潮汕向海外移民最早可追溯至隋朝、唐朝。但是，有确切数据统计的海外移民则始于宋明末元初。宋朝、元朝时期，全国经济中心的南移，以及对外贸易的发展，给潮汕人出海经商或迁居外洋创造了较为宽松的环境，潮汕出现移民浪潮。而"南宋灭亡以后，抗元失败的宋移民相率逃居海外，潮州居民也是在这个

① 陈达：《南洋华侨与闽粤社会》，商务印书馆1939年版。
② 广东历史地图集编辑委员会：《广东历史地图集》，广东省地图出版社1995年版。
③ 有关19世纪潮汕地区自然灾害可参阅本章第一节。

时候才有较多的移殖海外"。① 明朝及清朝前期潮汕侨乡移民延绵不绝，移民大部分集中在泰国、新加坡以及越南、印度尼西亚等地，清朝乾隆年间在侨居地形成颇具规模的潮人居住区。但是，潮汕侨乡大规模的移民始于汕头列为通商口岸后，大致延续至中华人民共和国成立，基本上相当于本书所界定的近代时期。

这个时期大致又可分为三个小阶段：

第一个阶段，从汕头开埠至20世纪30年代，潮汕移民主要以乡人介绍帮带的自由移民和殖民者拐贩的契约华工为主要形式。如祖籍饶平的泰国华侨唐双合，一年间汇回大笔路费，唐姓人多往泰国谋生，以致19世纪后半期泰国华人以潮汕人为主②。据统计，1879～1897年从汕头出口到泰国的移民为19.22万人（多数为潮汕人）。1900～1906年，每年移居泰国的潮汕人约为4万人。③汕头开埠后，逐渐出现"客头行"，由"客头"招募华工，然后运到新加坡和槟榔屿，然后转运南洋各地。"客头"多是潮汕人，他们深入潮汕农村，在同乡、同族人中进行诱招。总之，这一时期掀起潮汕人移居海外的高潮。据海关统计，从1869年到1934年这66年中（其中缺一年数字，实为65年），从汕头口岸出洋的人口数量为555.29万人次，进口的人口数为415.17万人次，进出口相抵之后，净出口140.12万人次，平均每年净出口21557人次。④

第二个阶段，是抗日战争期间。潮汕沦陷之后，特别是太平洋战事爆发后，潮汕与南洋交通基本断绝，华侨与家乡的联系几乎处于隔绝状态。潮汕移民陷入低潮。

第三个阶段，是抗日战争胜利后。饱受八年战祸之苦，尤其在1943年自然灾害后，加上国共内战，天灾人祸民心思迁，潮汕移民再现高潮。据对揭阳县3个乡的调查，1926～1948年夏，玉湖北坑乡全乡人口1000多人，出洋的达240多人；仙桥蓝兜乡3000多人，出洋的约700多人；梅云伯劳浦乡1500多人，出洋的仅1946年就达92人。⑤现侨居泰国、新加坡的华侨大多数是这一时期出洋的。⑥又据当时汕头市政府公布，1948年1～11月在侨务局申请办理出洋人数57628人次（同期回国4677人），船票十分紧张，规定购买船票采取抽签的办法。⑦

① 林风：《澄海樟林港与潮州早期海外移民》，黄赞发、陈历明、连振国、黄绍生：《潮人探奥》，广东旅游出版社1989年版。

② 汤开建、田渝：《明清时期华人向暹罗的移民》，《世界民族》2006年第6期，第58-59页。

③⑤　广东省地方史志编纂委员会：《广东省志·华侨志》，广东人民出版社1996年版。

④ 赵春晨、陈历明：《潮汕百年履痕》，花城出版社2001年版。

⑥ 丰顺县华侨志编纂办公室编：《丰顺县华侨志（初稿）》（内部资料）1988年，第26页。

⑦ 杜松年：《潮汕大文化》，中国科学技术出版社1994年版。

2. 潮汕侨乡的形成

鸦片战争后，清廷被迫同意殖民者在华招工，海外移民开始了合法化进程。华工资金略有节余便托人带回家赡养亲属，稍微宽裕者携资回国营造屋宇，购买田地，兴办公益事业，使这些出国移民的故里逐步发展繁荣起来。清朝光绪十九年（1893 年）清廷解除海禁法令，规定"自今商民在外洋，无问久暂，概许回国治生置业，其经商出洋亦听之"。① 这就使华侨合法化了，华侨取得了自由出入国境和回国创办企事业的权利，华侨同祖国和家乡的联系进一步密切起来，侨乡逐渐形成。

从清末民初到抗日战争前夕，华侨纷纷回国创办实业。他们兴筑铁路，开辟公路，在家乡兴办公益事业。侨汇、侨资大量增加，促使侨乡的商业迅速发展，以外购内销为特点的侨乡墟市逐渐兴起。连接这些侨乡墟市的是一批新兴的侨乡城市，如汕头。这样，形成了以城镇为中心的侨乡社会。

抗日战争期间，潮汕侨乡一半地域沦为日伪统治区，许多侨办工商企业或毁于战火，或被迫停业。美国、日本开战后，侨汇中断，加上天灾、瘟疫等，潮汕侨乡遭受巨大破坏。

抗日战争胜利后，华侨纷纷汇款修建房屋，购置田地，侨汇、侨资骤然剧增，侨乡再次出现繁荣景象。不过，此时由于洋货充斥市场，投资工商业不易，庞大的侨资除了用于购买黄金、田地以保值外，大量用于消费。

按照侨乡形成特点而言，19 世纪末 20 世纪初潮汕侨乡已经初步形成。一方面，在人口构成上，移民户数占据当地总户数相当比例。如清末民初澄海樟林全乡户数为 4900 多户，移民户数达 1300 多户，占该乡户数的近 27%。另一方面，华侨故里经济发展相当程度上得益于侨资、侨汇。"都市大企业及公益交通事业各建设多由华侨投资而成。内地乡村所有新祠夏屋，有十之八九系出侨资盖建，且潮州每年入超甚大，所以能繁荣而不衰落者，无非赖批款之挹注。"② 如潮安县 1921 年统计，全县侨汇数为大洋 2000 万元，其中，泰国 500 万元，新加坡和马来西亚 1300 万元，越南 150 万元，爪哇 15 万元，苏门答腊 20 万元，香港 15 万元。③

3. 潮汕侨乡的地域分布

如绪论所言，本书侨乡有泛指与特指两个层面之分。泛指层面的侨乡指整个潮汕因侨乡众多而约定成俗，被称为"潮汕侨乡"；特指层面的侨乡指潮汕具体

①③ 广东省地方史志编纂委员会：《广东省志·华侨志》，广东人民出版社 1996 年版。
② 饶宗颐：《潮州志》（第三册），《实业志·六》，潮州市地方志办公室重刊本 2005 年版。

的某一侨乡，一般会列出地名。本书所论侨乡属于特指层面的侨乡。

笔者据中华人民共和国成立后各县市海外移民数、侨眷和归侨数，以及潮汕各县市在家总人口数、归侨和侨眷人口数，以及据此计算出的归侨和侨眷在总人口数的比例制作表格（见表1-2）。

表1-2　潮汕各县市归侨、侨眷统计表①

地区	在家总人口数（万人）	归侨、侨眷人口数（万人）	归侨、侨眷占总人口数的比例（％）
汕头市	28.0414	1.3729	4.90
潮州市	9.4355	0.6112	6.48
潮安	58.2079	9.5879	16.45
澄海	45.4736	6.6377	14.59
潮阳	97.3552	15.0804	15.49
揭阳	100.4466	18.3009	18.22
普宁	64.4697	18.0761	29.6
饶平	40.0105	2.4909	6.1
惠来	34.5579	1.0932	3.16
丰顺	25.1822	3.1233	12.4
大埔	24.4912	6.3634	25.9
南澳	3.4413	0.0473	1.37

资料来源：1957年7月《广东省侨务统计资料汇编》，引自林金枝、庄为玑：《近代华侨投资国内企业史资料选辑（广东卷）》，福建人民出版社1989年版。

表1-2中所列潮州市是1953年7月1日由潮安县城关镇的行政区域改设而来。鉴于本课题研究的下限是中华人民共和国成立前夕，应将潮州市和潮安县的数据合并而论才接近1949年潮安县的人口数及归侨和侨眷人口数，因此，中华

---

① 本表数据来源于1957年7月《广东省侨务统计资料汇编》。据葛美玲、封志明《基于GIS的中国2000年人口之分布格局研究——兼与胡焕庸1935年之研究对比》（载《人口研究》2008年第1期）一文，中国2000年人口分布之格局与胡焕庸先生1935年所描述的中国人口分布状况相比较，并未发生大的变化。加之中华人民共和国成立前后，潮汕并未出现大规模的移民现象。所以，笔者推断1957年潮汕侨乡人口分布与中华人民共和国成立前夕人口分布格局大体上相差不多。因此，尽管《广东省侨务统计资料汇编》编者强调表中数据遗漏很多，材料不够完整，但是该表对潮汕侨乡的统计数据还是具有一定参考价值，能够说明某些问题。

人民共和国成立前夕潮安共有人口数是 676434，归侨和侨眷人口数是 101991，归侨和侨眷人口数占总人口数的比例是 15.08%。

有学者认为，"华侨与归侨、侨眷是一种正相关，华侨多，一般说来，其在国内归侨、侨眷也必然多"。① 其实，反言之也是合理的，即归侨和侨眷数量多的侨乡，其海外华侨数量也多。因此，表 1－2"归侨、侨眷占总人口数的比例"基本上可以反映出潮汕各县市华侨数量之差异。

通过表 1－2 不难看出：一方面，潮汕各县市均有一定比例归侨和侨眷人口，最少者，如南澳也占到总人口数的 1.37%，最多者，如普宁竟占到总人口数的 29.6%。"潮汕侨乡"的提法名副其实。另一方面，澄海归侨和侨眷人口数约占总人口数的 15%（实为 14.59%），潮安、潮阳、揭阳、普宁、大埔归侨和侨眷人口数均占总人口数的 15% 以上。

三、潮汕华侨与侨乡城镇的发展

清末民初，随着华侨经济实力不断壮大以及国内外环境的变化，越来越多的华侨投资倾向于家乡发展。大量侨汇、侨资刺激了侨乡发展，食品、百货、建筑建材等行业首先兴起，原有的墟市渐渐不能满足商品经济发展的要求，一批新的城镇开始出现，汕头就是当时著名的新兴城镇。此外，原有城镇，因为华侨返乡创业或者侨汇、侨资支持也发生了很大变化。总之，由于华侨的支持，潮汕侨乡城镇面貌出现了明显变化。

汕头开埠前只有寥寥数十家商店，民居简陋，街道狭窄。1889 年开始有华侨在汕头置业，建筑房屋，但为数不多。大规模的市镇建设是在 1929 年之后开展的。海外潮人纷纷返乡投资房地产，主要集中于汕头市。有的华侨在汕头建造新楼房，把家眷迁到汕头；有的华侨在汕头建造新楼房，作为商行之用；有的富裕侨商到汕头兴建成批楼房，除部分自用外，还把楼房出卖或出租。根据统计，1919～1949 年华侨在汕头投资房地产业达到 1426 家。② 1929～1932 年恰逢世界经济危机，华侨出于保值心理加大了返乡投资房地产的力度。这一时期成为近代华侨在汕头投资建房的高峰期，1949 年前汕头市侨资兴建的 2000 多座楼房，主要是这一时期建造的。据调查，近代时期汕头共获得侨资房地产资金 2100 余万元。③

---

① 许桂灵、司徒尚纪：《广东华侨文化景观及其地域分异》，《地理研究》2004 年第 3 期，第 417－418 页。

② 杨群熙：《华侨与近代潮汕经济》，汕头大学出版社 1997 年版。

③ 林金枝、庄为玑：《近代华侨投资国内企业史资料选辑（广东卷）》，福建人民出版社 1989 年版。

潮汕侨乡不断增加的侨汇侨资也用于除汕头以外各县的城镇建设。潮安县凤凰华侨茶商黄太昌、陈协盛两家商行就兴建了数座楼房。泰国华侨高元发在澄海建造了几座大院宅，原籍澄海的泰国侨胞陈黉利在澄海东里镇兴建18座店铺。揭阳乔林的兰香楼也是据侨资兴建，该楼共有4层，每层39间房屋，这在当时是非常洋气的。马来西亚华侨林连登在惠来县隆江镇购地60亩，先后建成店铺63间，均为两层水泥柱瓦顶结构，每间面积100平方米，上层为住家，下层为店铺，[①] 设计宏大而实用。普宁县流沙镇100多间房屋和店铺是1930~1935年由华侨投资建造的，流沙镇由一个原来只有30多户人家的小村变成了一个热闹的镇。潮汕侨乡的镇集网络逐渐形成。

潮汕华侨建设故里蔚然成风，强化了侨胞的故里意识，密切了侨居地与家乡的往来联系，也促使他们更加关心家乡桑梓和发展前途。而且，还自然吸引更多的乡人出国去开拓事业，侨眷不断增加，加上姻亲关系，进一步使侨乡与华侨的关系得以加强。华侨与侨乡某种程度上形成一种良性互动关系。

综上所述，尽管潮汕移民历史久远，但是大规模移民始于汕头开埠，止于中华人民共和国成立，大致相当于近代时期。与之相伴随的是，汕头开埠后潮汕侨乡雏形的出现，以及清末民初潮汕侨乡的正式形成。在侨乡形成过程中，大量侨资、侨汇投于家乡发展，其中一部分用于家乡城镇建设。同时，华侨返乡建造房屋不仅密切了华侨与故里的关系，也鼓励和吸引了更多乡人走向海外创业。实际上，华侨与侨乡形成一种良性互动关系，潮汕城镇也在这种互动中逐渐兴起、发展、繁荣。所以，潮汕的侨乡特点与潮汕城镇发展关系密切，考量潮汕城镇及城镇体系，不能忽略侨乡这一重要特点。

本章小结

潮汕侨乡东、西、北三面群山环抱，南面临海，形成一个相对独立的自然地理单元。单元内拥有五大平原、四江一河，气候宜人，降水充沛，独特的地理区位成为近代潮汕侨乡城镇发育、生成的自然地理基础。

近代潮汕侨乡行政沿革相对稳定，水运条件改善、陆路兴建逐渐形成水陆交叉的交通体系，重商思想和传统，以及刻苦拼搏、冒险开拓、义利并举的商业文化心理所造就的人文地理环境，对城镇体系的发展演变产生重要影响。

---

① 杨群熙：《华侨与近代潮汕经济》，汕头大学出版社1997年版。

近代潮汕侨乡工业欠发达，大量男性劳动力无法有效安置，长期存在的人地矛盾，逐利传统，以及自然灾害的潜在影响等因素，在汕头开埠后使移民海外人数激增。随着侨眷数量的增加，潮汕侨乡逐渐形成，各县归侨和侨眷人口数不等。华侨通过返乡投资、侨汇等形式，与侨乡城镇形成一种良性互动的关系，也促进了城镇体系的变迁。

第 二 章

潮汕侨乡城镇的发展与城镇体系的演变

何谓城镇体系？顾朝林认为："按其现代的意义来说，它是一个国家或一个地域范围内由一系列规模不等、职能各异的城镇所组成，并且有一定的时空地域结构、相互联系的城镇网络的有机整体。"[①] 还有一种观点认为："城市与城市、城市与地区之间实质上存在着固定联系与等级结构。也就是说，一定地区内，性质不同、规模不等的城市是相互联系、相互依赖、相互补充的，进而形成一个统一的城市地域体系。在体系内部不断地进行物质、能量、人员、信息的交换。这种不同地区、不同等级的城市结合为固定关系和作用的有机整体，就是城市系统（有人称之为城市体系）。"[②] 此处城市包含了城市和城镇。从上述两种城镇体系概念的界定可以看出，城镇体系作为一个科学概念，内涵丰富。两者都指出组成城镇体系的城镇规模、职能或性质各异，但是，前者更强调城镇体系的结构、网络形成，也即整体性；后者注重到城镇体系的内部的经济、信息等内容的交流等，也即内部各要素的关系。本书认为，城镇体系的构建既要注意它的整体性，同时，也要关注它内部各级城镇间的交流，本章将关注城镇体系的结构、网络形成及发展，第七章将从各级城镇间的经济交流关系、境外经济交流对境内城镇发展及与之相关的城镇体系的影响等方面展开探究。

近代潮汕城镇体系的形成是在前代城镇发展基础上形成的，但是，由于近代社会政治巨变、海外华侨社会的形成及对侨乡的影响、近代海港汕头港兴起、西方工业革命浪潮的冲击等特殊背景，因而，城镇类型、数量、体系方面均呈现出与前代完全不同的面貌。从城镇体系的形成而言，近代潮汕城镇体系不仅较前代更为丰富、复杂，城镇之间的交流和联系也因近代化发展等因素而体现出新特点。为搞清楚这些变化，有必要考察潮汕城镇的发展轨迹及其阶段性特点，并在

---

① 顾朝林：《中国城镇体系——历史·现状·展望》，商务印书馆 1992 年版。
② 赵荣、王恩涌、张小林等：《人文地理学》，高等教育出版社 2006 年版。

此基础上归纳出近代潮汕城镇体系的演变。

第一节　近代以前城镇发展及城镇体系的初步形成

一、明朝以前城镇发展及城镇体系形成

直到东晋义熙九年（413 年）分东官郡置义安郡，这是潮汕州郡一级建制的开始。义安郡下设立 5 个县：海阳、绥安、海宁、潮阳和义招，地域包括粤东和闽南。① 郡县制在潮汕的推行，表明城镇间形成了一定的等级，城镇体系雏形逐渐形成。

唐朝以前潮汕人口不多，开发程度还很低，生存环境恶劣。韩江流域三林茂密，野象成群。②据梁方仲先生推算，唐朝潮州每平方公里人口数，在广东 27 州郡中排第 23 位。③ 可谓地广人稀，直到晚唐这里都还是朝廷官员贬斥之地。由此推想，商业发展程度也相应较低，城镇主要为行政建制形式。

宋朝城镇职能多样化表现明显，城镇体系组成内容丰富。潮汕在宋朝开发加速，经济发展较快，人口显著增加。北宋元丰年间成为岭南人口密度最高的地区。④潮州平原地区，主要是韩江三角洲，处于全国领先地位。⑤ 区域城镇体系形成的过程往往与地区开发是同步的，宋朝的城镇建设也随之兴起。城墙是中国城市兴起的主要标志，以此来衡量潮汕的城镇发展，则可以发现宋初即有城垣。宋真宗咸平二年（999 年），潮州刺史陈尧佐《独亭记》载："余既至，即辟公宇之东偏，古垣之隅，建小亭焉，名曰'独游'⑥"。"古垣之隅"表明此时已建有城池。宋朝潮汕人口的分布情况是东部乡都密集，西部较疏。在城镇分布上，城镇基本为行政建制形式。⑦工商业在唐朝的基础上更为兴盛，尤其是盐业、陶瓷生产等的发展带动了海外贸易的开拓，凤岭港、柘林澳都是进出口贸易的港口。城镇的工商业职能以及沿海港口城镇的形成，表明城镇的经济职能也因之得到加强。

蒙元时期，潮汕人口发展逐渐超过北宋。据统计，元朝至顺三年（1332 年）

---

① ② ④ ⑦　黄挺、陈占山：《潮汕史》（上册），广东人民出版社 2001 年版。

③　梁方仲：《中国历代户口、田地、田赋统计》，上海人民出版社 1980 年版。

⑤　庄义青：《宋代潮州的人口增长及其经济发展》，《岭南文史》1987 年第 2 期，第 55 页。

⑥　黄挺、马明达：《潮汕金石文征》，广东人民出版社 1999 年版。

人口在 55 万～60 万，但是，这仍与南宋此区人口有不小的差距。目前，文献中对与人口增加后潮汕经济的恢复和发展情况的记载很少。① 此时的城镇发展限于政局及经济发展的水平等因素，并没有出现根本变化。

二、明朝城镇体系结构日趋完整

明朝初期的潮州府只辖海阳、潮阳、揭阳和程乡 4 个县。明朝中后期建制不断增设，仅明朝嘉靖年间就陆续增设惠来、大埔、澄海、普宁、平远共计 5 个县。据统计，潮州府在明朝从成化十四年（1478 年）至崇祯六年（1633 年）的 155 年间，由 4 个县增至 11 个县。② 潮州府下辖的海阳、潮阳、揭阳、程乡、饶平、惠来、镇平（后置）、大埔、平远、普宁、澄海 11 个县发展迅速，至明朝万历年间，11 个县中有 2 个县发展为中等规模的县③。据统计，当时广东 8 个中等规模的县中就有 2 个隶属潮州府，即海阳县和潮阳县。④ 明朝中后期，人口迁移使得潮汕人口分布比宋、元时期均匀，但是，东部的海阳、饶平、澄海、揭阳等县人口仍然远比西部的潮阳、普宁、惠来等县密集。

除了行政建制的城镇外，一些因商业、交通而繁荣起来的乡都逐渐增多。明朝初期，全国各地市镇普遍兴起，临时的、定期的集市发展为较大规模的工商业市镇。⑤ 明朝嘉靖年间，潮州府的南澳、柘林港成为民间交易的重要港口。据史籍记载，明朝潮汕海上武装商船集团，主要以南澳和柘林一带为活动中心，尤其是南澳岛。⑥ 浙江市舶司撤销后，外国贸易商人选中潮汕的南澳开展贸易。当时南澳四方客货汇集，私番船只未曾断绝，是一个相当繁荣的民间对外贸易港⑦。柘林港更为重要，是暹罗、日本等来华贸易商船中途停泊点。"柘林澳在其南，暹罗、日本及海寇，皆泊于此。"⑧ 柘林港于是繁荣起来，并带动周围一些乡都发展，"柘林前金门一道，上据白沙墩，下踞黄芒、南洋，外跨隆、南、云、青四澳，内则延袤黄冈、海山、钱塘、樟林等处乡村，闽广货舟所经，本地鱼盐所萃，颇有贸易之利"。⑨ 可见，商业繁荣的推动使潮汕城镇的发展已不再单纯依

---

①　黄挺、陈占山：《潮汕史》（上册），广东人民出版社 2001 年版。

②　（清）周硕勋：《潮州府志》卷三《沿革表》，台北成文出版社 1967 年版。

③　明朝改用税粮为分县等标准，10 万石以上者为上县，6 万～10 万石为中县，6 万石以下者为下县。

④　司徒尚纪：《广东政区体系——历史·现实·改革》，中山大学出版社 1998 年版。

⑤　傅衣凌：《明清时代江南市镇经济的分析》，《历史教学》1964 年第 5 期，第 9 页。

⑥　杜松年：《潮汕大文化》，中国科学技术出版社 1994 年版。

⑦　李龙潜：《明代广东对外贸易及其对社会经济的影响》，广东历史学会：《明清广东社会经济形态研究》，广东人民出版社 1985 年版。

⑧　（明）郭春震：《潮州府志》卷一《地理》。

⑨　（明）罗胤凯：《议地方》，（明）陈天资：《东里志》卷四，潮州市地方志编印 2004 年版。

靠国家政治势力的推动，商业和交通的推动作用日益突显。因之发展起来的城镇主要集中在沿海的港口及港口附近的交通沿线上。与行政城镇相比，这类城镇虽然数量不多，但是，作为有别于行政城镇的商业城镇出现，对此时潮汕城镇体系的发展产生了重要影响。

值得一提的是，城乡墟市贸易繁荣起来，形成以州城为中心，从州城到县城，再到墟市的纵横交错的城乡沟通商业网络。有些墟市出现店铺、货栈的集聚之所，逐渐发展成为固定的居民点。固定市集多集中于府城以东韩江下游沿岸一带。至明朝后期，固定的大市集共48个①，如表2－1所示。

表2－1　明朝后期潮州乡村大市集一览表

县名	市集名称	数目		资料来源
海阳	渡头庵、浮洋、云步、彩塘、意溪、枫溪、金石宫、大窑	8		《（顺治）潮州府志》卷一《地书部·城郭乡村市集考》
潮阳	贵屿、和平、石港、峡山、踏头埔	5		同上
揭阳	田步、河婆、钱岗、仙溪	10	4	《（雍正）揭阳县志》卷一《阓阛·附市集》
	马山、大井、湖头、桃山、塘口、棉湖		6	《（万历）广东通志》卷四十《坊都》
程乡	寨子角、畲坑、松口	3		《（万历）广东通志》卷四十《坊都》
饶平	黄冈、浮山、店子头	3		同上
惠来	龙冈、神泉	2		同上
大埔	神泉、三河、高陂	3		同上
平远	乌石冈、坝头埔、太平桥、思南塘、粜米冈、寨颈、蟠龙墟	7		同上
澄海	冠陇、鮀浦、南洋、程洋岗、樟林	5		同上
普宁	鲤湖、大坝	2		同上

资料来源：①（清）吴颖：《潮州府志》卷一《地书部·城郭乡村市集考》；②（清）陈树芝：《揭阳县志》卷一《阓阛·附市集》；③（明）陈大科、戴耀：《广东通志》卷四十《坊都》，广东省地方志办公室：《广东历代方志集成·省部》（二），岭南美术出版社2006年版。

　　上述这些市集不仅为乡村经济交流提供便利，活跃了农村的经济，更为重要的是，有些市集发展至清朝，有的成为大镇，有的成为规模较大、影响一方的市集。换言之，上述市集是清朝一些大镇形成的基础。

---

　　① 黄挺：《明代中期潮州工商业重兴与民风之变化》，《汕头大学学报》（人文科学版）2000年第4期，第80－81页。

三、清朝（鸦片战争前）城镇体系的进一步完善

清初沿明制，潮州府仍领 11 县，之后有所调整，县城总数仍然有 10 余个。清朝雍正十年（1732 年）析饶平县属之隆、梁二澳和福建省诏安县属之云、青二澳设南澳厅。清朝雍正十一年（1733 年）程乡县改升为嘉应直隶州，平远、镇平二县割属。清朝乾隆三年（1738 年）析海阳、潮阳、大埔 3 县各一部设置丰顺县。这样，至清朝乾隆年间潮州府辖海阳、潮阳、揭阳、饶平、惠来、大埔、澄海、普宁、丰顺 9 县和南澳厅 1 厅，共计县级城镇 10 个。

鸦片战争前的清朝，潮汕商业十分繁荣。首先，表现在潮州府城粤东商业中心地位的形成。潮州府城因地处潮汕水运动脉韩江下游，清朝康熙年间便逐渐形成为一个海运贸易港。到了清朝乾隆年间，潮州城"商贾辐辏，海船云集"，附近各县及闽赣商人都来此贸易，潮州城成为粤东的商业中心。[1] 潮州城商业的繁盛程度，成为当时广东省内仅次于广州城的第二大城市，城内及近郊居民"不务农业"的人口已经发展到"十万户"。[2] "粤东城之大者，自省会外，潮郡为大……他郡县皆不及。"[3] 潮州成为韩江流域经济区的中心，这种优势一直保持到清朝末期。潮州府对辖境内各县墟市的吸引力较前代增加，各县墟市分布情况的改变说明此时潮州府经济中心地位的增强。如大埔县北部墟市的分布与福建省汀州府的经济关系更为密切，导致明朝末期大埔县墟市主要集中在辖区的北境，如虎头沙、神泉、三河等。[4] 进入清朝以来，大埔县的墟市分布有所改变，据清朝乾隆年间周硕勋的《潮州府志》所载制作大埔县墟市分布示意图（见图2－1）。

由图2－1可知，到清朝乾隆年间大埔县墟市共有 20 个，其中，县治所以南分布有 13 个，县治北有 7 个，形成南多北少的局面。这表明大埔县墟市分布依然受到福建省汀州府的影响，不过，潮州府治之于大埔的吸引力较明代显著增强。

其次，随着海禁法令的解除，港口的经济活动日益活跃。明朝就已显端倪的港口城镇继续发展。庵埠位于韩江下游，《庵埠邓氏族谱冠儒公家传》载："韶粤东之有海关也……而庵埠实为各口之首。"[5] 由于"商贾舟楫辐辏"[6]，清朝顺治年间就已设立海关，清朝乾隆十四年（1749 年）时，"以吴越八闽之舶，时

---

① 蒋祖缘、方志钦：《简明广东史》，广东人民出版社 1993 年版。
② （清）周硕勋：《潮州府志》卷四十《艺文》，台北成文出版社 1967 年版。
③ （清）王植：《新会县志》卷三。
④ （明）戴璟、张岳等：《广东通志初稿》卷二十五《民物》，岭南美术出版社 2006 年版。
⑤ 庵埠志编纂委员会：《庵埠志》，新华出版社 1990 年版。
⑥ （清）李书吉：《澄海县志》卷二《形势》，上海书店 2003 年版。

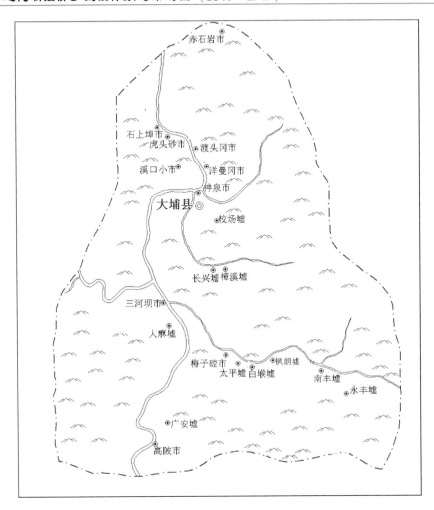

图 2－1　清朝乾隆年间大埔县墟市分布示意图

注：①清朝乾隆年间大埔县共计有墟市 20 个，县城墟市为 0 个；②每个墟市的位置根据县志记载的方向确定。

资料来源：①（清）张人骏：《广东舆地全图》（上）《潮州府大埔县图》；②（清）周硕勋：《潮州府志》卷十四《墟市》。

挟资来游，丛聚日众，移通判以驻其地"①。樟林位于北溪入海口，为闽粤海陆交通及边防要地，"河海交汇之墟，闽商浙客，巨舰高桅，扬帆挂席，出入往来之处也"，"通洋总枢之地"，② 逐渐形成一个海运集散地。清朝康熙八年（1669

---

① （清）吴道镕：《海阳县志》卷三《舆地略二》，上海书店 2003 年版。
② （清）周硕勋：《潮州府志》卷三四《关隘》，上海书店 2003 年版。

年）设樟林镇巡检司。清朝乾嘉年间是其发展的黄金时代，当时方圆不足 5 里却有 9 条商业街，商号上千间，樟林港在潮汕的地位迅速上升，成为重要的贸易口岸。樟林港的发展此时已经具备了镇的雏形。

再次，墟市在商业因素促动下普遍发展，市镇开始形成。墟市是镇形成的基础，在承袭明朝发展的基础上，清朝墟市整体发展尤为迅速，尤其是揭阳、饶平、海阳等地，有些墟市的规模已经具备了镇的雏形。例如，大埔县三河坝市，"舟楫辐辏，贸易者为浮店，星布洲浒，凡鱼、盐、布、帛、菽、粟、器用，诸货悉备。逐日市"。[①] 商贸发展的日益繁荣，使其具有一定面积分布的"浮店"，形成独立的商业贸易区，具备了镇形成的条件之一。又如棉湖地处榕江中游岸边，早在明朝时手工业已具一定规模，形成一些专业性街道。清时逐渐演变为有别于纯粹的农业区的工商业、商业街区。清朝嘉庆十二年（1807 年），棉湖设佐堂，发展为揭阳县之重镇。[②]

市镇的形成和出现，表明潮汕的城镇发展到此时，城镇的形成除了行政建制的途径外，已有商业发展而来的城镇；城镇的主要职能也就有行政职能和商业职能之分。它们之间的联系日益密切，以潮州城为中心的城镇网络结构逐渐得到强化。

最后，此时期潮汕尚未形成一体化的区域市场，城镇间联系的密切程度存在地域差异。墟市是衡量地区经济发展情况的重要参考对象，墟市的分布又可以体现区域内经济交流情况。清朝后期作为镇形成基础的墟市在经济贸易发展的推动下更加活跃，此时期潮州府各县的墟市数量较明朝有所增多，图 2 - 2 为清朝乾隆时期墟市地理分布情况。在图 2 - 2 中墟市方位主要依据县志中墟市与县治所之间的距离、位置关系确定，与墟市实际地理位置少有偏离，但是以所属县治所为参照，偏离角度一般小于 22.5°。

从图 2 - 2 可以看出，潮州府各县墟市分布态势是府城周围密度最大，各江河入海口处形成墟市最为密集区（见图2 - 2中大四边形区域），称其为"墟市第一密集区"；大埔境内形成了独立于府城以外的"墟市第二个密集区域"（见图 2 - 2 中小四边形区域）；边境县城的墟市分布体现出靠近邻省的倾向；地处边境的饶平、丰顺、惠来 3 县与城镇和墟市分布密集的东南部之间由于距离相对遥远，而形成西部、西南部和东部十分稀疏的墟市分布稀疏地带（见图 2 - 2 中的两个四边形以外的区域）。这样的分布格局，一方面表明府城的政治、经济中心地位具有强烈的吸引力，因而周围形成了墟市分布密集区；另一方面也表明核心城市府城的中心作用发挥有限，其对远距离县城的吸引力表现出一定的局限性，

① （清）周硕勋：《潮州府志》卷十四《墟市》，台北成文出版社 1967 年版。
② 揭西县地方志编纂委员会：《揭西县志》，广东人民出版社 1994 年版。

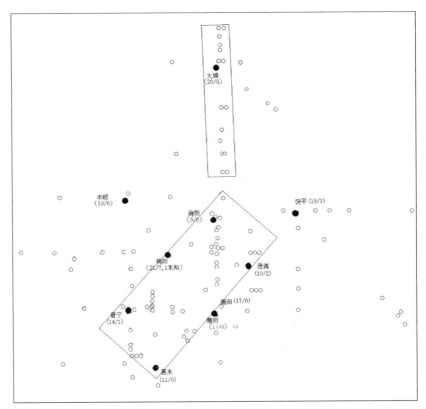

图2－2　乾隆时期潮汕墟市分布示意图

○为墟市，●为县治；括号内数字为墟市总数及县墟市数，县墟没有在图中表示出来

资料来源：①（清）周硕勋：《潮州府志》卷十四《墟市》；②饶宗颐：《潮州志》卷二《疆域志》，潮州修志馆1949年版；③（清）廖廷臣等：《广东舆地图说》，台北成文出版社1970年版。

边境的墟市分布更易受邻省吸引，因势利导与境外展开物资交流。"稀疏区"的出现也表明虽然潮汕境内各县之间的经济往来虽然已较前代有了强化趋势，但城镇之间的交流关系还远不及府城周围的盛况，一体化的区域内市场还没有形成。东南部的城镇虽然经济交流密切，但是和西部、北部城镇的关系还显松散，城镇体系也就相应体现出松散性。

因而，尽管这一时期墟市发展迅速，港口贸易繁荣，商业市镇开始出现，但是城镇间的经济交流存在地域差异，潮汕城镇体系内部各城镇，东、南部城镇比西部、西北部城镇间的联系密切。

综上所述，宋朝以前潮汕城镇均为行政治所或军事驻地，城镇体系形成后，经历了长时期缓慢的发展。宋朝以来随着商品经济发展，城镇的经济职能增强。至明朝及清朝（鸦片战争以前），随着资本主义萌芽的出现，工商业市镇发展起来，形成了州县墟城乡贸易网络，潮州城的城镇体系中心地位日渐强化，奠定了城镇体系进一步发育的基础。

第二节 清朝后期潮汕侨乡城镇体系的重构

鸦片战争后，清朝受到了前所未有的工业文明和商业文明冲击，位于沿海的潮汕侨乡尤甚。传统的商贸货物、商贸结构发生了变化，农业生产和农产品日益商业化，潮汕逐步卷入资本主义世界市场。因此，清朝后期，尤其是汕头开埠后，是潮汕城镇发展、城镇体系组织结构发生变化的一个重要阶段。然而，正如对于明朝、清朝市镇经济的研究往往忽视清朝后期，[①] 学术界对于清朝后期城镇体系的关注也显不足，潮汕作为近代以来中国东南沿海城镇发展历经巨变的典型地区，城镇体系的关注显然与这段历史明显不匹配。本节内容旨在探讨这一时期潮汕城镇的发展及城镇体系的演进。

一、近代潮汕侨乡城镇体系的新变化

清朝后期，广东省惠潮嘉道下辖 3 府（州），即嘉应直隶州、潮州、惠州。潮州府下辖 9 县 1 厅，即海阳、潮阳、揭阳、饶平、惠来、大埔、澄海、普宁、丰顺及南澳厅。海阳是府治。[②] 除了上述的行政建制城镇以外，清朝后期潮汕侨乡还出现了商约港口城镇和商业镇，经济城镇的数量明显多于前代。而且，墟市的数量及分布较此前而言有了较大改观。

1. 汕头日渐取代潮州城成为城镇体系的中心

潮州城是潮州府的府城，长久以来也是城镇体系的中心。1858 年汕头开埠后潮汕的城镇体系组成结构发生了巨变。首先，此前潮州城是城镇网络体系的中心，汕头崛起后，潮州的经济中心地位受到挑战，网络中心的地位逐渐为汕头所

---

① 任放在《二十世纪明清市镇经济研究》（载《历史研究》2001 年第 5 期）一文中指出"明清时期市镇经济研究不平衡的另一个表现就是把清代的历史进程一分为二，鸦片战争前的市镇研究如火如荼，近代市镇研究则相对苍白。许多论著所使用的'明清时期'的概念，下限均在 1840 年，有的甚至截止到康乾时期"。市镇经济研究又经历了十余载的发展，此状虽有所改观，但还没有明显的突破，尤其是潮汕地区近代城镇经济的研究仍然薄弱。本书认为近代市镇经济的发展状况是考察近代城镇体系重要内容之一。为了全面了解近代城镇体系的发展状态，作为近代沿海城镇经历巨变的典型，潮汕地区近代城镇体系的研究有一定的学术价值。

② 潘理性、曹洪斌、余永哲：《广东政区演变》，广东省地图出版社 1991 年版。

取代，近代交通网络建设也基本以汕头为中心展开。其次，随着汕头港的崛起，沿海港口城镇格局发生调整。原来兴旺的港口逐渐暗淡，甚至退出历史舞台。至清朝道光年间以后，古代商贸港"剩下汕头港一枝独秀"①，结束了此前多个港口共同分担海外贸易的局面。如樟林港在汕头开埠前曾作为岭东最大的对外贸易港口，中外商贾云集，贸易发达，然而，它的光芒逐渐为汕头港所遮盖，最终成为普通小镇②。黄冈港埠遭遇与樟林港大致相似，在汕头正式开埠后便始渐衰落，所不同的是至 1900 年前后它的商贸逐渐复苏，市政建设开始有所发展。③ 最后，有些城镇因汕头港而繁荣。如汕头开港后潮汕铁路的修建，就带动了潮州、汕头铁路沿线的鹳巢、意溪等地的繁荣。总之，随着汕头港的崛起，潮汕城镇体系发生了很大的调整，汕头逐渐取代潮州成为体系的另一个中心。

2. 商约港口城镇的出现使城镇职能转向多样化

清朝咸丰八年（1858 年），中英签订的《天津条约》辟潮州为对外通商口岸，遭到潮州城人民反对而改为汕头。清朝咸丰十一年（1861 年），汕头港正式开埠，并借助其优越的地理位置迅速崛起，清朝嘉庆年间以后取代庵埠与樟林的地位，成为粤东第一商贸港口。后又逐渐发展并取代潮州府城而成为粤东政治中心和经济中心。汕头的城镇规划和城镇布局对其他城镇产生了深刻影响，汕头的近代工商城市形象成为各城乡争相效法的榜样。

在众多行政建制的城镇中，汕头港商业地位的确立，是潮汕侨乡城镇发展进程中商业城镇逐渐发展壮大的集中体现。此时商业市镇的数量在不断增加，已经大有超过行政力量形成的城镇数量之势。潮汕城镇体系中开始广泛出现职能、性质各异的城镇。

3. 商业、手工业城镇数量增加，中小城镇在城镇体系中占多数

因海外华侨社会与侨乡间的商业贸易往来日渐频繁，侨乡手工业城镇数量猛增。海外华侨对故土商品的需求推动了潮汕侨乡手工业的发展，侨乡出现了专事海外华侨社会所需之故土消费品生产的手工业市镇。潮人故土情愫十分浓重，虽远居南洋，故乡习俗，拜神祭祖等习俗仍然不变，此方面所需之消耗品如神纸等开始成

① 黄挺、杜经国：《潮汕古代商贸港口研究》，潮汕历史文化研究中心、汕头大学潮汕文化研究中心：《潮学研究》（第一辑），汕头大学出版社 1994 年版。

② 樟林港的衰落原因普遍认为是汕头港不断发展壮大对樟林港形成越来越大的压力使然，据学者黄挺、杜经国的研究，"更重要的因素则同东陇溪口和柘林湾西部内海的淤浅与围垦有关"。参阅黄挺、杜经国：《潮汕古代商贸港口研究》，潮汕历史文化研究中心、汕头大学潮汕文化研究中心：《潮学研究》（第一辑），汕头大学出版社 1994 年版。

③ 饶平县地方志编纂委员会：《饶平县志》，广东人民出版社 1994 年版。

为侨乡的一项重要外贸商品。侨乡原来专事农业的村镇，开始专以生产此种商品为生计，如南洋一乡纸箔工人占全乡人口的十分之八。① 而庵埠在清朝光绪年间（1903年）出现了颇具规模的生产南金纸的作坊，产品行销南洋群岛等地。② 一批中小城镇迅速成长起来，城镇体系也因城镇职能、城镇数量的增加而日益丰满。

由于商业活跃，商品流通量迅速增长，小城镇数量不断增加、规模也不断扩大，因而，有的小城镇商业发达程度甚至堪比县城。如澄海县东里镇，地处潮阳、澄海、饶平三县边缘，韩江出海口，历来是三县的物资集散地，民国初年已有商号800多家，分12个行业，贸易之盛超过澄海县城。③

另外，因华侨对潮汕侨乡的投资以商业为主，这更加速了中小城镇的发展。清朝末期开始华侨大规模投资房地产、兴办企业。据统计，与广州地区不同，华侨对潮汕的投资主要集中于商业，而非工业，因此潮汕侨乡是以中小市镇为主的商埠密集区，④ 少有规模较大的城市出现。工商业市镇规模虽小数量却多，是此时城镇体系中的活跃因素，密切了各城镇之间的联系。而此时城镇体系组成以中小城镇占多数，大规模的工业城镇屈指可数。

4. 形成府县镇三级城镇网络结构

随着商品经济的活跃，逐渐脱离农业生产的镇，发挥了沟通县和乡村经济交流的作用。府城、县城、镇之间的经济往来更为频繁，乡村墟市贸易较此前繁荣，潮汕侨乡形成的府、县、镇、乡村从上到下的经济、政治网络越来越复杂化。对外贸易的长足发展，使地区内部社会分工加速，出现了例如专事夏布生产、锡纸加工等手工生产的城镇，这在客观上使得各级城镇之间的经济交流更为频繁、深化，府县镇三级城镇关系越来越密切。

5. 城镇面貌、城镇内部布局的变化

华侨对潮汕侨乡城镇崛起与发展的影响日益凸显。清朝后期，越来越多的潮汕人移民海外，特别是汕头开埠后，潮州移民的规模远远超过开埠前。⑤ "光绪末，国政日非，民俗日下，携眷而出，势如奔涛，不可复遏"。然而潮汕人有着极为浓厚的乡俗观念，虽远在重洋也难弃故俗。清朝光绪十九年（1893年）清政府颁布解除海禁令，"自今商民在外洋，无问久暂，概许回国治生置业，其经

---

① 饶宗颐：《潮州志》（第七册）《实业志·五》，潮州市地方志办公室重刊本2005年版。
② 潮州市地方志办公室：《潮州二千年》1991年，第92页。
③ 陈朝辉、蔡人群、许自策：《潮汕平原经济》，广东人民出版社1994年版。
④ 张晓辉：《民国时期广东社会经济史》，广东人民出版社2005年版。
⑤ 黄挺：《1860年以前的潮州海外移民——以族谱资料为中心》，《海交史研究》2008年第1期，第105页。

商出洋亦听之"①，鼓励了华侨回乡建宅、投资，华侨开始大批回乡投资。民国初期，华侨返乡投资数额之高、投资行业之广泛，在潮汕近代史上堪为榜首，潮汕城镇发展进入"黄金阶段"。潮汕侨乡的城镇建设、城镇面貌也因此发生极大变化，《潮州志》因此有"内地乡村所有新祠厦屋，十之八九系出侨资盖建"之说。华侨在家乡建房，建筑风格将西方建筑结构、装饰元素等融入其中，中西合璧的建筑在侨乡出现，侨乡城乡面貌为之一新。

侨乡还出现了风格独特的乡村商务型建筑，如"南盛里"。"南盛里"是一处典型的潮汕民居，由旅居新加坡华侨蓝金生于清朝光绪二十六年（1900 年）投资兴建，位于今澄海市东里村观一村。此地原为樟林古港出海口，以"五巷三埕一池"为网络，形成一个疏密适度的建筑构架。建筑群南向的每条巷道宽都在3 米以上，每条巷口都对应着一个码头，货物装卸时不会轻易造成拥堵。3 个大埕又可以容纳上万人的集会，这使得整个建筑群空间布局的使用功能得到极大的提升。② 如此规模的建筑群若没有侨资支持，是难以实现的。

潮汕城镇内部空间布局也发生了极大改变。汕头开埠后，大批外国人涌入潮汕侨乡。他们居住区的建筑风格与当地民居的建筑风格迥异，在城镇中形成了与本地建筑风格及街道规划完全不同的城镇区域。这丰富了近代潮汕侨乡的城镇面貌，也对侨乡城镇建设产生强烈的示范作用。汕头市区中心道路系统呈扇形扩散布局的城镇规划，是吸收了西方建筑布局风格的体现。

外国殖民势力在潮汕侨乡开办工厂等活动，是机器生产方式与中国传统的手工生产方式的对撞，更是近代化生产方式的优越性在潮汕侨乡进行的一次生动表演，这种示范效果在潮汕不断兴起的近代化企业的现实下得到体现，最终推动了城镇的近代化进程，也改变着城镇面貌和城镇发展水平。这一问题将在第六章中进一步讨论。

二、城镇体系的重构

清朝地方行政体制实行省府县三级制，较之元朝、明朝，更为整齐简括。③清朝后期除了行政建制的城镇外，市镇也较之前有了很大发展，它们共同构成一个有机网络体。

关于镇是否算作一级行政区划，根据地域的不同以及对镇概念界定的差异，

① 赵尔巽等：《清史稿》（第四册）卷二三《德宗本纪·一》，中华书局 1976 年版。

② 吴妙娴、唐孝祥：《近代华侨投资与潮汕侨乡建筑的发展》，《华南理工大学学报》（社会科学版）2005 年第 1 期，第 56 页。

③ 许正文：《中国历代政区划分与管理沿革》，陕西师范大学出版社 1990 年版。

学者们的观点也难以统一。比较有代表性的研究成果，如樊树志在对江南市镇进行深入研究后认为：“镇市、草市是介于坊郭与乡村之间的行政区域，它们不同于州县（坊郭），也不同于乡村……在州县与乡村之间，增加了镇、市一级的行政与经济中心地，呈现如下模式：州、县—镇、市—乡、村。”① 还有学者对清朝西北黄土高原城镇的研究认为：“镇在很多地区是不作为一级形成区划的单位，只是一个具有经济和社会活动功能的中心地。”② 根据清朝后期潮汕侨乡的具体情况，大部分市镇不仅是经济和社会活动功能的中心地，也是具有一定行政职能的地区行政中心，因此是城镇体系的一个组成层级，且为基础层级。以下即为潮汕清朝后期，尤其是汕头开埠后，城镇体系重构的具体内容。

1. 府城

（1）府级城镇。清朝实行省府县三级行政建制，府与直隶州厅同为二级地方行政区。直隶州厅直隶于省布政司，长官为直隶知州、直隶同知；府设知府衙门，长官为知府，“统辖属县，宣理风化，平其赋役，听其狱讼，以教养百姓，凡阖府属吏，皆总领而稽核之”③。所谓府级城镇指的是清朝省府县三级行政建制中府治或直隶州厅治所所在地的城镇。清朝后期潮汕未设直隶州厅，二级行政建制仅有潮州府。潮州府所领县虽屡经变动，但是府治一直未变，治所在海阳。因此，清朝后期潮汕侨乡府级城镇仅1个，即海阳。

（2）次府级城镇。清朝行政建制中，府设知府，知府下又设同知、通判。同知、通判分管“粮盐督捕，江海防务，河工水利，清军理事，抚绥民夷诸要职”④。所谓次府级城镇是指府下同知或通判分驻于府所辖的一些重要关镇或市镇，对某些方面的控制和管理而形成的行政城镇。清朝后期潮州府同知驻黄冈。“同知行署在总镇署右原同知旧署，后移驻黄冈，旧署改建县仓。清朝乾隆二十七年，同知田茂椿即其余地建。”⑤ 潮州府通判驻庵埠镇。⑥《海阳县志》载：“捕盗通判署在城东南60里庵埠镇。”⑦ 由此，次府级城镇有2个，即庵埠和黄冈。

2. 县城

（1）县级城镇。清朝的地方三级政区是县和散州厅，县长官为知县，“掌一县治理，决讼断辟，劝农赈贫，讨猾除奸，兴养立教”⑧。即掌一县政令，主赋役，听

①　樊树志：《明清江南市镇探微》，复旦大学出版社1990年版。
②　刘景纯：《清代黄土高原地区城镇地理研究》，中华书局2005年版。
③　许正文：《中国历代政区划分与管理沿革》，陕西师范大学出版社1990年版。
④⑦⑧　赵尔巽等：《清史稿》（第十二册）卷一一六《职官志·三》，中华书局1976年版。
⑤　（清）卢蔚猷：《海阳县志》卷十八《建制略·二》，台北成文出版社1967年版。
⑥　赵尔巽等：《清史稿》（第九册）卷七二《地理志·十九》，中华书局1976年版。

治狱、兴教化；散州厅与直隶州厅不同，其规制大体如县，厅长官为抚民同知或通判。1820~1911年潮州府下辖1厅9县。① 1厅即南澳直隶厅，是为潮州府的散厅，"雍正十年置海防同知，为南澳厅治，深澳来属"。此外，潮汕侨乡县级城镇还有9个。这样，清朝后期潮汕共有县级城镇10个，具体情况如表2-2所示。

表2-2 清朝后期潮汕侨乡县级城镇表

名称	置县时间	县（厅）治	东经	北纬	备注
海阳县	晋咸和六年（331年）②	今潮州市③	116.6°	23.7°	一说西晋初，一说东晋咸和中置（魏嵩山《中国历史地名大辞典》）；一说东晋义熙九年（413年）
潮阳县	东晋义熙九年（413年）	棉城（今棉城镇）	116.6°	23.3°	唐朝元和十四年（819年）县治为新兴乡，即今棉城镇
澄海县	明嘉靖四十二年（1563年）	澄邑	116.8°	23.1°	
惠来县	明嘉靖三年（1524年）	惠城（今惠城镇）	116.3°	23.1°	
普宁县	明嘉靖四十三年（1564年）	洪阳（今洪阳镇）	116.2°	23.1°	
揭阳县	北宋宣和三年（1121年）	榕城（今榕城镇）	116.6°	23.5°	宋代称玉窖村
丰顺县	清乾隆三年（1738年）	汤田（今丰良镇）	116.2°	23.9°	
大埔县	明嘉靖五年（1526年）	茶阳（今茶阳镇）	116.7°	24.5°	《潮州府志略》认为是嘉靖四年（1525年）置县
饶平县	明成化十四年（1478年）	三饶	116.8°	24.0°	《饶平县志》认为是成化十三年（1477年）置县
南澳厅	清雍正十年（1732年）	深澳	117.1°	23.4°	

资料来源：①牛平汉：《清代政区沿革综表》，中国地图出版社1990年版；②刘南威：《广东省今古地名词典》，上海辞书出版社1991年版；③饶平县地方志编纂委员会：《饶平县志》，广东人民出版社1994年版；④潮州市地方志编纂委会：《潮州市志》，广东人民出版社1994年版；⑤潘载和：《潮州府志略》，上海书店出版社2003年版。

<hr>

① 张在普：《中国近现代政区沿革表》，福建省地图出版社1987年版。
② 潮州市地方志编纂委员会：《潮州市志》，广东人民出版社1995年版。
③ 关于海阳治所大致有两种看法。一种看法认为在今潮州市归湖镇，"东晋安帝义熙九年（413年）分东官郡设立义安郡，隶属广州。同时，除海阳县外，增设绥安、海宁、潮阳、义招共5县，归义安郡统辖。其郡治，据史籍记载，在现潮州市的归湖"（见杜松年：《潮汕大文化》，中国科学技术出版社1994年版）；另一种看法认为在今潮州市（见牛平汉：《清代政区沿革综表》，中国地图出版社1990年版）。本书采用后者观点，依据是《潮州市地名志》认为："归湖镇旧属海阳县登荣都"（见潮州市地名委员会、潮州市国土局：《潮州市地名志》"政区地名编"，广东省地图出版社2000年版），而《海阳县志》载："登荣都在县治东北韩江之上游也"（见（清）卢蔚猷：《海阳县志》卷三《舆地略·二》，台北成文出版社1967年版）。是故，登荣都与海阳县治不在一处。我们认为海阳县治在今潮州市比较可信。

（2）次县级城镇。县设知县，知县下设县丞、主簿各1人，掌管粮马巡捕，辅助知县。所谓次县级城镇是指县丞和主簿治所，是县城功能的延伸和补充。

清朝后期潮汕仅揭阳县的县丞分驻县城之外，"领县丞一，驻棉湖墟"①，其他各县县丞均驻县城。如此，清朝后期潮汕侨乡次县级城镇共计1个，即棉湖。

3. 市镇

镇的原始含义，与山的概念相关。《尚书·舜典》载："封十有二山。"孔注说为："每州之山殊大者，以为其州之镇。"后来，镇逐渐演变为与军事有关，成为地方的军事堡垒或驻守军队之所。直到清朝末期仍然存在作为军事性质的镇。不过，宋朝以来手工业和商业逐渐发展，具有浓重商业气息的镇逐渐兴起。关于"市镇"概念，学术界多有争议。刘石吉表示，到明朝、清朝时期，传统的市镇均脱离了它的原始含义，而以商业机能为标准。在江南地区"市镇"或"镇市"已经成为一般商业聚落的通称了。② 邓亦兵认为，市镇一般具有两个要素：一是交通发达，商业繁盛、人口相对集中；二是有派驻市镇的机构和官员。两个条件齐备者，大概是较大的市镇，只有第一个条件者，大概是中、小市镇，不过一些地区，中、小市镇与集、场、墟还存在一些难以区分之处，需要具体情况具体分析。同时，强调交通条件是市镇产生及发展的关键条件。③ 李学勤、徐吉军认为，城市、市镇是完全或部分脱离农业，以从事手工业、商业活动为主体的，并拥有一定地域，非农业人口相对集中的社会的、经济的、地理的实体。④ 樊树志认为，市和镇作为地理概念和地理实体，是社会经济发展到某种特定阶段的产物。市，由农村交换剩余产品而形成的定期集市演变而来。镇，是在市的基础上发展起来的，比市高一级的经济中心地。⑤ 尽管学术界对于市镇概念尚未统一说法，但是可以肯定的是，市镇的形成与商品经济的发展密切相关，商品经济的活跃是市镇形成的基础条件。

（1）清朝后期潮汕侨乡镇的界定。清朝潮汕县志中也有对镇等概念进行界定的内容，清朝乾隆年间的《澄海县志》卷二《埠市》载："民人屯聚之所为村，商贾贸易之所为市，远商兴贩所集，车舆辐辏为水陆要冲，而或设官将以禁防焉，或设关口以征税焉为镇，次于镇而无官司者为埠。"⑥ 镇的形成条件是"商业兴盛"，"为交通要地以及设官征税"。可见，《澄海县志》认为的镇不仅商

①（清）廖廷臣等：《广东舆地图说》，台北成文出版社1970年版。
② 刘石吉：《明清时代江南市镇研究》，中国社会科学出版社1987年版。
③ 邓亦兵：《清代前期的市镇》，《中国社会经济史研究》1997年第3期，第34页。
④ 李学勤、徐吉军：《长江文化史》，江西教育出版社1995年版。
⑤ 樊树志：《市镇与乡村的城市化》，《学术月刊》1987年第1期，第63-65页。
⑥（清）金廷烈：《澄海县志》卷二《埠市》。

品经济兴盛，而且具有一定的行政职能，行政地位介于县与乡之间，但是，它的经济地位有的超过县城。综合分析借鉴前辈学者成果和明清时期潮汕社会经济具体发展情况，以及潮汕侨乡文献，笔者认为，清朝后期潮汕市镇形成的条件为：商业繁荣、地处交通要冲是两个必要条件，设官管理商业、有城池、港口三个条件再兼具其一。总体而言，清朝后期潮汕市镇主要有以下几种类型：巡司镇、城池镇、港口镇。

在对各种类型的镇进行探究之前，我们先来对清朝后期带有"镇"字的地名进行简单的考察。清朝后期"镇"还不是现代行政意义上政府正式设置的镇，地名中大多没有"镇"字。带有"镇"字的地名也不一定是镇，上文已述。清朝后期潮州府辖境有名称带"镇"字的地名，在一些文献及地图资料中出现，它们是否是商业意义上的镇呢？据笔者统计，有"镇"的地名共有 5 个，具体为：《中国历史地图集》标示的三河镇、庵埠镇、黄冈镇①，《广东图》述及的南澳镇②，以及《澄海县舆地图说·衙署》中提及的樟林镇③。这其中庵埠镇和黄冈镇前文已述，是潮州府的次府级城镇，辖区内有官员衙署，是兼具商业、行政的综合镇。樟林镇和南澳镇是军事要镇，樟林镇与樟林港地理位置相近，樟林镇又驻有巡检司，下文将进行具体分析。南澳镇位于南澳县城，"海防同知署居城西南隅……巡检司署在同知署前"，④ 不能成为我们所讨论的县城以下的单位镇。

（2）清朝后期县以下的镇。

1）巡司镇。巡检司的设置大致出现于中晚唐，经宋、元、明发展至顶峰。清承明制，在关津险要、市镇发达和人口繁多之地设置巡检司，基本上相当于最基层的行政单位。到了清朝，"巡检司的职责已绝不仅仅限于治安领域，在赋税征收、编查保甲、市镇管理等领域起到事实上的行政职能作用，且巡检亦常参与维持地方安宁、户婚、断讼等事件，实有司法裁判权"⑤。换言之，清朝巡检司行使治安、税收、司法、管理经济、民事诉讼等多项职能。"巡检司一般置于一县要地，尤多置于市镇。市镇在成为商业中心的同时，由于巡检司等佐杂分防的设置，转而具备成为一个局部地区政治中心的职能，以市镇为中心构成的圈层结构隐然形成，'县—市镇'层级呼之欲出。"⑥ 可见，巡检司驻地商贸达到一定规

---

① 中国历史地图集编辑组：《中国历史地图集·清时期》（第八册），中华地图学社 1975 年版。

② （清）《广东图》卷七直一，古道编委会：《清代地图集汇编（一编）》，西安地图出版社 2005 年版。

③ （清）陈善圻：《澄海县舆地图说·衙署》。

④ 陈光烈：《南澳县志》卷二，《建制·衙署》，南澳县地方志办公室藏复制本影印本。

⑤ ［日］织田万：《清国行政法》，李秀清、王沛点校，中国政法大学出版社 2003 年版。

⑥ 胡恒：《清代巡检司时空分布特征初探》，《史学月刊》2009 年第 11 期，第 47 页。

模，且具有一定的行政职能。那么，巡检司所在地与专事农业生产的乡村有明显区别，其所在地具备了镇形成的要素。

关于清朝后期潮州府巡检司设置和分布情况如表 2-3 和图 2-3 所示。

表 2-3　清朝后期潮州府各县巡检司简况表

序号	属县（厅）	巡检司名称	驻地	个数
1	海阳县	浮洋	浮洋墟	1
2	潮阳县	招宁	达濠城	3
		门辟	（直浦都）关埠	
		吉安	峡山埠	
3	揭阳县	北寨	炮台市	2
		河婆	河婆墟	
4	饶平县	柘林	黄冈城	1
5	惠来县	神泉	神泉所城	2
		葵潭	葵潭墟	
6	大埔县	三河	三河城	2
		白堠	枫朗墟	
7	澄海县	鮀浦	蓬洲所	2
		樟林镇	樟林镇	
8	普宁县	云落迳	乌石墟	1
9	丰顺县	汤坑	汤坑墟	2
		留隍	留隍墟	
10	南澳直隶厅	南澳	城内	1
潮州府巡检司总计（个）			17	

资料来源：（清）廖廷臣等：《广东舆地图说》，台北成文出版社 1970 年版。

通过表 2-3，可以得出以下几点结论：第一，潮州府巡检司与墟市关系密切，巡检司大多设于墟市。所设巡检司共计 17 个，其中，与墟市同在一处的有 9 个，占总数的 52.9%。第二，潮汕侨乡商业发展迅速而且治安形势严峻。据统计，清朝末期广东全省有县 79 个，设县属巡检司竟多达 127 个，平均每县设巡检司 1.61 个，是全国平均设置率的 3 倍，雄踞全国设置巡检司之首。这从侧面反映出清朝广东治安的严峻形势。① 潮州府下辖 9 县 1 厅，共设置巡检司 17 个，

---

① 胡恒：《清代巡检司时空分布特征初探》，《史学月刊》2009 年第 11 期，第 47 页。

平均每县（厅）1.7 个，高于广东省县设巡检司的平均数。这说明，一方面潮州府治安环境欠佳；另一方面也说明商业活动兴盛，需要巡检司加强管理。第三，综合前两点可知潮汕侨乡的巡检司驻地已经具备军事、行政、商业等职能的综合性特征。清朝后期潮汕侨乡的巡检司镇有 17 个：浮洋、招宁、门辟、吉安、北寨、河婆、柘林、神泉、葵潭、三河、白堠、鮀浦、樟林镇、云落迳、汤坑、留隍、南澳。

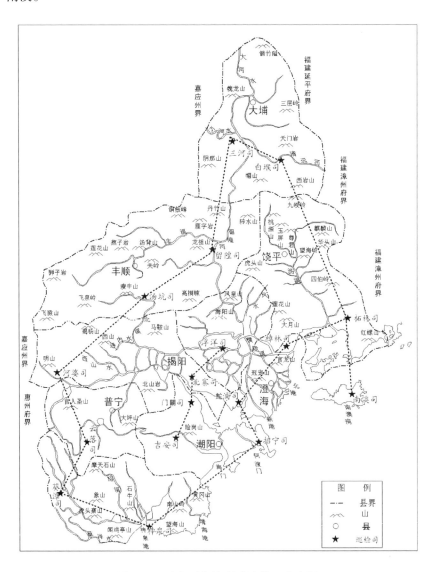

图 2－3　清朝后期潮州府巡检司分布图

资料来源：（清）张人骏：《广东舆地全图》（上），潮州府图。

图 2－3 是清朝后期潮州府的 17 个巡检司，由图可知，其分布覆盖了全境，并且在东南部的分布数量明显最多、最集中；17 个巡检司中有 10 个分布在河流入海口及沿海，而内陆的其中一个巡检司，三河巡司，位于汀江、梅江、梅潭河三水汇合，韩江形成之处。这与明朝巡检司主要以三江平原中心的分布格局完全不同。合理的解释应该是清朝商业较明朝活跃且发展迅速，交通便利之所，如河口和港湾往往更易形成商贸中心和货物运输中转。从而巡检司不再以三江平原中心地为重心，而是转向漫长的海岸线特别是主要河流的入海口和大港湾。①

2）城池镇。清朝潮汕侨乡商贸发展迅速，逐渐扩展至一些军事城池。因为有军事保障，这些地方的商贸活动更加稳定，至清朝后期潮汕侨乡许多城池内形成较为固定的商业区域，并且对附近地区产生一定辐射作用。这些具有商贸活动的城池显然有别于传统的纯军事意义的城池，属于商业镇的范畴。那么，清朝后期潮汕侨乡到底存在多少这种类型的镇呢？下面通过表 2－4 加以说明。

表 2－4 清朝后期潮汕侨乡非县城池与同名墟市一览表

城池	修筑时间	规模（周长）	位置	同名墟市
湖山城	清康熙十七年	不详	郡西北	—
海门所城	明洪武二十七年	1873.05 米	潮阳县东南 15 里	海门市
达濠城	清康熙五十六年	394.44 米	潮阳县东 40 里	达濠市
揭阳石城	明天顺四年拓城	833.33 米	揭阳县城内	—
大埕所城	明洪武二十七年	1786.11 米	饶平县东南 120 里	—
黄冈镇城	明嘉靖二十七年	1805.56 米	饶平东南 90 里	黄冈市
柘林寨城	不详	236.11 米	大城所西 8 里	柘林市
神泉所城	明嘉靖三十二年	777.78 米	惠来县南 15 里	神泉市
靖海所城	明嘉靖二十八年	1669.44 米	惠来县东 60 里	—
隆江城	不详	421.11 米	惠来县西 30 里	隆江市
三河镇城	不详	1386.67 米	新寨社（大埔）	三河坝市
蓬洲所城	明洪武二年	1777.78 米	澄海县南 30 里	—
鸥汀背城	清康熙戊申展复	166.67 米	澄海县西南 20 里	鸥汀市
南洋寨城	明洪武三年	711.11 米	澄海县东北 40 里	南洋市
樟林寨城	明初	388.89 米	澄海县东北 30 里	樟林市

注：表中城池规模换算按 1 丈 = 10 尺，1 米 = 3.6 尺，1 米 = 0.36 丈计算。

资料来源：①（清）周硕勋：《潮州府志》卷六《城池》；②潘载和：《潮州府志略》，上海书店出版社 2003 年版；③刘南威：《广东省今古地名词典》，上海辞书出版社 1991 年版。

---

① 黄挺：《明代前期潮州的海防建制与地方控制》，《广东社会科学》2007 年第 3 期，第 128 页。

通过表 2-4 可知，清朝后期潮汕侨乡城池主要建于明朝、清朝。从城池的规模来看，有的城池很小，城内难有容纳较多居民、发展商业之空间。如柘林寨城、鸥汀背城，城池半径还不足 40 米；从城池与同名墟市的关系来看，墟市位置在城池中的数量有限。城池内有无墟市是判断城池商业发展情况的标准之一。15 个城池中虽有 10 城有同名墟市，但经一一核查，仅隆江城、三河镇城内有同名墟市的存在，且墟市已具备一定规模；另外，没有同名墟市的城池中，仅大埔所城有商业发展的文献记载。如此，众多军事性质的城池中，隆江城、三河镇城、大埔所城在清朝后期成为商业繁荣的商业镇。城池商业具体发展情况如下：①隆江城"因龙江绕此经神泉入海"得名，后"市集兴隆，并建有城墙"改为隆江城。隆江在明朝嘉靖三年（1524 年）划入惠来县时，已有 4 条交叉成"井"字形的街道。[①] 清朝雍正时期，龙江市已经很兴盛，"水陆辐辏，为邑巨镇云"[②]。②三河镇城，三河巡检司驻三河城，[③] 三河城、三河司、三河市的位置关系如图 2-4 所示。三河是粤东水陆交通要冲，向为兵家必争之地。而三河坝市"舟楫辐辏、货物备具，肆列高楼，间有浮店"[④]，因此，三河城池内也形成了商业中心、行政中心，是为城池镇。③大埔所城，"城内居民多以晒盐为业，城内驻守备东界场盐课大使"[⑤]。城内有三街六巷，中心街交叉呈十字形，街宽一丈五尺，城外有护城河。[⑥]

因此，清朝后期城池镇共有 3 个：隆江城、三河镇城、大埔所城。

3）港口镇。清朝后期的港口城镇共 3 个：汕头港、柘林港、樟林港。①汕头港：汕头港乃潮州府之军事要津，因其"为海道出入门户"，地处澄海咽喉，其优越地理位置及该地对外贸易的兴旺发达，外国商人"在汕头贸易已久，甚不愿舍近求远"。[⑦] 清朝嘉庆初年，海舶"或徙泊珠池，或转泊涂泊"，到清朝嘉庆年间的中后期，"则尽泊沙汕头、东陇港两埠矣"。[⑧] 清朝道光元年（1821 年）有商人在汕头埠上开商店，随着商务发展和人口陆续迁入，在今升平路头和民族路背面一带的海边，商店越开越多，建起柴、米、药材、修船等商业行当，满足过往商船、当地渔民和驻防士兵的需要，逐渐形成行街、顺昌街、老市等街坊。[⑨]至

①⑨ 广东省汕头市地方志编纂委员会：《汕头市志》（第三册），新华出版社 1999 年版。

② （清）张珽美：《惠来县志》卷二《市镇》，台北成文出版社 1968 年版。

③ （清）廖廷臣：《广东舆地图说》，台北成文出版社 1967 年版。

④ （清）张鸿恩：《大埔县志》卷三《墟市》。

⑤ 梁川：《近代广东要塞》，中共党史出版社 2007 年版。

⑥ 一川：《饶平乡土（修订本）》（内部资料）1985 年，第 59 页。

⑦ （清）贾祯等：《筹办夷务始末》卷七八。

⑧ （清）李书吉：《澄海县志》卷八《都图附埠市》。

图 2 - 4　大埔县三河城、三河司、三河市位置关系图

资料来源：（清）《广东图》卷四直二《大埔县图》，古道编委会：《清代地图集汇编（一编）》，西安地图出版社 2005 年版。

清朝末期，汕头商业区已经有一定规模，通过《潮海关资料汇编》所记载的 1887 年的一场大火窥其一斑："火焰蔓延很快，市里很大一部分商业区被烧成平地。500 幢房屋，包括几家大商行毁于大火中，有许多商店甚至连账簿也未能救出，损失的财产估计约一百万元。"可见汕头埠已经是当时潮汕侨乡商业十分繁荣的港口，有较大的商业区，是潮汕重要的大镇。②柘林港，宋朝、元朝以来，柘林港海上贸易发达，日本、暹罗、吕宋等商船常泊于此。明朝嘉靖年间，成为潮州海防重地，也是潮州海贸物资出入的主要门户。当时潮州土特产品由此北上津、沪、苏、杭，南下吕宋、安南、暹罗、马来西亚及香港等地。清朝康熙年间海禁解除后，饶平县柘林港又成为潮州海上交通门户和货物集散地。17 世纪末，港口常"风樯鳞集"，当时柘林已有 1 公里多长的专营各种南北货的"南北街"，沿街两侧建有两层土木结构的骑楼，店铺货栈林立，商贸繁荣。① ③樟林港，樟林古港"上通潮州府城，下达重洋绝岛"和"距海五里"，地理位置优越，是清朝粤东地区上路繁忙的"通洋总汇"。清朝康熙年间，通过海船与国内各港以及暹罗等南洋诸国进行大米贸易，是"全潮所仰给"的重要集市。清朝乾嘉年间成为"南洋通汇之地"。鱼行、水果行及各种土产行业的商户多达 1000 余间。②清朝乾隆七年（1742 年）樟林港规划建埠，县令杨天德批准盖建埠埔 102 间，

---

① 饶平县地方志编纂委员会：《饶平县志》，广州人民出版社 1994 年版。

② 广东省汕头市地方志编纂委员会：《汕头市志》（第三册），新华出版社 1999 年版。

扩充樟林街道，形成拥有"六街六巷"的樟林埠。① 又据《澄海县舆地图说》载："樟林市镇在苏湾都，有樟林镇巡检司署，距城三十里"②，樟林设有巡检司，成为地区商业和行政中心，是为清朝后期又一大镇。

根据上述，清朝后期潮汕侨乡城镇名称及对应的数量，具体如表2－5所示。

表2－5　清朝后期潮汕侨乡市镇数量一览表

类型	名称	数量
巡司镇	浮洋墟、达濠城、关埠、峡山埠、炮台市、河婆墟、黄冈城、神泉所城、留隍墟、枫朗墟、蓬洲所、樟林镇、乌石墟、汤坑墟、葵潭墟、深澳、三河城	17
城池镇	大埔所城、三河城、隆江城	3
地名中带"镇"市镇	庵埠镇、黄冈镇	2
港口镇	汕头港、樟林港、柘林港	3

表2－5按照城镇类型或职能进行统计，其中，难免有一镇因多职能而被多次统计。如三河巡检司镇、三河城城池镇，因三河巡检司驻扎在三河城，两者便是同一个镇；柘林港在汕头港没有崛起之前已有百余年的繁荣，柘林巡检司驻黄冈城，柘林港是经济、行政职能兼备的镇。有大量史料记录了樟林经济繁荣情况，樟林因有樟林港的繁荣、樟林镇巡检司设置，也是经济、行政职能兼备的镇；另外，深澳是南澳巡检司驻地，同时又是南澳县城。因此清朝后期潮汕侨乡县以下具备镇规模的地方计有19个，它们是：大埔所城、三河城、隆江城、浮洋、招宁、门辟、吉安、北寨、河婆、神泉、留隍、白堠、鮀浦、樟林、云落迳、汤坑、葵潭、汕头港、柘林港。加上黄冈、庵埠两个次府级城镇，次县级城镇棉湖，潮汕侨乡共计有镇22个。

（3）关于文献资料中所载"镇"及讨论。关于清朝后期潮汕侨乡镇的统计或标示，仅见《二十世纪中外大地图》③。该地图是清朝光绪三十二年（1906年）由周世棠、孙海环编译的一部彩绘世界地图集。全图集有地文图、世界全图、洲全图、各国分图、中国全图及分省区图等。"例言"述及该地图集内容选取原则为"凡政治之沿革与夫形势之变迁，皆据最新调查一一编入"。中国各省地图部分，主要依据邹代钧《中外舆地全图》及上海商务印书馆出版《大清帝国全图》。④　各地

---

① 林远辉：《潮州古港樟林——资料与研究》，中国华侨出版社2002年版。

② （清）陈善圻：《澄海县舆地图说·衙署》。

③ （清）周世棠、孙海环：《二十世纪中外大地图·广东图》，新学会社藏版，光绪三十二年（1906年），第二十六图。

④ 《大清帝国全图》虽然也有对大部分"大镇"进行标示，但是图例并没有说明所标示出来的地方为镇这一行政级别。

人文地理事项（政区改易、铁路建设等）资料的截止时间为清朝光绪三十二年（1906年）二月。在符号运用上，多使用与清朝末期《大清会典舆图》类似的符号，省会、府治、直隶厅散厅、州治、县治分别用传统的框圈符号来表示。

　　《二十世纪中外大地图》之《广东图》对清朝"大镇"做了明确的标示，其中，潮汕城镇分布如图2-5所示。

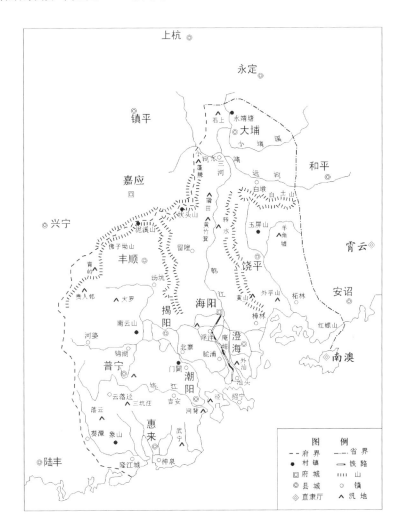

图2-5　《二十世纪中外大地图》所列清朝潮州府大镇

　　资料来源：（清）周世堂、孙海环：《二十世纪中外大地图·广东图》，新学会社藏版，光绪三十二年（1906年），第二十六图。

已有学者利用《二十世纪中外大地图》之《广东图》对潮汕大镇进行统计①，并对清朝潮汕侨乡墟市和镇之间的关系做了条理清晰的论述，但是对大镇统计结果稍显仓促。其中，有两处统计有误：一是繁体字"門闗"应是"门关"而非"门辟"；二是青麻所标示的图标并非大镇，是作者的误断。图2-6所标示的大镇分别是：门辟、吉安、河婆、北柴、柘林、神泉、葵潭、三河、白堠、鮀浦、樟林、云落逕、汤坑、留隍、棉湖、浮洋、庵埠、柏宁，共计18个。这18个大镇中，庵埠是潮州府通判职官驻地，棉湖是揭阳县丞驻地，而门辟、吉安、河婆、柘林、神泉、葵潭、三河、白堠、鮀浦、樟林、云落逕、汤坑、留隍、浮洋14个镇与清朝后期巡检司名称一致，应该与巡检司关系密切。那么，柏宁和北柴又缘何成为大镇呢？

笔者首先将《二十世纪中外大地图》与其参考文献之一《大清帝国全图》进行了对照，柏宁、北柴两地名在《大清帝国全图》中对应的地名为招宁、北寨。又据清朝同治年间的《广东图》进行了比对，过程如下：

根据《广东图》绘制的图2-6和图2-7，并以此为基础说明北柴和柏宁的情况。

从图2-6可以看出，北寨司、关辟司和浮洋司的地理方位与《二十世纪中外大地图》之《广东图》所示潮州府北柴、门辟和浮洋3个大镇的地理方位基本一致。而且，图2-6中北寨司与《二十世纪中外大地图》之《广东图》中北柴都位于两河流的交汇处。因此，推测北柴应是北寨的误写。

从图2-7可以看出，招宁司与潮阳县城基本上处于同一纬度，且有一岛相隔，招宁司位于岛的西岸稍偏南的位置。《二十世纪中外大地图》之《广东图》中柏宁与潮阳县城基本上也处于同一纬度，它们之间也是一岛相隔，且柏宁也处于岛屿西岸偏南的位置。另外，《广东图》所示招宁司附近没有规模更大的镇。因此，笔者推断柏宁和招宁应同是一地。

由此可见，北柴即北寨，柏宁即招宁，《二十世纪中外大地图》中北柴、柏宁暂未在其他文献资料有如此的名称，推测为误写。另外，可以得出判定，《二十世纪中外大地图》之《广东图》所谓的潮州府的18个大镇中，除庵埠是通判职官驻地和棉湖是县丞驻地以外，其余16个大镇均与清朝后期巡检司驻地（除南澳巡检司外）完全重合，即"大镇"是为巡检司镇。所以，《二十世纪中外大地图》之《广东图》所认可的大镇事实上都是行政建制的镇。

---

① 暨南大学汤苑芳的博士论文，涉及清代广东城镇研究的论题，汤文统计了清末潮州府大镇的个数，讨论了清末镇形成的条件。统计《二十世纪中外大地图》之《广东图》中标示出潮州府的大镇有19个。得出结论清末广东的大镇主要包括巡检司镇及墟市镇两种类型。参阅汤苑芳：《分合与互动：清代广东墟市经济地理研究（1644～1911）》，暨南大学博士学位论文，2011年，第226页。

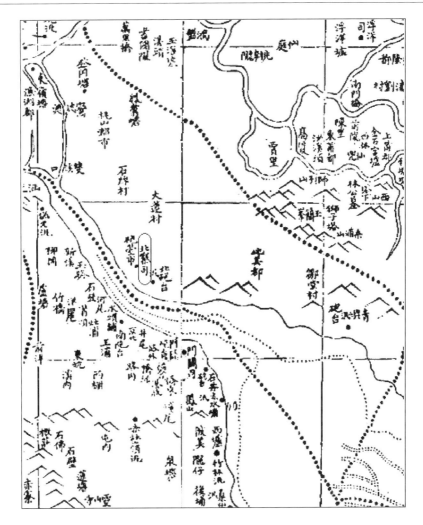

图 2 − 6　《广东图》中揭阳县北寨司位置图

（图中椭圆标示处即为北寨司）

资料来源：（清）《广东图》卷七直二、三《揭阳县图》，古道编委会：《清代地图集汇编（一编）》，西安地图出版社 2005 年版。

本书认为，《二十世纪中外大地图》所统计之镇，数量仅是清朝后期镇的一部分。明朝、清朝时期商业活动十分活跃，特别到清朝后期商业镇已经形成，其作用及地位已非常突出。诸如汕头、三河镇等，这些商品经济特别活跃的镇当纳入镇的统计范畴。

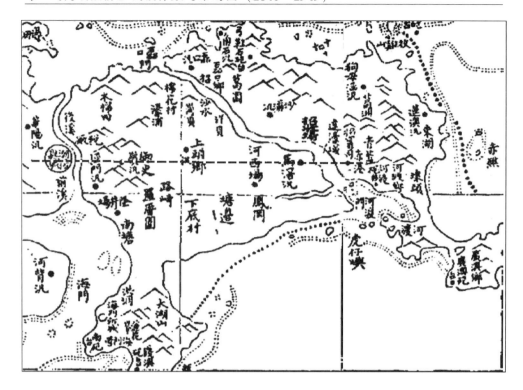

图 2 - 7　《广东图》中潮阳县与招宁司位置关系图

（图中虚线两端为潮阳县城和招宁司）

资料来源：（清）《广东图》卷四直二《潮阳县图》，古道编委会：《清代地图集汇编（一编）》，西安地图出版社 2005 年版。

综上所述，清朝后期潮汕城镇体系由府级城镇、县级城镇、市镇共 32 个城镇共同构成一个有机整体，见图 2 - 8。其中，府级城镇 1 个，是海阳；县级城镇9 个，分别是棉城、澄邑、惠城、洪阳、汤田、榕城、茶阳、三饶、深澳；镇有22 个，分别是庵埠、黄冈、棉湖、汕头港、柘林港、樟林、隆江城、三河镇、大埠所城、浮洋、招宁、门辟、吉安、北寨、河婆、神泉、留隍、白墈、鮀浦、云落迳、汤坑、葵潭，其中庵埠、黄冈为次府级城镇，棉湖为次县级城镇。府级城镇和县级城镇属于行政建制，发挥行政及经济职能；市镇是商品经济发展的产物，主要起区域经济调配功能。需要注意的是，这种职能划分并非绝对和一成不变的，从宏观时段看，这些城镇一直处于动态之中，某一城镇有时发挥了重要的经济管理职能，有时又兼具行政和经济调节职能。

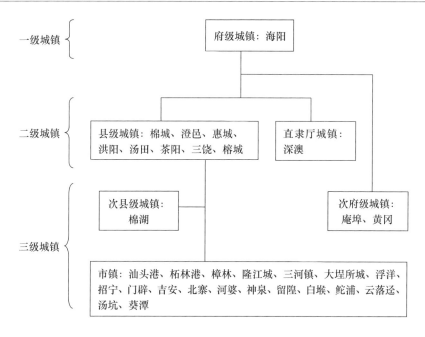

图 2-8　清朝后期潮汕侨乡城镇体系示意图

第三节　民国时期潮汕侨乡城镇体系的发展

　　1911 年武昌首义，各省响应，纷纷宣布独立。1912 年 1 月 1 日，孙中山在南京任职，宣告中华民国政府成立，此后直至中华人民共和国成立前夕，这段时间称之为民国时期。民国时期行政区划变革频繁，加上汕头市的析置和南山管理局的设置，潮汕侨乡城镇体系也相应发生改变。本节旨在探讨这一时期潮汕侨乡城镇体系的演变，并依据民国期间的历史进程将潮汕侨乡城镇体系的发展划分为抗日战争前、抗日战争期间、抗日战争后三个阶段。

一、抗日战争前城镇体系的发展

1. 道、区级城镇

抗日战争前潮汕侨乡的经济发展、城镇发展较为迅速。行政建制虽屡有变化，尤其是县以上的行政单位，但是地方二级治所变化不大，1936 年以前基本上在汕头，之后在潮安。

（1）1936 年以前地方二级城镇为汕头。中华民国成立以后，政区变化废府州存道县。1912 年撤潮州府，先后设潮汕安抚使、潮州军务督办、潮梅镇守使，治所均在汕头埠。1913 年 1 月，中华民国临时大总统颁布《划一现行各省地方行政官厅组织令》、《划一现行各道地方行政官厅组织令》和《划一现行各县地方行政官厅组织令》，全国各省普遍废府州存道县，道成为介于省、县之间的二级政区，改行省、道、县三级制①。1914 年广东完成了政区调整，设 6 道，辖 94县。潮循道辖原潮州府、惠州府、嘉应直隶州，属下 25 县，道治潮州，后迁汕头②，如表 2 - 6 所示。

表 2 - 6　潮循道政区简表

总计（个）	县名	治所
25	惠阳、博罗、新丰、紫金、海丰、连平、龙川、河源、和平、陆丰、<u>澄海</u>、<u>潮安</u>、<u>丰顺</u>、<u>潮阳</u>、<u>揭阳</u>、<u>饶平</u>、<u>惠来</u>、<u>大埔</u>、<u>普宁</u>、<u>南澳</u>、梅县、兴宁、五华、平远、蕉岭	汕头

注：表中画线的城镇是原潮州府的 9 县 1 厅。

资料来源：广东省地方史志编纂委员会：《广东省志·总述》，广东人民出版社 2004 年版。

1920 年底各道撤销，只留省、县两级行政建制。旋以地方治安关系，设置东西南北中几个善后督办或绥靖委员，下辖县。潮汕侨乡随之成立潮梅善后处。

1925 年，粤东地区设东江行政委员公署，1926 年废除。

1928 年置东江善后委员公署，治所汕头。1932 年春改设东区绥靖委员公署，兼掌军事行政，治所初驻潮安，后迁汕头。

汕头旧属澄海县管辖，位于澄海县西南端，隔水与潮阳相望。清朝咸丰八年（1858 年）《天津条约》签订后，辟潮州为通商口岸，遭当地民众反对，后改开汕头为通商口岸。1921 年汕头设市政厅，与澄海县分治。1928 年 7 月改为市政府，由广东省政府备案。1929 年《市组织法》公布后，广东省政府又呈请行政院，历述汕头设市的必要，谓汕头市人口依近年调查虽仅有 14 万，与《市组织法》不相符，但就交通、贸易及税收言，实有设市的必要。1928 年 10 月 21 日，国民政府核准析澄海县汕头埠和崎碌等区域置③，隶属于广东省。

---

① 许正文：《中国历代行政区划与管理沿革》，陕西师范大学出版社 1990 年版。
② 广东省地方史志编纂委员会：《广东省志·总述》，广东人民出版社 2004 年版。
③ 《国民政府公报》第 300 号，1929 年 10 月 22 日，第 6 页。

（2）1936 年以后地方二级城镇在潮安。1936 年广东政区再次进行调整，设立广州市和 9 个行政督察区，下辖 1 个市（汕头市）、3 个管理局和 97 个县。全国废道后，将一省分为若干行政督察区，设行政督察专员公署，作为省的派出机构，管理一部分县。这种督察区在实际行政上介于省、县之间，但在法制上不是一级地方政府。[①] 潮汕侨乡除大埔外均隶属第五行政督察专员公署，治所潮安[②]，如表 2-7 所示。大埔县划入第六行政督察区。

表 2-7　1936 年广东第五行政督察专员公署简表

辖县市局名称	专员公署驻地	辖县市局数
潮安、潮阳、揭阳、澄海、饶平、惠来、普宁、丰顺、南澳、汕头市、南山管理局	潮安	9 县 1 市 1 局

资料来源：郑宝恒：《民国时期政区沿革》，湖北教育出版社 2000 年版。

2. 县级城镇

如前文所述，民国期间政区历经多次调整，但调整主要是针对县以上展开，县级政区相对而言变化不大。抗日战争前，潮汕侨乡政区在清朝后期的基础上，最明显的变化有三点：一是南澳县划归潮汕；二是潮安县更名；三是新增南山管理局。

南澳明代为广东饶平和福建诏安二县地。清朝雍正十年（1732 年）设粤闽南澳海防军民府同知，清朝后期改设南澳厅，为广东、福建两省共管，委任官吏及一切行政司法等权责属广东省。1912 年 8 月，南澳厅改置南澳县，县治在深澳。改县后，所有委任及一切行政司法之权均归广东省，福建省仅保留云、青两澳地丁粮税的收解权。因一县归属两省管辖，不符合《县制》规定，1914 年 9 月，全部划归广东省管辖[③]。1927 年，因遭匪乱，县长无法到深澳上任，在隆澳就职，县治迁至隆澳。

海阳县因与山东省县名重复，于 1914 年 1 月改称潮安县。

南山管理局的设置。南山管理局地处潮阳、普宁、惠来 3 县山区，1932 年国民党军队在当地"剿共"，使地方受到严重破坏，后为招抚流亡和计划开垦，于 1933 年 8 月在交界处成立南山移垦委员会。1935 年改为南山管理局，隶属东区绥靖委员公署，治所初驻林招乡，后迁至两英镇。

---

① 郑宝恒：《民国时期政区沿革》，湖北教育出版社 2000 年版。
② 潘理性、曹洪斌、余永哲：《广东政区演变》，广东省地图出版社 1991 年版。
③ 《政府公报》第 866 号，1914 年 10 月 2 日，第 30 册，第 448 页。

1936 年县级行政区划变动较大。潮汕侨乡属第五区行政督察专员公署，辖潮安、潮阳、揭阳、澄海、饶平、惠来、普宁、丰顺、南澳 9 县，汕头市和南山管理局。大埔划入第六区。

根据上述，民国时期，在抗日战争以前，汕头市和南山管理局的变化最为明显，若以二者为时间点来划分，那么抗日战争前潮汕县级城镇的发展阶段大致可以分为三个时期（见表 2－8）。

表 2－8 民国时期抗日战争前潮汕侨乡县级建制变化简表

阶段	时间段（年）	县	小计
第一个时期	1912～1921	澄海、潮安、丰顺、潮阳、揭阳、饶平、惠来、大埔、普宁、南澳	10 县
第二个时期	1922～1935	澄海、潮安、丰顺、潮阳、揭阳、饶平、惠来、大埔、普宁、南澳、汕头市	10 县 1 市
第三个时期	1936～1938	澄海、潮安、丰顺、潮阳、揭阳、饶平、惠来、大埔、普宁、南澳、汕头市、南山管理局	10 县 1 市 1 局

虽然抗日战争前各县多有增减，但是各县县治相对稳定。县级城镇如表 2－9 所示。

表 2－9 民国时期抗日战争前潮汕侨乡县治所简表

县名	治所
澄海	澄邑
潮安	今潮州市
丰顺	汤田
潮阳	棉城
揭阳	榕城
饶平	三饶
惠来	惠城
大埔	茶阳
普宁	洪阳
南澳	深澳（1927 年迁至隆澳）
汕头市	汕头市
南山管理局	林招乡（1942 年迁至两英）

3. 镇

清朝光绪三十四年（1908年）清朝政府颁布《城镇乡地方自治章程》，规定城是府、州、厅、县治所所在的城厢范围，又规定5万人以上者的村庄屯集地建镇，作为县的基层政权。[①]民国初年基本沿袭清制，镇作为县以下基层政权由此开始。

1930年，国民政府法正式规定镇为县以下独立的地方行政区划。[②]1931年广东按国民政府的规定，25户为一里，4～10里为一乡镇。1933年推行自治，规定县以下设区公所，作为县政府辅助机关。1936年采取联乡主任制，分区设置联乡办事处。同年，按地方范围、户口、经济能力的大小，把区公所分为甲、乙、丙三种类型。

1937年，广东开始实行县—乡（镇）自治两级制，县为一级，乡（镇）为一级，而区为虚级。[③]1940年，按《关于本省各县调整区乡镇区域暂行办法》，广东划定306个镇。[④]1942年，按照新县制重新调整行政区划，全省镇由306个减少为206个。直到1942年这一调整政策的实施才完成，潮汕侨乡各县所属镇的统计资料在此阶段也最为全面，具体情况如表2-10所示。

表2-10　1937～1942年"缩乡"政策实施前潮汕侨乡镇设置情况

县市局	统计年份	数量（个）	镇名称
潮安县	1940	8	里和镇、艮德镇、长仁镇、东关镇、西关镇、南关镇、北关镇、庵埠镇
潮阳县	1940	9	锦缠镇、海门镇、西南镇、西北镇、司马浦镇、仙城镇、大布镇、金溪镇、仙港镇
揭阳县	1940	10	西关镇、魁元镇、东关镇、达道镇、魁隆镇、北关镇、朝天镇、椿桂镇、解元镇、攀龙镇
饶平县	1940	3	在城镇、黄冈镇、隆都镇
惠来县	1941	9	东南镇、城西镇、北靖镇、华堡镇、神泉镇、靖海镇、龙江镇、葵潭镇、梅峰镇
大埔县	1941	2	附城镇、高陂镇
澄海县	1937	6	东社镇、西社镇、南社镇、北社镇、岭亭镇、东陇镇

①② 徐学林：《中国历代行政区划》，安徽教育出版社1991年版。

③ 司徒尚纪：《广东政区体系——历史·现实·改革》，中山大学出版社1998年版。

④ 潘理性、曹洪斌、余永哲：《广东政区演变》，广东省地图出版社1991年版。

续表

县市局	统计年份	数量（个）	镇名称
普宁县	1940	1	普城镇
丰顺县	1940	0	—
南澳县	1938	0	—
汕头市	1940	0	—
南山管理局	1937	1	两英镇
共计			49

资料来源：①饶宗颐：《潮州志》（第一册）《沿革志》，潮州市地方志办公室重刊本 2005 年版；②饶宗颐：《潮州志》（第四册）《户口志·中》，潮州市地方志办公室重刊本 2005 年版；③饶平县地方志编纂委员会：《饶平县志》，广东人民出版社 1994 年版；④澄海县地方志编纂委员会：《澄海县志》，广东人民出版社 1992 年版。

综上所述，民国时期在抗日战争前，潮汕侨乡城镇体系由道、区级城镇，县级城镇，镇构成。其中，道、区级城镇 1 个，前期为汕头，后期为潮安；县级城镇前期有 11 个，分别是澄邑、潮安县城（今潮州市）、汤田、棉城、榕城、三饶、惠城、茶阳、洪阳、深澳（1927 年迁至隆澳）、林招乡（1942 年迁至两英），后期除去潮安县城以外，县级城镇共有 10 个；潮汕侨乡镇变动频繁，1942 年缩乡前有 49 个镇；此外，墟市分布于各级城镇，与各级城镇共同构成一个有机整体（见图 2－9）。

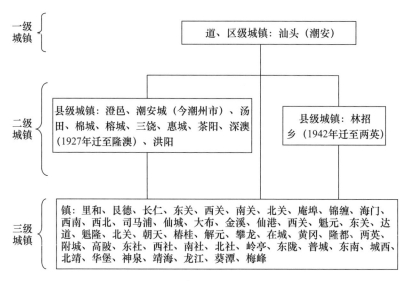

图 2－9　民国时期抗日战争前潮汕侨乡城镇体系示意图

二、日本侵略时期城镇体系遭受重挫

日军侵略潮汕侨乡时期，城镇体系的发展受到干扰和破坏。人口大量损失、经济发展几乎停止，城镇遭受了前所未有的重创，发展停滞甚至倒退。抗日战争后在各方努力争取下城镇也曾出现短暂的恢复，但是限于政局和日军的破坏，城镇一直没能恢复到抗日战争前繁荣的程度。

日军发动全面侵华战争后，广州于 1938 年沦陷。翌年 6 月 21 日汕头沦陷，接着潮汕侨乡各县相继为日军占领，如表 2－11 所示。

表 2－11　日军侵华期间潮汕侨乡沦陷时间一览表

	南澳县	汕头市	潮安县	澄海县	潮阳县	揭阳县	普宁县	惠来县	南山局
第一次	1938.6	1939.6	1939.6	1939.7	1941.3	1944.12	1944.12	1945.2	1945.2
第二次	1939.10			1940.3		1945.1	1945.1		
第三次						1945.3	1945.3		

注：南澳、澄海、揭阳、普宁 4 县经历陷落—收复—再陷落之惨烈过程。

资料来源：汕头市地方志编纂委员会：《汕头市志》（第一册），新华出版社 1999 年版。

抗日战争前期潮汕侨乡城镇发展的良好势头被日军的侵华战争破坏，尤其是沿海城镇损失更为严重。1938 年日军侵入潮汕侨乡后，所到之处，烧杀抢掠，人口数量锐减，城镇面目全非。汕头沦陷前屡遭日军飞机轰炸，1937 年 9 月至1939 年 6 月，敌机空袭汕头市区 397 次，毁屋 484 间，民众死伤 889 人。[1] 市民纷纷迁避内地农村，不少商店关闭，十室九空。汕头初陷落时，人口只存 3 万余人。[2] 抗日战争前，潮安县人口 62 万，战时损失人口计约 11 万多人。[3] 潮州城沦陷前，闽西、兴宁、梅县一带常住居民人口 10 万人左右，至国民党军队于1945 年 9 月 15 日进城，国土重光时，全城只剩下 1 万多人口。6 年多的离乱，人口的死亡与流失，十去其八。[4]

不仅人口大量减少，城镇建筑也遭受到极大损失。以汕头房屋建筑的损失情况为例，沦陷区由于日用柴炭问题，日军竟然"将招商街一带民房之二楼三楼梁

① 汕头市档案馆馆藏 11－2－272。

② 王琳乾、黄万德：《潮汕史事纪略》，花城出版社 1999 年版。

③ 潮州市人民政府侨务办公室、潮州市归国华侨联合会：《潮州市华侨志（上）》（初稿）（内部资料）1988 年，第 53 页。

④ 汕头大学图书馆：《日军侵略潮汕写真》，汕头大学出版社 2007 年版。

柱木材，尽行拆去，以供军用，仅存楼下以作马厩"；① 以致出现"永兴六横街所有房舍，已被拆成平地，将来类此者，正不知多少"② 之境。城镇的这种创伤几乎是毁灭性的。表2－12为沦陷期间潮汕侨乡房屋损失的情况。

表2－12　潮汕侨乡抗日战争时期房屋损失调查表

县市地名	原有屋数（万间）	损失屋数（间）	损失（％）
汕头市	1.5802	2370	15
澄海县	2.3691	2369	10
潮安县	9.8916	4946	5
潮阳县	9.2809	4640	5
揭阳县	13.1529	6596	5
普宁县	6.8629	3431	5
惠来县	5.4592	2730	5
丰顺县	2.9763	595	2
南澳县	0.4630	93	2
南山管理局	0.9486	190	2
大埔县	3.5220	8	0.25

资料来源：汕头大学图书馆：《日军侵略潮汕写真》，汕头大学出版社2007年版。

表2－12显示房屋建筑的破坏在潮汕是普遍性的。而损失较严重的地区主要集中于沿海，尤其是汕头和澄海，内地的大埔、丰顺、南澳、南山管理局的损失相对小些。尽管如此，潮汕内地的城镇发展如沿海一样陷入败落之地。

战乱环境下潮汕的城镇建设无从谈起。沦陷期间，大多地区行政中心不断被迫转移，如第五区行政督察专员公署驻地由潮安迁丰顺布心，后又转小榄、汤坑、丰顺城。加上各地商业贸易也遭受了毁灭性的打击，城镇发展处于停滞甚至倒退状态。当然，在抗日战争时期，因沿海城镇人口、工业企业等内迁，也曾带动了个别城镇的短暂繁荣，如河婆。河婆镇居独山、明山、巾山三山环抱之中，横江河、陆丰河汇合处，地势地形为盆地。汕头等地沦陷，商贾多集于河婆，热

---

① 国民党中央执行委员会粤闽区宣传专员办事处：《潮汕沦陷区报告》（调查资料第二辑）1940年，第25页。

② 国民党中央执行委员会粤闽区宣传专员办事处：《潮汕沦陷区报告》（调查资料第二辑）1940年，第36页。

闹一时，成为陆丰、普宁、五华、丰顺、惠来等县边区的贸易中心。① 此外，由于汕头不少商号被迫外迁，汕头商业陆续转移到各县的商业集市。澄海的东里、饶平的店市（今属澄海）、潮安的葫芦市、揭阳的棉湖、潮阳的峡山等一时成为物资集散地。② 不过，这些城镇的繁荣只不过是临时性、非常态的，无法改变潮汕城镇发展遭受巨大损失的事实。

三、抗日战争胜利后城镇体系恢复缓慢

抗日战争胜利后，在当局恢复和发展经济建设的鼓励下华侨对潮汕投资一度掀起高潮，但很快因全面内战的爆发而再度衰落。全国各地的国统区金融业混乱不堪，物价飞涨，货币贬值，市场交易出现以货易货、"以谷代币"的交易方式，正常的商贸活动无法进行。潮汕侨乡也无法独善其身，经济遭到严重打击，仅1947年12月1日这一天宣告倒闭的小商店就达63家。1949年秋全市倒闭的商行达500多家。③ 经济的不景气严重影响了潮汕侨乡的城镇建设。

1. 区、署级城镇

抗日战争后的政区不断调整，4年内调整了三次，十分不稳定。1947年进行的行政区划调整，将第五区行政督察专员公署改为第六区行政督察专员公署，辖10县1局，分别是澄海、潮安、丰顺、潮阳、揭阳、饶平、惠来、大埔、普宁、南澳10县和南山管理局。汕头市升为省辖市。专员公署驻地潮安（参见表2-13）。与1936年划定的第五行政督察专员公署相比，变化表现在两个方面：一是大埔重新划归潮汕；二是汕头市改为省辖市。

表2-13 1947年潮汕侨乡行政建置县市简表

县市局名称	第六区区治所	县市局数
潮安、潮阳、揭阳、澄海、饶平、惠来、普宁、丰顺、南澳、大埔、南山管理局、汕头市	潮安	10县1局1市

1949年4月又进行了一次调整，潮汕侨乡分为第七、第八两个行政督察专员公署。第七区辖普宁、惠来、潮阳、陆丰4县及南山管理局，专员公署驻地潮安；第八区辖潮安、丰顺、澄海、饶平、揭阳、南澳及汕头市，专员公署驻地潮

① 揭西县地方志编纂委员会：《揭西县志》，广东人民出版社1994年版。
②③ 陈朝辉、蔡人群、许自策：《潮汕平原经济》，广东人民出版社1994年版。

阳。大埔县改隶第九区。由于这时期潮汕侨乡已经建立边区人民政权，国民政府的调整成果有限，因而，此次调整几乎可以忽略。

2. 镇

抗日战争胜利后1946年、1947年、1948年广东省三次调整行政区划，乡镇也相应经历了较频繁、较大的变化，加之政局不稳，此时潮汕侨乡镇的建制也极为不稳定。以《广东政区演变》所涉这一时期镇的变化来描述镇的发展趋向和特征。该书将乡与镇合并而论，指出三次行政区划调整使乡镇数量经历了"4120→2793→2642"的锐减过程，并提及1946年一度减少为1706个，最少减为888个。① 据此可知，抗日战争胜利后至中华人民共和国成立前广东省镇一级行政区划变动频繁，镇的数量总体趋少。潮汕侨乡镇数量的变化与此趋势相同。下表为抗日战争结束后潮汕侨乡镇的情况（见表2－14）。

表2－14　1946年潮汕侨乡各县辖镇简表

县名	镇数（个）	镇名称
潮安	1	在城镇
潮阳	5	海门镇、达濠镇、桑田镇、关埠镇、灶浦镇
揭阳	6	北关镇、朝桂镇、魁西镇、元龙镇、东道镇、魁隆镇
饶平	3	附城镇、黄冈镇、隆都镇
惠来	5	惠中镇、惠南镇、惠东镇、惠西镇、惠北镇
澄海	4	城中镇、城北镇、城南镇、东陇镇②
普宁	1	普城镇
丰顺	0	—
南山管理局	1	两英镇
南澳县	0	—
小计（镇）	26	

资料来源：饶宗颐：《潮州志》第一册《沿革志》，潮州市地方志办公室重刊本2005年版。

综上所述，民国时期潮汕侨乡政区虽然屡次变动，纷繁复杂，但是作为北京政府时期省道县三级制的道治和南京政府时期省县二级制的行政督察专员公署驻地，基本上保持稳定的状态。具体而言，民国时期潮汕侨乡道区级城镇前后共有

---

① 潘理性、曹洪斌、余永哲：《广东政区演变》，广东省地图出版社1991年版。
② 据《汕头市志》（第276页）1946年并无东陇镇，而是上中镇。

2 个，1936 年之前是汕头，1936 年后为潮安。县级城镇在整个民国期间有所增加，镇也逐渐发展成为行政区划设置，数量最多时达到 40 余个，比清朝后期市镇的数量多了近一半。城镇的发展因抗日战争期间遭受挫折、抗日战争后政局不稳等因素未再出现抗日战争前的繁盛状况。

本章小结

潮汕开发相对较晚，东晋时期城镇体系雏形形成，直到唐朝城镇都以行政建制为主。及宋朝、元朝时，城镇商业职能有所发展，商业市镇尤其是港口城镇开始发展起来。明朝是本域行政建制城镇集中出现的时期，城乡墟市贸易也较为繁荣，形成了以府城为中心，从府城到县城，再到墟市的纵横交错的城乡沟通商业网络，城镇体系等级规模日趋完整。清朝在鸦片战争以前，工商业小城镇数量增多，城镇等级规模体系进一步协调发展。

清朝后期城镇体系发生巨变，表现在如下几方面：汕头逐渐取代潮州成为城镇体系的核心，潮州则变为次中心；商约港口出现，在城镇体系中有举足轻重的地位；工商小城镇数量增多，城镇体系中，中小城镇数量占多数等。从行政建制来看，潮州府城镇共包括府级城镇 1 个：海阳（今潮州市）；县级城镇 9 个：棉城、澄邑、惠城、洪阳、榕城、汤田、茶阳、三饶、深澳。实际上，清朝后期潮州府除了府城和县厅两级城镇外，还有 22 个市镇，包括次府级城镇黄冈、庵埠，次县级城镇棉湖，还有巡检司镇、商业镇（港口镇）、城池镇。它们具体是：汕头港、柘林港、樟林、隆江城、三河镇、大埔所城、浮洋、招宁、门关、吉安、北寨、河婆、神泉、留隍、白堠、鮀浦、云落迳、汤坑、葵潭。总之，清朝后期共计有城镇 32 个。大镇与县级城镇、府级城镇层层相接，在这个体系中，每个镇都是一个节点，河流和陆路交通将这些节点联结起来。人员、货物、资金等经船舶、牛马车等交通工具的辅助，在节点之间流动，整个体系处于不断动态发展之中。

民国时期潮汕城镇体系的发展分为三个阶段：抗日战争前、抗日战争期间、抗日战争后。抗日战争前城镇体系在清朝后期的基础上继续发展，城镇发展迅速。体现在县及县级以上城镇上的变化，主要有 1921 年汕头由澄海县析出，设市政厅；汕头与潮安成为民国时期潮汕侨乡地区一级城镇；新置南山管理局等。这样，潮汕侨乡基本形成以汕头、潮州、潮阳、揭阳为骨干的地区城镇群。镇一级城镇的发展则表现在两方面：一是镇数量猛增；二是 1937 年镇正式成为地方基层行政建制。随着商业繁荣和华侨投资工业生产，这一时期的镇逐渐具备工业生产职能，开始从消费型向生产型转型。

抗日战争期间潮汕城镇体系遭受前所未有之重挫，城镇发展无从谈起。尤其是沿海地区城镇，此前为本域发展最快之地，在抗日战争期间所受损失最为严重。而内地城镇则因沿海地区城镇人口和生产等内迁，个别城镇出现了短暂的繁荣，但难敌日军侵略期间城镇整体发展所遭受之重创的事实。

抗日战争胜利后，潮汕城镇有所恢复，由于政局动荡、商业发展受限，因而，城镇恢复成果有限。在局势和政策的影响下，镇的数量大为减少。

第 三 章

近代潮汕侨乡城镇地域空间结构的演变

任何城镇都不可能孤立存在，都必须生存于一定的城镇空间组织结构中，彼此之间相互联系，形成城镇体系。所谓城镇体系的地域空间结构是指体系内各个城镇在空间上的分布、联系及其组合状态。从本质上讲，它是一个国家或一定地域范围内经济和社会物质实体——城镇的空间组合形式，也是地域经济结构、社会结构和自然环境（包括自然条件和自然资源）对地域中心的空间作用结果。[①] 城镇体系地域空间结构通过哪些内容表现出来？一般而言，从分布密度、联结形式和形态特征三个方面内容来反映。就城镇体系地域空间结构的分布密度而言，主要有空间分布、地理分布两大特征；就联结形式而言，城镇间的交通网络是重要途径及表现形式之一；而形态特征与地域间地理、历史、社会经济等多方面的差异有关。

潮汕地形地貌复杂、自然资源分布不均衡，城镇发展和分布受到很大影响。近代潮汕侨乡的经济结构、社会结构等方面经历明显调整和改变，城镇体系的空间组织结构深受影响，近代因之成为潮汕侨乡城镇发展的重要历史时期。因此，对近代潮汕侨乡城镇体系的地域空间组织结构探究有一定意义。

本章在分析近代潮汕侨乡城镇地域分布结构、空间距离等问题后，进而探究影响近代潮汕侨乡城镇体系空间组织结构的因素。

第一节 城镇地域分布结构

城镇体系的地域空间结构布局，一方面是区域内经济、政治、文化、人口和历史综合作用的结果；另一方面又是地理环境深刻影响的反映。因此，考量城镇

---

① 顾朝林：《中国城镇体系——历史·现状·展望》，商务印书馆 1992 年版。

体系的空间组织结构，宜从空间分布和地理分布两个维度切入。

一、城镇的空间分布

1. 城镇经纬度分布

县级城镇的经纬度分布。清朝后期和民国时期此级别城镇数量分别是 10 个和 12 个。民国时期比清朝后期增加的县城数量为 2 个，即为汕头市、南山管理局。与清朝后期相比，民国时期潮汕地方行政建制变化主要体现在撤府州设市局上，其他各县级城镇分布并未发生变化。因此，笔者根据饶宗颐《潮州志》① 相关资料整理出民国时期潮汕侨乡县市局治所的经纬度分布表，并以此为代表来说明近代潮汕侨乡城镇的经纬度分布情况（见表 3 – 1）。

表 3 – 1　民国时期潮汕侨乡县市局治所经纬度分布表

县市局治所	东经	北纬
潮安县	116°38′30″	23°40′05″
潮阳县	116°35′45″	23°15′45″
揭阳县	116°20′45″	23°32′10″
饶平县	116°49′20″	23°58′50″
惠来县	116°17′30″	23°02′30″
大埔县②	116°39′50″	24°30′25″
澄海县	116°45′45″	23°27′50″
普宁县	116°12′10″	23°26′05″
丰顺县	116°11′45″	23°56′50″
南澳县	117°01′10″	23°25′30″
汕头市	116°40′10″	23°21′30″
南山管理局治所	116°21′25″	23°13′00″

注：①南澳县治指隆澳；②南山管理局治指两英。

资料来源：饶宗颐：《潮州志》第一册《疆域志》，潮州市地方志办公室重刊本 2005 年版。

---

① 该志《潮属各县市局治经纬度表》共列三种数据：第一种"据五万分之一地图测出"、第二种"据英人利德尔汕头地图册数"、第三种"据中华民国各地经纬度及古名摘录"，凡三种数据中前两种的每组数值都较相近，又因第一种数据设有南山管理局数据，故笔者采用第一种数据为分析样本。

② 关于大埔县经纬度，温廷敬的《大埔县志》为东经 116°42′，北纬 24°33′，本表采用饶宗颐的《潮州志》数据。

根据表 3-1 可知，近代潮汕侨乡县治集中分布于东经 116°20′45″～116°45′45″，北纬 23°15′45″～23°40′05″。这一区域位于潮汕境内东南沿海一隅，不妨称其为近代潮汕县治高密度区。从整个潮汕辖境的分布上看，有半数县市局治所集中于这一县治高密度区，其中新置的汕头市、南山管理局也位于这一区域；其他如大埔、丰顺、惠来、饶平、南澳 5 县，则基本上居于辖境的边界。之所以形成东南沿海密而其他地方疏的空间格局，从地理环境角度来看，主要是因为，东南一隅是沿海各河流出海口及港口的集中地。一般而言，城镇的生成、发展以及分布受到区域经济发展的制约；反过来讲，区域城镇布局的疏密也反映了区域经济的发展状态。由此，近代潮汕侨乡辖境内东南一隅较为发达，又因这一区域近海，是故进一步推导可以得出近代潮汕侨乡经济发展与海洋有着密切关系的结论。

　　县以下镇的经纬度分布由于资料缺乏，不能以各镇经纬度逐一分析，只能尝试根据现有各县镇的数量、分布情况，以及各县所处经纬度等资料进行推测。1937～1942 年是近代潮汕侨乡镇总数量最多的时段（各县辖镇参见第二章），我们以这段时间的镇作为分析对象。揭阳县、潮安县、惠来县、澄海县为潮汕侨乡镇最多的县，这四县经纬度依次为揭阳县（东径 116°20′45″，北纬 23°32′10″），潮安县（东径 116°38′30″，北纬 23°40′05″），惠来县（东径 116°17′30″，北纬 23°02′30″），澄海县（东径 116°45′45″，北纬 23°27′50″）[1]。因此，镇分布密集区位于东经 116°45′45″～116°17′30″，北纬 23°40′05″～23°02′30″之间。其他地区则为镇分布的相对稀疏区。

　　2. 城镇分布密度

　　城镇分布密度指单位区域内城镇的数量，是衡量城镇体系发展的一个重要指标。民国析置汕头市和南山管理局，与清朝后期相比，县境城镇分布发生明显变化。鉴于此，笔者拟以两个表（见表 3-2 和表 3-3）来说明近代潮汕侨乡城镇分布密度及变化情况。

表 3-2　清朝后期潮汕侨乡城镇分布密度

县厅	数量（个）	面积（万平方公里）	密度（个/万平方公里）
海阳县	3	0.134625	22.28
潮阳县	4	0.110025	36.36
揭阳县	4	0.21305	18.77

---

　　[1]　饶宗颐：《潮州志》第一册《疆域志》，潮州市地方志办公室重刊本 2005 年版。

县厅	数量（个）	面积（万平方公里）	密度（个/万平方公里）
饶平县	4	0.2749	14.55
惠来县	4	0.2052	19.49
大埔县	3	0.24595	12.20
澄海县	3	0.042725	70.22
普宁县	3	0.105225	28.51
丰顺县	3	0.28485	10.53
南澳厅	1	0.0129	77.52
平均密度	32	1.5304275	20.91

资料来源：饶宗颐：《潮州志》第一册《疆域志》，潮州市地方志办公室重刊本 2005 年版。

由表 3-2 可知，潮汕侨乡城镇分布密度较高的，首先为潮阳、澄海，其次为普宁、海阳，它们的城镇分布密度均大于平均值 20.91，城镇密集区为潮汕侨乡东南沿海、各河流冲积平原区域；而西南、西、北、东北为城镇分布稀疏区，尤其是西部、东北部的丰顺、大埔、饶平 3 县城镇密度为本域最低。南澳厅较为特殊，是本域唯一的外岛，军事意义突出，辖地面积相较其他县最小，因而城镇分布密度最大。

表 3-3　民国时期潮汕侨乡城镇分布密度（1937-1942 年）

县市局	数量（个）	面积（万平方公里）	密度（个/万平方公里）
潮安县	9	0.134625	66.85
潮阳县	3	0.0964	31.12
揭阳县	11	0.21305	51.63
饶平县	3	0.2749	10.91
惠来县	7	0.1806	38.76
大埔县	3	0.24595	12.20
澄海县	7	0.04095	170.94
普宁县	2	0.09195	21.75
丰顺县	1	0.28485	3.51

续表

县市局	数量（个）	面积（万平方公里）	密度（个/万平方公里）
南澳县	1	0.0129	77.52
南山管理局	2	0.050325	39.74
汕头市	1	0.00305	327.87
平均密度	50	1.62955	30.68

注：①潮阳面积原1100.25平方公里，内124.50平方公里划置南山局，11.75平方公里划置汕头市。②惠来面积原2052.00平方公里，内246.00平方公里划置南山局。③澄海面积原427.25平方公里，内17.75平方公里划入汕头市。④普宁面积原1052.25平方公里，内132.75平方公里划置南山局。⑤汕头市由澄海析出17.75平方公里，由潮阳析出11.75平方公里，另新增海坦地1.00平方公里合置。⑥南山局由潮阳析出124.50平方公里，由普宁析出132.75平方公里，由惠来析出246.00平方公里合置。

资料来源：饶宗颐：《潮州志》（第一册）《疆域志》，潮州市地方志办公室重刊本2005年版。

由表3－3可以看出，潮汕侨乡12个县市局中，有8个城镇分布密度在平均密度30.68以上，这充分说明，各县市局城镇密度相差悬殊，如澄海县城镇分布密度为170.94，而丰顺县仅为3.51，两者相殊竟达48倍之多；另外，城镇密度大的县市局仍然集中于域内东南部汕头、澄海、潮安、揭阳等县市，而丰顺、饶平、大埔以及普宁等县则为城镇分布较稀疏地区，尤其是丰顺县的城镇分布密度极低。

通过对清朝后期和民国时期潮汕侨乡城镇密度的对比（见表3－2和表3－3），至少可以得出如下三点结论：①城镇总数量有所增加。从清朝后期和民国时期城镇分布的平均密度来看，民国时期显然比清朝后期有了增加，在潮汕侨乡总面积不变的情况下，城镇数量明显增加。②各县市局之间城镇数量差距较大。清朝后期城镇分布密度在平均密度以上的县厅有4个，占县厅总数的40%，而民国时期的相应数值为8个和66%。这一方面说明，民国时期城镇数量普遍增多，另一方面说明，民国时期城镇密度较高的县市局与城镇密度较低的县市局之间的差距，与清朝后期的情形相比更为悬殊。③城镇数量的增加体现出鲜明的地域差异性。虽然东南部在两个时期都是本域城镇密度最高者，但是，民国时期东南部城镇的分布密度要远远高于其他地区，换言之，民国时期东南部城镇的分布密度与其他城镇低密度地区之间差距十分明显。这既是潮汕侨乡近代城镇数量增长的轨迹，也是城镇数量增长具有强烈地域差异性的表现。

二、城镇的地理分布

城镇所处的地理环境对城镇分布影响重大，对此，有学者指出："从狭义的城镇分布密度而言，仅仅是指城镇的地域空间分布状况。然而，探究导致这种空间分布差异的根本原因是地理基础的影响。"① 早在春秋战国时期，古人就已注意到地理环境对城镇选址的影响，《管子·乘马》称"凡立国都，非于大山之下，必广川之上。高毋近旱，而水用足；下毋近水，而沟防省"。地理基础与城镇分布的关系是研究城镇空间组织结构的重要内容，尤其是在地理环境比较复杂的潮汕侨乡，地理环境对城镇分布的影响较内地而言，更具独特性。

1. 县城的地理分布

潮汕境内发达的水系网络，是古代、近代潮汕交通运输的重要途径之一。根据《中国历史地图集》"清朝广东图"载，潮属各县治所的地理位置如下：大埔、海阳、澄海县治都在韩江流域，饶平县治在黄冈溪流域，揭阳县治在南溪、北溪交汇处，南澳县治位于县南部的岛屿上，只有普宁、丰顺、潮阳3县县治距离河流沿岸较远。民国时期，各县县治承袭清朝，新增南山管理局和汕头市，汕头为港口城市。这说明，河流对潮汕城镇分布有着重大影响，河流分布直接影响着城镇格局的形成。另外，城镇的分布明显密集于境内东南部各河流出海口处。

2. 镇（市镇）的地理分布

清朝后期潮汕侨乡共计有城镇32个，其中，次府级城镇（庵埠镇、黄冈镇）2个，县城10个，次县级城镇1个，市镇19个。镇（市镇）主要分布于河流沿岸。根据《中国历史地图集》② 之《清朝广东图》标注出的潮州府"村镇"，其地理分布基本上都沿江、沿河，处于水路要道。个别没有分布于沿河、沿海的"村镇"，也基本上位于潮州府与境外相通的水路、陆路上。又根据《二十世纪中外大地图》之《广东图》所标示的10个府县厅城镇和18个大镇的地理分布情况，可知在府县厅城镇中，除丰顺县城以外，其余9城地理位置均沿河或沿海，而18个大镇中，除留隍、云落迳、葵潭以外，其余大镇也都是沿江河、沿海分布。虽然这些历史地图没有完全包括清朝后期所有的镇，但并不影响透过其所标示的"村镇"、"大镇"的分布格局管窥潮汕城镇地理分布的大势。其他镇，如汕头埠、隆江等镇虽然没有在这些地图上显示出来或者没有标明为"镇"，但是通过这些地方的相关文献资料完全可以确定它们绝大部分也位于河流沿岸。清朝后期潮汕侨乡城镇分布如图3-1所示。

---

① 顾朝林：《中国城镇体系——历史·现状·展望》，商务印书馆1992年版。

② 中国历史地理图集编辑组：《中国历史地图集》（第八册），中华地图学社1975年版。

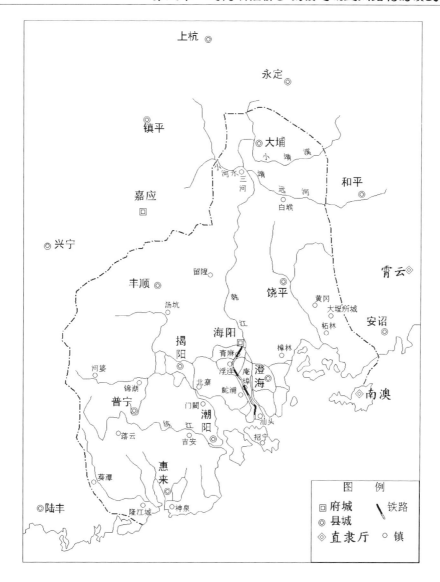

图 3 - 1　清朝后期潮汕侨乡城镇分布图

资料来源：（清）周世堂、孙海环：《二十世纪中外大地图·广东图》，学会社藏版，清朝光绪三十二年（1906 年），第二十六图。

　　民国时期，尽管镇的数量始终处于变化之中，但是镇的分布仍然主要集中在潮汕侨乡东南部，并且密度比清朝后期更大。值得注意的是，随着铁路、公路等新式交通的修筑，铁路、公路沿线相继兴起城镇，如沿线的鹳巢，盛产柑橘，潮汕铁路的开通，方便运输柑橘及其他商品到汕头出口外销，鹳巢的经济因之逐渐繁荣。与清朝后期城镇密集分布于河流沿岸及沿海地区的格局相比，民国时期随着公路伸向内陆地区而有所改观，分布于水系与内陆之间的城镇数量渐趋平衡。

三、城镇体系的空间组织特征

潮汕侨乡城镇空间分布的情况与城镇地理分布的情况有较大一致性。

1. 清朝后期城镇分布特征

清朝后期潮汕侨乡城镇主要分布于平原，山区则相对稀疏。而且城镇分布与水系分布密切相关，从某种程度上讲，"水网"即"城网"，江河入海口往往城镇集中，呈"团块状"，以此为中心，城镇的分布沿河流流域路线向府境北、东北、西、西北、西南方向辐射分布。

首先，河流及其谷地指向分布突出。潮汕境内河流纵横，韩江、榕江、练江、黄冈河、龙江5条主要河流流向东南部归流入海，河流是古代潮汕侨乡重要的交通渠道。城镇呈现出以河流为指向分布于河流沿岸的状态，并且以入海口处城镇密集区为起点，越是向内地延伸，城镇分布就越稀疏。换言之，城镇沿河流分布，越是靠近入海口，城镇分布越密集。当然，各河流在潮汕境内的经济、交通地位不同，也会影响城镇分布的数量。如韩江是潮汕境内河流的大动脉，因而，韩江沿岸历来都是城镇分布最为密集的，并且，韩江沿岸往往分布着重镇，如潮州、汕头两个城镇都位于韩江沿岸，还有一些重要市镇如三河镇、留隍、浮洋、庵埠等城镇也分布于韩江流域。

其次，港口自然条件影响港口城镇分布。潮汕境内有漫长的海岸线，形成了众多港口城镇。各港口的自然条件各不相同，城镇产生、发育的时间和规模直接受制于此。如樟林港早在明朝、清朝时期就已形成并逐渐兴盛，到清朝后期依然是潮汕侨乡的大港口，一直是潮汕侨乡最大的港口城镇。清朝后期汕头港优越的自然条件逐渐显露，而樟林港则逐渐淤塞，汕头逐渐取代樟林成为潮汕侨乡新兴的最大港口城市，樟林黯然淡出历史舞台。另外，还有一些港口因自然条件限制不能成为有影响的城镇，如隶属惠来县的神泉、靖海港口，虽然早在明朝、清朝就已经是集贸的交易之地，但是由于惠来海岸多暗礁，港口天然条件较差，只能作为船只的临时停靠点，因而，近代时期一直未能发展为大镇。东南部港口城镇不仅经济发展优于南部惠来县各港口，而且数量也较多、分布较集中。

最后，城镇分布形成"线"、"团"、"点"的格局。潮汕侨乡地理环境极为复杂，山地、丘陵、平原、沿海、沿江都分布着城镇。沿海一线自然条件较好的港口容易形成城镇，加之沿海交通便利，近代时期形成了数量不少的城镇。清朝后期就出现了如黄冈、柘林、樟林、汕头、招宁、门辟、吉安、神泉等城镇，形成"线"状分布；东南部是平原集中分布地带，韩江三角洲平原、榕江平原、练江平原及黄冈河平原和龙江平原都集中分布在潮汕侨乡的东部。城镇的分布也因此密集分布于东部，形成"团状"集中分布；西、北部由于多山地以及交通条件所限，城镇数量相对不多，分布较分散，因而呈现"点"状。

2. 民国时期城镇分布特征

民国时期，新式交通方式推动了陆路地区城镇的发展，对城镇分布格局产生重要影响。民国时期新式铁路、公路广泛建设，在这些陆路交通沿线随即兴起一批小城镇。民国期间城镇的分布不再仅以海岸及韩、榕、练三江为主。陆路交通干线附近城镇渐次兴起，改变了水系城镇为主导的城镇分布格局，城镇网络更为复杂，打破了清朝后期"水网"即"城网"的城镇分布格局，城镇空间组织结构有所调整。

民国时期潮汕城镇分布的另一特点是，境内东南部地区城镇分布密集的情况更加明显。从城镇空间分布的情况看，东南集中，西、北、东北相对稀疏。从地理环境看，东南部为沿海，也是平原集中分布的区域，水资源较丰富，适宜农业，历来为人口集中的地区，因而城镇在东南的分布也就最为集中；而东北、北部、西部多为山区，交通不便，人口较少，农业发展缓慢，城镇分布也较为稀疏。通过本书第二章"表 2 – 10　1937～1942年'缩乡'政策实施前潮汕侨乡镇设置情况"可以得出，民国时期城镇最为密集地区的分布情况（见表 3 – 4）。

表 3 – 4　民国时期（抗日战争前）潮汕侨乡东南部镇数量分布

东南各县镇数量（个）				镇总计（个）	在镇总数中所占比例
潮安县	潮阳县	揭阳县	澄海县		
8	9	10	6	49	67.7%
	33				

资料来源：本书第二章"表 2 – 10 1937～1942 年'缩乡'政策实施前潮汕侨乡镇设置情况"。

表 3 – 4 反映出，东南部四个县所属镇的数量占总数的一半强，又根据"表 2 – 10　1937～1942年'缩乡'政策实施前潮汕侨乡镇设置情况"，境内惠来县为城镇分布次密集区，县内有 9 个镇，而其他广阔空间内城镇分布极为稀疏。分析抗日战争后的城镇分布情况也基本上如此（据第二章"表 2 – 14　1946

年潮汕侨乡各县辖镇简表"，上述东南 4 县镇的数量占镇总数的 61.5% ）。可见，城镇地域分布疏密不均是民国时期城镇分布又一显著特点。

第二节　城镇地域空间距离

为了保障生产、生活的正常运行，城镇间、城镇和区域间总是不断进行着物质、能量、人员和信息的交换，这就是空间相互作用。正是这种相互作用，才把空间上彼此分离的城镇结合为具有一定结构和功能的有机整体[1]，这一有机整体即城镇体系。城镇体系的空间结构受到历史发展、资源分布、交通干线框架、域内外经济联系等多种因素的影响，因此，不同城镇体系的空间组织结构不尽相同。虽然每个城镇体系空间组织结构的外在表象千差万别，但是，其核心在于，体系内部不同地理位置和不同等级规模的城镇之间存在着密切的空间联系，彼此存在着一定程度上的空间可达性。这种空间可达性可以支撑体系内部各城镇要素顺畅流动，可以支撑彼此联系的框架。换言之，城镇组织结构的空间距离是城镇体系构成的重要组成部分，甚至是城镇体系发展演变的基础。

一、中心地理论对潮汕侨乡城镇体系空间距离的启示

分析城镇体系空间组织结构最重要的理论是中心地理论。1933 年德国经济地理学家沃尔特·克里斯塔勒（Walter Christaller）在《德国南部中心地原理》一书中首次提出中心地概念。克氏认为："城镇的主要职能（或主要标志）是充当区域的中心。这种主要标志不单单适于我们一般称为城镇的那些居民点，也适于诸如大多数市场点，此外，有些城镇根本没有或仅在一定程度上具有这种特征，因此，我们把那些起区域中心作用的聚落称为中心居民点。"[2] 为了更准确地解释居民点，代之以中心地。[3] 并且，基于此，克氏提出中心地体系，认为交通原则、市场供应原则和行政区划原则"三项原则依据各自的法则决定中心地体系"。[4]

克氏的目的是要通过寻找基本的和起主导作用的因素建立起解释区域城镇空间结构的理论模式。但是，克氏创设了一个土地、人口、交通都没有差异性的均

---

① 许学强、周一星、宁越敏：《城市地理学》，高等教育出版社 1997 年版。
②③④ ［德］沃尔特·克里斯塔勒：《德国南部中心地原理》，常正文、王兴中、李贵才等译，商务印书馆 1998 年版。

质的理想区域，周一星将其概括为均质平原和经济人两条。① 所以，该理论对于地形地貌复杂的潮汕侨乡而言，并不完全适用。

即便如此，克氏认为的、决定中心地体系的三条原则给我们的启示还是值得肯定的。第一，克氏认为的中心地体系首先是在交通合理布置的前提下形成的，在这样一个体系中，交通线尽可能地联系更多的中心地。如铁路的修建，"意味着车站地将发展成为一个辅助中心地或成为一个与原有中心地共同拥有一个补充区域的中心地，而附近大城镇的地位最终将大为加强"②。这于清末民初潮汕铁路、民国时期汕潮电车铁路、汕樟轻便铁路的兴建以及 1922～1936 年公路的渐为兴建而言，是适用的。民国时期潮汕的部分新兴城镇就是新式交通手段所产生的直接结果，而且新兴城镇的成长并未削弱旧有城镇的地位。第二，市场供应原则也适用于潮汕侨乡城镇布局，主要体现在由农村集镇演变而来的中心地和较高一级的县中心地。这些或人为设置或自然生成的镇（市镇）的直接目的就是便于乡村农民经济活动的交流，而且使得各镇（市镇）之间的距离处于一个合理的范畴。如果彼此距离太过相近，则容易出现两镇或几镇"相抗"现象，在经济方面易出现争夺市场、争夺原材料等冲突；但是，也不是越远越好，如果彼此距离太过遥远，则会影响彼此间的经济交流与沟通。第三，克氏认为，不同等级中心地的分布受制于行政管理和政治控制的需要。潮汕侨乡城镇体系分布也是如此，清朝后期一些城镇是在原先具有军事防卫战略意义上的军镇发展而来。而且潮汕侨乡城镇的行政区划也表明，很多中心地并不在其所辖区的几何中心，如民国时期新置南山管理局更多的是为了便于管理和控制，而考虑经济问题的成分则相对逊色。

正如周一星所言："在区域城镇体系的多次规划中，常常发现克氏中心地模式的成分或痕迹，特别是存在于低等级的聚落体系中。从这个意义上说，克氏模式几乎无处不在。"③

二、各级城镇的空间距离

下面将分别对潮汕侨乡府治与其所辖县级治所之距离，以及县级治所与所其辖镇之距离特征问题进行探讨。

---

①③ 周一星：《城市地理学》，商务印书馆 1999 年版。

② ［德］沃尔特·克里斯塔勒：《德国南部中心地原理》，常正文、王兴中、李贵才等译，商务印书馆 1998 年版。

1. 县级及县级以上城镇的空间距离

（1）县城与府城之间距离对比。主要有两个依据：①县级治所与府治之间距离之和的平均数，即为平均距离，是县城与府城间的距离的平均值。这一数值是县城至府城基本的或理想的空间距离，是反映城镇空间距离差异的依据之一。②各县级城相对府城的偏离指数 A。将县城与府城间的距离与平均值做差，可得出正负两组数据。负值表示县级城镇的内偏离数据，正值表示县级城镇的外偏离数据。再将所得正负两组数据分别相加后，求出内偏离平均指数和外偏离平均指数。这是反映二级中心城镇的几何中心性的指标之一。

（2）县城之间距离对比。主要有 3 个依据：①方位及距离是某县与周围最近的三县城之间的距离。②平均距离即某县城与周围最近的三个县距离的平均数。县城与周围最近三县城距离的平均值为各县平均距离的平均数。③县城相对其周围县城的偏离指数 B。各县平均距离与县城之间的平均值之差，得出正负两组数字，即为偏离指数 B。偏离指数 B 越小，表明县城与周围县城的地理位置关系越紧密。这是反映县城之间地理位置远近疏密的指标。

表 3－5　清朝后期潮汕侨乡县城与府城及其与周围他县县城位置关系表

县（厅）	与府城		与周围他县县城		
	距离（里）	偏离指数 A	方位及距离（里）	平均距离（里）	偏离指数 B
海阳	—	－219.8	南距潮阳86；西南距揭阳66；东北距饶平76	76	－11.87
潮阳	140	－79.8	北距潮安86；西北距揭阳78；东北距南澳93	85.67	－2.2
揭阳	80	－139.8	东北距潮安66；西南距普宁34；东南距潮阳78	59.33	－28.54
饶平	150	－69.8	西南距潮安76；北距大埔118；南距澄海112	102	＋14.13
惠来	270	＋50.2	北距普宁86；东北距潮阳77；北距揭阳108	90.33	＋2.46
大埔	160	－59.8	南距潮安180；西南距丰顺156；南距饶平118	151.33	＋63.46
澄海	60	－159.8	西北距潮安49；西距揭阳84；西南距潮阳54	62.33	－25.54

续表

县（厅）	与府城		与周围他县县城		
	距离（里）	偏离指数 A	方位及距离（里）	平均距离（里）	偏离指数 B
丰顺	190	−29.8	东南距潮安 108；南距揭阳 92；西南距普宁 111	103.67	+15.8
普宁	120	−99.8	东南距潮阳 87；南距惠来 86；东北距揭阳 34	69	−18.87
南澳	1028	+808.2	西北距潮安 92；西南距潮阳 93；西距澄海 52	79	−8.87
平均值	219.8	−107.3 +429.2	—	87.87	—

资料来源：①（清）廖廷臣等：《广东舆地图说》，台北成文出版社 1970 年版；②饶宗颐：《潮州志》第一册《疆域志》，潮州市地方志办公室重刊本 2005 年版。

由表 3−5 可得出以下结论：

首先，清朝后期潮州府境内各县城相对于府城的分布而言，主要集中在距府城 60~190 里、最大宽度为 30 里的环形地带上。表 3−5 中数据显示，各县治所距离府城最大值为 1028 里，海阳县城与府城同在一城，各县治与府城距离平均值为 219.8 里。而有 7 个县的数据在此数值之下，也即 70% 的县城是分布在距府城 219.8 里以内。澄海县和丰顺县城是在此区间中距离府城最近和最远者，分别为 60 里和 190 里。那么，潮州府县级城镇主要分布在距离府城 60~190 里之间的区域。

其次，从"偏离指数 A"看，数据显示，共有 7 个县城的偏离指数为负值，换言之，70% 的县城内偏，这主要是由于南澳厅与府之间的距离远远超过其他县与府城的距离造成的，南澳厅偏离值高达 +808.2；内偏的县城中，有 3 个小于内偏离指数平均值 −107.3，它们分别为海阳县城（−219.8）、揭阳县城（−139.8）和澄海县城（−159.8），这反映出，3 个县城距离府城距离最近。南澳厅治与平均偏离指数的差额最大，表明距离府城城镇集中分布地带最远。

最后，偏离指数 B 是各县治与周围距离最近的三县治所之间的距离的平均值，根据该数值可以判断县治间的距离、相对位置。揭阳县治的偏离指数最小，为 −28.54，这表明，揭阳县治在众多县治所中与周围其他县治所相对距离最近。而最远的是大埔县治，偏离指数为 +63.46，表明大埔县治所与周围其他县治所距离较远，那么交流关系就会因此而较弱。

表3-6　民国时期县市局治所与道区署治所位置及其与周围他县市局治所位置关系表

县市局	与区（署）治所		与周围县级城镇之间距离		
	距离（里）	偏离指数 A	至三个最近县城距离（里）	平均距离（里）	偏离指数 B
潮安	—	－198.1	南距潮阳86；西南距揭阳66；东北距饶平76	76	＋2.92
潮阳	140	－58.1	北距潮安86；西北距揭阳78；东北距汕头24	62.67	－10.41
揭阳	80	－118.1	东北距潮安66；西南距普宁34；南距南山管理局70	56.67	－16.41
饶平	150	－48.1	西南距潮安76；北距大埔118；南距澄海112	102	28.92
惠来	270	＋71.9	北距普宁86；东北距潮阳77；北距南山管理局40	67.67	－5.41
大埔	160	－38.1	南距潮安180；西南距丰顺156；南距饶平118	151.33	78.25
澄海	60	－138.1	西北距潮安49；西南距汕头28；东距南澳52	43	－30.08
丰顺	190	－8.1	东南距潮安108；南距揭阳92；西南距普宁111	101.67	28.59
普宁	120	－78.1	东南距南山管理局57；南距惠来86；东北距揭阳34	59	－14.08
南澳	1028	＋829.9	西距汕头70；西南距潮阳93；西（偏西北）距澄海52	71.67	－1.41
汕头市	65	－133.1	北距潮安65；西南距潮阳24；东北距澄海为28	39	－34.08
南山管理局	114	－84.1	东距潮阳42；南距惠来40；西北（偏北）距普宁57	46.33	－26.75
平均值	198.1	－90.2 ＋450.9	—	73.08	—

资料来源：①（清）廖廷臣等：《广东舆地图说》，台北成文出版社1970年版；②饶宗颐：《潮州志》第一册《疆域志》，潮州市地方志办公室重刊本2005年版。

　　民国时期，1935年之前和之后的区（署）治所分别为汕头和潮安。汕头市、南山管理局在1921年、1935年分别建置，表3-6所列数据为1935年之后的数据。由表3-6可知，随着新县市的建立，县城和区（署）治所之间的空间距离关系，以及各县治之间的位置关系又体现出了新的变化：

首先，新析置的汕头市、南山管理局相对位于区（署）的距离关系，仍然在清朝后期形成的60~190里、最大宽度为30里的环形分布带上。

其次，县城数量在集中地带有所增加。从偏离指数A看，数据显示偏离指数为负值的县城已经由清朝后期的7个增加到10个，换言之，83.3%的县城相对于区（署）距离内偏，区（署）周围县城数量增加了；内偏的县城中，有4个小于内偏离指数平均值-90.2，它们分别为潮安县治（-198.1）、揭阳县城（-118.1）、汕头市（-133.1）和澄海县城（-138.1），这反映出4个县城距离区（署）距离最近。南澳厅治与平均偏离指数的差额仍然最大，表明距离县城集中分布地带仍然最远。

最后，汕头市成为民国时期与周围县城距离最近的城镇。偏离指数B在民国时期有8个都为负值，比清朝后期多2个，表明民国时期各县城之间的距离关系更为密切。

2. 镇与县级治所的空间距离

市镇是最基层的中心地，与行政中心地府县城构成相互连接的网络，县区划的几何形状、治城的位置往往影响市镇的空间分布。市镇与县治的相对位置关系一般会形成"众星捧月形"、"扇形"、"县治位于中心，市镇偏集两翼"等几种主要图形。近代潮汕侨乡镇与县级治所因空间距离而呈的相对位置关系也不外乎如此，以清朝后期镇与县级治所的空间距离为例（见表3-7）。

表3-7 清朝后期潮汕侨乡镇与县治距离关系

县名	镇数量（个）	与县城距离			
		镇名称	方位	距离（里）	平均值（里）
海阳县	2	浮洋	南	20	40
		庵埠	南	60	
潮阳县	3	门辟	西北	46	38.6
		招宁	东	30	
		吉安	西	40	
澄海县	3	鮀浦	南	20	26
		樟林镇	东北	30	
		汕头港	西南	28	

县名	镇数量（个）	与县城距离			
		镇名称	方位	距离（里）	平均值（里）
丰顺县	2	汤坑	南	60	75
		留隍	东	90	
揭阳县	3	北寨	东南	28	72.67
		河婆	西	130	
		棉湖	西	60	
惠来县	3	葵潭	西	90	43.67
		神泉	南	15	
		隆江城	西南	26	
大埔县	2	三河镇	南	40	60
		白堠	东南	80	
普宁县	1	云落迳	南	30	30
饶平县	3	黄冈	东南	90	116.67
		柘林港	东南	140	
		大埕所城	东南	120	
小计	22				51.73
各城镇与县城位置关系		各方向镇的数量：南 7、西南 2、东南 4、东 3、西 4、西北 1、东北 1			
		总体方位：偏南			

资料来源：①（清）廖廷臣等：《广东舆地图说》卷四《潮州府》，台北成文出版社 1970 年版；②刘南威：《广东省今古地名词典》，上海辞书出版社 1991 年版；③（清）刘抃：《饶平县志》卷一《疆域》；④（清）周硕勋：《潮州府志》卷十四《墟市》；⑤（清）刘业勤：《揭阳县正续志（一）》卷一《都图》；⑥光绪潮州府各县县志。

　　清朝后期的镇有府辖镇和县辖镇之分，如表 3 - 7 所示，22 个镇与其相对应的县治间的距离与方位关系呈现出以下几个特征：首先，与县治相对位置关系上，镇大多分布于县级治所的南部广大空间内。同时这也表明各县治一般位于县境内的偏北方位。其次，澄海县各镇分布最为集中，饶平县各镇分布最为稀疏。最后，西北部山区城镇分布十分稀少，而东南部平原城镇分布密集。表 3 - 7 中所示各镇与县治实地距离平均值为 51.73 里，位于平均值以下的县有海阳县、潮阳县、澄海县、惠来县、普宁县，这 5 县无一例外地都位于潮汕东南部平原。与之相比，饶平县、丰顺县、揭阳县等镇与县治的平均距离都较大，其中，饶平县治与镇的平均距离是整个潮汕侨乡县治与镇平均距离的2倍之多。

综上所述，近代潮汕侨乡城镇体系的地域空间距离特征基本符合中心地理论认为的交通原则、市场供应原则和行政区划原则在城镇体系中起重要作用的思想。清朝后期潮汕侨乡县级及县级以上城镇的空间距离主要集中在距府城60～190里、最大宽度为30里的环形地带上，民国时期这一环形地带的县城数量又有所增加，表明民国时期县级间的距离关系更为紧凑。镇与县治的空间距离呈现东南部沿海平原平均距离数值较小，而西北部山区平均距离数值较大的特点。这是东南部地区较西北部地区而言，交通网络更发达、经济发展更快、距离府级城镇更近在城镇体系空间距离上的直接反映。

第三节　影响潮汕侨乡城镇地域空间结构的因素

近代潮汕侨乡城镇体系的演变表明影响其地域空间结构的因素很多，这些因素相互关联，综合作用，形成一股合力，在不同的历史阶段合力中的单个因素发挥的作用不同，如在清朝后期行政区划的作用较为明显，而在民国时期交通区位优势的作用则更为明显。不过，总的来看，这些因素不外乎以下几个方面。

一、自然环境与资源因素使得城镇集中分布于东南部

潮汕侨乡背山面水，西有莲花山脉阻隔，北有南岭山脉和武夷山脉阻隔，东南面向海洋，平原主要分布在东南沿海河流入海口附近。平原不仅便于耕种而且因靠近水域而水利资源充足，在农业生产占决定性地位的古代社会，使得居民逐水而居。随着人口聚集和经济发展，平原地带最先形成城镇。这样也就逐渐形成分布有平原地区的东南部沿海地区的城镇分布稠密，与之相比，西北部山地的城镇分布则呈现稀疏的特征。

针对潮汕特殊的地理条件，需要特别指出的是，在相对封闭的环境中，水系发达的流域对城镇的分布，有直接而重要的影响，城镇的分布，总是向着沿江、港口方向发展城镇，这种体现很明显。

自然资源也对城镇分布有重要影响。包括很多方面，对潮汕而言，水资源是非常重要的一个方面，潮汕境内东南方向的水系发达，水资源丰富；农业发展方面，可耕地资源也主要分布在东南方向，这里便发展成为城镇集中分布的地区。另

外，潮汕西、北部都有一定储量的矿藏资源，但是，近代矿藏资源的开采规模并不大，如据《广东地方纪要》记载：1934 年丰顺县"矿产虽多，未经兴办开采，宝终藏秘，不足以言富厚也"。① 这具有一定代表性，说明在近代潮汕侨乡大规模工业发展和开采技术成熟之前，矿产资源对城镇布局的影响远不如水资源重要。

二、城镇生成与发育多是位于交通要冲之处

近代以前的潮汕交通，水路以韩江、榕江、练江为主，陆路以官道驿铺为主。"官道民路最广者只五六尺，复重山叠嶂，不利车骑，故江河所经，行旅多舍陆从水。"② 韩江是潮汕侨乡最重要的河流，贯穿境内南北。历史时期多有城镇沿河形成，明朝嘉靖年间以后，潮州府城以东韩江下游沿岸兴起了众多固定墟市。清朝开禁后，潮州府城成为闽粤赣经济区的中心。③ 大埔县虽处山区，但是，因汀江而与福建汀州府交通便利渐而兴盛。诚如施坚雅所言："很明显，只要有可能，经济中心地总是定位于可通航的河道旁边，这种城市选址在中国各地都很普遍。"④ 清朝后期所形成的大镇基本都是地处交通要津。"河口处由于上可以与全河流相通，下可以转向海外，所以不少河口处的港口城市成为全流域的最大城市。"⑤ 汕头就是因此而兴盛起来，并且逐渐取代了潮州在潮汕侨乡几千年来的政治、经济中心地位。

近代新式交通的兴修，对潮汕城镇的兴起和分布又产生较大影响。大批新兴交通城镇出现，但也有城镇因为交通线路的改变发展停滞甚至衰退。近代沿海地区率先门户洞开，潮汕各种运输方式均有一定发展。清朝光绪三十二年（1906年）铁路开通和民国十一年（1922 年）公路陆续建成极大改变了潮汕交通条件，对潮汕侨乡城镇体系产生了深刻影响。大体而言，近代潮汕交通网络结构大致由铁路、公路、水运（内河和港口）构成，如图 3－2 所示。

铁路和公路开筑之前，内河航运是潮汕城乡物资流通的主要运输方式。即使是 1928～1937 年公路交通网雏形形成以后，内河航运仍是城乡物资交流的主要渠道。除韩江、榕江、练江、黄冈河、龙江 5 条主要航道外，其他大小 64 条支流，通航里程达 1590 公里，形成纵横交错、四通八达的水系网络。

① 丰顺县地方志编纂委员会：《丰顺县志》广东人民出版社 1995 年版。

② 饶宗颐：《潮州志》卷十四《交通志》，潮州修志馆 1949 年版。

③ 黄挺、杜经国：《宋至清闽粤赣边的交通及其经济联系》，《汕头大学学报》（人文科学版）1995 年第 2 期，第 76～84 页。

④ ［美］施坚雅：《中国封建社会晚期城市研究——施坚雅模式》，王旭等译，吉林教育出版社 1991 年版。

⑤ 赵荣、王恩涌、张小林等：《人文地理学》，高等教育出版社 2006 年版。

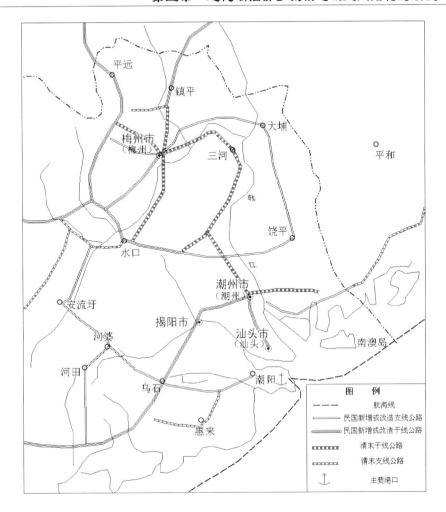

图 3 - 2　近代潮汕侨乡交通网络示意图

资料来源：广东历史地图集编委会：《广东历史地图集》，广东省地图出版社 1995 年版，第 58 页 "清末民国时期广东交通网络示意图"。

　　潮汕侨乡是我国最早开筑铁路的地区之一。20 世纪潮汕铁路、汕樟轻便铁路和汕潮电车铁路相继建成，颇极一时之盛。其中，潮汕铁路南起汕头，经由人烟稠密的庵埠、彩塘、浮洋、枫溪等镇，北讫潮安县城，后延至意溪镇，全线总长达 42.1 公里。据统计，清朝光绪二十九年至民国五年（1903～1916 年），中国自办的铁路全长 200 余公里，潮汕铁路占据 1/5。[①]

---

　　① 广东省汕头市地方志编纂委员会：《汕头市志》（第二册），新华出版社 1999 年版。

公路始于 1922 年潮安至揭阳的安揭公路，最早建成的公路是 1928 年安揭线潮州至深坑段。揭安、揭普等公路先后兴筑，掀起潮汕侨乡大规模修筑公路序幕。至 1937 年 6 月，已筑成公路（除军路外）共 993.8 公里，其中，通车的 736.6 公里，筑成未通车的 257.2 公里，初步形成潮汕侨乡公路网络。[1]

汕头开埠前潮汕侨乡海运航线的域外联系已经十分广阔，北至天津、山东、上海、江苏、浙江、福建等省沿海各港，东至台湾，南至越南、泰国、爪哇、新加坡。其时，东陇、柘林、樟林、莱芜、达濠、海门、神泉等港的民间海洋运输极盛，尤以樟林港为甚，樟林港区经常有"数以百计"的海船停泊。清朝咸丰八年（1858 年）侨居暹罗的潮州华侨增至 150 万人，其中，60% 从樟林港乘红头船出洋。

总之，随着汕头开埠后新式轮船的出现以及铁路和公路的次第兴筑，潮汕侨乡水陆交叉的交通网络逐渐形成。共同构成横贯潮汕侨乡腹地的水陆交通网络，布成潮汕侨乡商业之交通网，深刻影响了潮汕侨乡城镇体系。

三、政治控制、军事防卫及经济发展水平的影响

近代特别是清朝后期，县及县以上的城镇发展主要取决于行政机能的高低强弱。"除少数例外，行政机能支配了中国都市的盛衰"[2]。潮汕城镇的设置主要集中在清朝前期、中期，随着人口的增加，到了清朝后期又做了些调整，县级城镇数量逐渐增加，如丰顺县、澄海县等。再有就是出于行政控制、治安管理及军事防卫考虑而在明朝、清朝时期设置的诸多巡检司，如留隍巡检司因"民俗强悍"而置[3]，这些巡检司多位于军事、交通要冲，固然是由于经济发展和交通便利而聚集数量众多的人口所致，但也反映了其浓厚的行政色彩和军事防卫职能。再如惠来县的隆江城，原为军事城池，后来由于商业的发展成为市镇。

值得一提的是，与行政机能平行的是商业机能，因为，一方面，行政中心发展到一定程度必然衍生出包括商业贸易在内的诸多机能；另一方面，商业中心发展到一定程度常被选为行政治所。从这个意义上讲，城镇的行政机能与商业机能相辅相成。如果将经济发达地区称为核心区，则与此相对的落后地区则是边缘区。在核心区，市场所需要的门槛值（即市场形成所需要的最基本的消费量，

---

① 广东省汕头市地方志编纂委员会：《汕头市志》（第二册），新华出版社 1999 年版。

② R. Murphey, "The City as a Center of Change: Western Europe and China", Annals of the Association of American Geographers, Vol. 44, 1954, pp. 353－355.

③ 中国第一历史档案馆藏录副奏折《嘉庆二十四年四月十一日两广总督阮元等奏请添设留隍巡检等事》，档号 03－1467，件号 03－1467－029，缩微号 100－1030。

它与该地的人口密度和消费水平有密切联系）在较小的地域范围内可以达到，因此城镇的分布密集①，如东南部沿海地区。相对而言，西北部山区人口分布稀疏、消费能力较低，形成市场所需的门槛值需要在更大的范围内才能达到，城镇分布的密度自然较低。国际汉学家、城市地理学者、美国夏威夷大学章生道教授曾指出："中国城市职能主要是行政方面的，历代王朝的都市阶层和行政阶层是相互平行的。京都是国内人口最为稠密的都市中心，就整个帝国而言，京都既是首善之区，也是经济、文化和交通中心。省城是每一省人口最为稠密的都市中心，县城是最低级别的行政中心。国家通过这些中心城镇控制、管理更大的农村地区。"② 近代潮汕侨乡城镇体系也符合这一规律，不过，此处"中心城镇"指清朝后期的府、县（厅）治所和民国时期的道（区、署）、县市局治所。

综上所述，在实践中，空间结构状态受到多种因素的影响，除经济因素以外，还有如资源的分布、地形与气候、历史特点、社会结构、与周围区域的关系等。③ 近代潮汕城镇体系的地域空间结构也是多种因素共同作用的结果，概言之，主要受到自然环境与资源、交通情况、行政控制和军事防卫以及经济发展等诸多因素的制约。

本章小结

从城镇的地域分布结构来看，清朝后期潮汕侨乡城镇集中分布于平原地带，而且水系分布密集的地方往往城镇也较为集中。民国时期，铁路、公路的修筑使这种依水系分布的格局发生改变，陆路交通沿线兴起一批城镇，城镇体系的空间组织结构趋向合理。

从城镇的地域空间距离来看，近代潮汕侨乡县级及县级以上城镇主要集中于府城周围的环形带上，镇与县治的距离呈现出东南沿海平原地带数值较小，而西北部山区数值较大的特点。城镇集中于府城周围环形带的主要原因是府城是潮汕侨乡行政中心地，东南部城镇间距离数值较小，在于该区域与西北部相比，水陆交通更发达和经济发展得更好。从这个意义上讲，与克里斯塔勒所认为的交通、

① 唐次妹：《清代台湾城镇研究》，九州出版社 2008 年版。

② Sen－dou Chang, "Some Aspects of the Urban Geography of the Chinese Hsien Capital", Annals of the Association of American Geographers, Vol. 51, No. 1, 1961, p. 23.

③ 陆大道：《区域发展及其空间结构》，科学技术出版社 1998 年版。

市场、行政三条原则决定中心地体系的理论基本吻合。

城镇体系地域空间结构是个复杂的系统，受制于自然、人文等多种因素。近代潮汕侨乡城镇体系的地域空间结构形成及演化，受到自然环境与资源、交通情况、行政控制和军事防卫以及经济发展水平等诸多因素的影响，并因之呈现不同特点。

第 四 章

近代潮汕侨乡城镇等级规模结构

城镇体系是一个由各级城镇有机组成的系统，系统内部的城镇规模有大小之分，城镇等级有高低之别。一般而言，城镇体系内部的城镇是按照一定规律和联系处于系统不同的位置，彼此间存在一定的联系。"大小城市有等级从属及职能联系的关系，它们按大、中、小，按规模职能有规律地排列与组合。城市系统的大小层次及职能作用的规律配置，即为城市的等级结构。"[①]

城镇的等级结构也就是城镇等级规模结构，"是城镇体系的重要组成部分，它研究一个国家或地区不同等级规模城镇的组合状况和发生发展规律"[②]。具体到近代潮汕侨乡的城镇，经过百余年的变迁，各级城镇规模有了明显的增大，与此同时，等级划分也逐渐复杂。从行政级别上看，清朝末期潮汕侨乡的城镇包括府、县（厅）二级；从城镇体系上看，则除了上述这两个级别外，还有市镇一级，换言之，清朝末期潮汕侨乡城镇体系实际上共包括三级。民国时期从行政级别上看，初期实行区（署）、县（市、局）两级制，后来改成区（署）、县（市、局）、镇三级制；从城镇体系上看，一直是区（署）、县（市、局）、镇三级结构。一般情况下，城镇等级越高往往规模越大，反之越小。

关于城镇等级规模的划分，常以人口规模、经济规模、用地规模等指标来划分。在这些指标中，城镇人口数量和占地规模两个指标的运用较为普遍，本章即从这两个方面入手探讨近代潮汕侨乡城镇等级规模结构。

---

① 赵荣、王恩涌、张小林等：《人文地理学》，高等教育出版社2006年版。

② 周一星、杨齐：《我国城镇等级体系变动的回顾及其省区地域类型》，《城市地理求索——周一星自选集》，商务印书馆2010年版。

第一节　清朝后期城镇等级规模结构

据第二章所考证，清朝后期潮汕侨乡各级城镇共计32个，其中，府级城镇1个（海阳），县级城镇9个（具体包括：棉城、澄邑、惠城、洪阳、汤田、茶阳、三饶、榕城、深澳），镇22个（具体包括：汕头港、柘林港、樟林、隆江城、三河镇、大埔所城、浮洋、招宁、门辟、吉安、北寨、河婆、神泉、留隍、白堠、鮀浦、云落迳、汤坑、葵潭、棉湖、庵埠、黄冈）。本节拟探讨这32个城镇的规模以及它们之间存在的等级关系。

一、城镇所在各县规模情况

近代潮汕侨乡城镇的生成和发展都与所在县域关系密切，县的规模、经济发展情况往往直接影响所辖城镇规模的大小及发展程度等。因此，考查各县的规模有助于我们探究各城镇的等级及彼此间的关系。

有研究指出，清朝末期广东府州分为几个等级，其中，潮州府的等级情况如下：潮州府为要府州；县的分等级中，海阳、潮阳为要县；丰顺、揭阳、澄海、普宁为中县；饶平、惠来、大埔、南澳厅为简县。① 需要指出的是，这里有关南澳厅的划分有待商榷。根据《清史稿》第七十二卷《地理志·十九》记载，南澳厅的等级为"中"。② 其时，政区划分等级的依据是"冲繁疲难"制度，这是清朝为选举地方官而设立的一种行政管理制度，于清朝雍正年间始行。该制度的具体内容是按管理的难易程度，将州县分为四等。"一地当孔道者为冲，一政务纷纭者为繁，一赋多逋欠者为疲，一民刁俗悍命盗案多者为难，就此四等之中，有专者有兼者有四等俱全者"③。据此，将清朝政区（府、州、县）分为"简、中、要、最要"四个等级，"兼四字者为最要缺，三字为要缺，二字为中缺，一字及无字为简缺，此定例也"④。换言之，一字或无字的政区称为"简"，二字（有冲繁、繁难、繁疲、疲难、冲难、冲疲六种）为"中"，三字（有冲繁难、

① 司徒尚纪：《广东政区体系——历史·现实·改革》，中山大学出版社1998年版。

② 赵尔巽等：《清史稿》（第九册）卷七二《地理志·十九》，中华书局1976年版。

③ （清）鄂尔泰：《雍正硃批谕旨》（第九册）"硃批郭鉷奏折（雍正六年三月至十三年六月）"，北京图书馆出版社2008年版。

④ （清）福格：《听雨丛谈》卷一一《繁简》，中华书局1982年版。

冲疲难、繁疲难三种）为"要"，冲繁疲难四字俱全的县称为"最要"或"要"。基本上是县的等级越高，字数就越多，反之，字数就越少。施坚雅对此行政划分的理解是："每个县级和府级衙门的高级职守，在公务上的特点决定于它是否具有四种固定的属性……这些职守标记有四个双重变化的不同组合构成，每个变化以有否一个汉字表示……这些职守标记里的四个因素可以简述如下。'繁'习惯上用来表示衙门的公务繁多；'冲'用来表示交通要冲，它比任何其他三个字更接近于说明治所的商业重要性；'难'可能指对付难以驾驭且犯罪率高的百姓的职守；'疲'指因征税困难而疲于奔命的职守。"① 施坚雅所言指出了"冲繁疲难"制度实质上就是以行政、交通、赋税等为衡量指标，将府州县治所的等级进行划分。据此，我们将清朝后期潮州府各县等级划分如表 4-1 所示。

表 4-1　《清史稿》所见清朝后期潮州府各县等级划分

等级	《清史稿》潮州府县等级划分		
	县（厅）名	具体划分	小计
要	海阳	冲、繁、难	3
	潮阳	繁、疲、难	
	普宁	繁、疲、难	
中	澄海	繁、难	4
	揭阳	繁、难	
	丰顺	疲、难	
	南澳	中	
简	饶平	难	3
	惠来	难	
	大埔	简	

资料来源：赵尔巽：《清史稿》（第九册）卷七二《地理志·十九》，中华书局 1976 年版。

通过表 4-1 可知，清朝后期潮州府各县的等级划分中，要县有 3 个，中县有 4 个，简县有 3 个，分别占县城总数的 20%、50%、30%。而"难"字在绝大多数县中都有。这说明潮州府中县较多，并且"民刁俗悍命盗案多"，巡检司在潮州府的设置也较广东省平均数要高很多。另外，施坚雅认为"冲繁难和繁难疲标记，在经济和管理层级中的高级城市中过多地出现；冲繁标记在经济级别高

① ［美］施坚雅：《中华帝国晚期的城市》，叶光庭、徐自立、王嗣均、徐松年、马裕祥、王文源译，中华书局 2000 年版。

于行政级别的城市中过多地出现；繁难标记在行政级别高于经济级别的城市中过多地出现；而难疲标记在经济和行政层级中的低级城市中过多地出现"。① 据此，那么海阳、潮阳、普宁县治就是"经济和管理层级中的高级城市"，而澄海、揭阳、丰顺、南澳是"行政级别高于经济级别的城市"，饶平、惠来、大埔的级别最低，"难"字又代表了治安差，因此应该是行政为主的县。

二、城镇等级划分途径选择

1. 人口数据不能作为清朝后期潮州城镇等级划分的依据

人口规模是划分城镇等级的重要依据之一。"纵观世界各国的研究，尽管城市等级的划分标准随各国国情的不同而不同，但在研究城市体系的规模结构时几乎都是从人口的角度来加以分析的。"② 然而清朝后期由于历史发展的阶段性特点，人口数据统计方式、内容等因素的限制，城镇等级规模的划分不能通过此途径解答。

原因在于两个方面。一方面，人口数字一般多见于各种府县志等地方志中，潮州府各县（厅）由于历史原因缺乏清朝后期这段时间的人口数字。对此，《中国人口史》指出："迄今为止，尚未查获清代末年任何一个广东、广西两省府、县治城市人口数。"③ 笔者对潮州府各县（厅）志一一查找，也仅获揭阳县清朝光绪三十三年（1907 年）人口总数和辖下各都人口总数、丰顺县清朝宣统元年（1909 年）人口总数，很难还原两县县城和各市镇人口数据。有的属县不仅缺乏清朝末期的人口数字，民国初期的也没有。如《普宁县志》载："清代晚期和民国前 10 年，未见户口统计资料。"④《揭阳县志》载：关于人口统计"古代至民国中期未见记载。"⑤ 另一方面，清朝末期人口统计数据可信度不高。潮汕侨乡清朝光绪二十八年（1902 年）以后依靠警察来实施，调查机构不健全，加上调查人员素质不高，登记下来的户口数字，与实际人口仍然有一定的偏差。⑥ 也有学者认为明清时期的人口统计数据本来就不可靠。"中国历史上一向缺乏正确的人口统计数字……几乎所有清代府县志，均根据官方赋役全书而列有详细的税收

① ［美］施坚雅：《中华帝国晚期的城市》，叶光庭、徐自立、王嗣均、徐松年、马裕祥、王文源译，中华书局 2000 年版。

② 顾朝林：《中国城市历史地理》，商务印书馆 1999 年版。

③ 曹树基：《中国人口史》（第五卷），复旦大学出版社 2001 年版。

④ 普宁县地方志编纂委员会：《普宁县志》，广东人民出版社 1995 年版。

⑤ 揭阳县地方志编纂委员会：《揭阳县志》，广东人民出版社 1993 年版。

⑥ 广东省汕头市地方志编纂委员会：《汕头市志》（第一册），新华出版社 1999 年版。

与人丁数目，但其中丁口并列的并不多；即使有这项宝贵的'人口数字'，其可信程度仍大有问题。"[1]

所以，人口资料的缺乏给清朝后期城镇等级规模的界定造成了一定的障碍，以人口数量作为判断城镇规模大小的依据不具备可操作性。

2. 商业发展情况不能独立作为城镇等级判断的标准

近代市镇的形成与商业的机能息息相关。刘石吉在《明清时代江南市镇研究》一书中通过《吴江县志》卷四所载同里镇"市物腾沸，方可州郡"等商业描述来配合"居民千百家"，并据此断定同里镇的规模。[2] 从这个意义上讲，城镇商业状况一定程度上也可以对判断城镇规模起到提供佐证的作用。

近代潮汕侨乡市镇的形成与商业发展密切相关，但是对潮汕的地方志考察后发现通过市镇商业发展情况的记载复原其时确切的城镇规模并不可行，目前掌握的史料仍然不足以充分估计出每个城镇具体的贸易数值。文献中有关城镇商业发展情况的记载，尤其是市镇的情况记载并不完整。地方志在形容市场商业繁盛时往往提及店铺数或居民户数，但一般都是描述性语言，含糊不清。小规模的市镇描述性文字更少、更模糊，有的市镇仅有墟市记载，寥寥几字，不能准确反映市镇规模。如清朝光绪年间《丰顺县志》对留隍市记载："在大留隍社，每逢二五八为墟期，离县城90里。"类似的描述在潮汕地方志屡见不鲜，我们并不能以此作为市镇商业规模和人口数值等指标的辅助判断要素。可见，仅利用商业发展情况的史料划分清朝后期市镇的等级是不可能的，要进一步估算出市镇的人口规模更是行不通。

总之，城镇人口数量和城镇商业发展情况等指标并不能作为划分近代潮汕侨乡城镇等级的标准，我们只能尝试从城池规模或其他途径对城镇的大小等级做粗略判断。

三、府、县城池占地规模及人口数量估算

城起初指城池，仅为防御工程，与城市无关。后来发展为地区行政中心，并且随着商业的发展又逐渐成为地区工商业发达中心。换言之，最初军事职能的城逐渐演化为地区行政中心和经济中心。城也形成为城市。从这个意义上讲，城池的大小与城市规模的大小密切相关。

对于通过城池大小来判断城内人口的数量，学术界主要有两种观点：一种观

---

①②　刘石吉：《明清时代江南市镇研究》，中国社会科学出版社 1987 年版。

点认为"在古代，城市人口很少有精确的统计数字，不可能用人口多少作为城市分级的标准，只有用城的大小作为分级的标准。""从城的大小也可以区分城市的大小，而且也比较准确可靠，这是中国特殊的政治制度所造成的城市分级体系，是不以人的意志为转移的。"① 另一种观点与此截然不同。认为到清朝时，城池大小与城镇规模之间的关系已经不那么密切了，因为"明代的城墙至清代并没有多大变化，但城市人口的居住范围早已越过城墙的约束，大部分居民不是居住于城墙之中，而是居住于城墙之外。在许多地区，居住在城墙外的城市居民可能是城墙内居民的数倍"，也即"城墙长度不可用来推测城市人口的规模"②。

对此，笔者认为城池占地规模可以作为判断城镇规模的一个参考，原因在于两个方面：

一方面，多数城池大小对于人口增长而言应在可容纳范围之中。根据相关史料记载（见表4－2），潮州府境内最早的城池当属潮州府城，修筑于宋朝，并于明朝洪武年间拓城，此外其余大部分城池或修筑或拓城于明清时期，甚至有的城池在清朝康熙年间还有拓城记载。可见，各城池的修建或拓城的时间并不是很早。值得注意的是，有清一代，顺治、乾隆、嘉庆时期正是广东省人口高峰期、膨胀期，③ 而鸦片战争后直至民国的一段时期人口发展缓慢④。那么，在人口高峰期建城或拓城，之后人口增加缓慢，原先的城池还是很有可能容纳人口增长数量的。

另一方面，清朝后期潮汕侨乡人口增加速度已经开始明显减缓。这主要是由于清朝后期持续不断的海外移民、频繁的自然灾害、鸦片战争和帝国主义入侵⑤等因素造成的，这可以从广东省人口整体增长的特点大体做出判断。"道光二十年（1840年）全清末的71年间，广东人口由2538万人增至2965万人，年均递增率为0.33%。而鸦片战争前的70年间，年均净增人口23.4万人，年均递增率为1.81%。"鸦片战争前后的两个70年间人口增长率由1.81%降为0.33%，说明广东地区清朝最后110多年里，人口并没有增加太多。揭阳县是潮州府的人口大县，《揭阳县志》中对于清朝后期的人口增长缓慢的情况也有叙及："从道光

---

① 马正林：《中国城市历史地理》，山东教育出版社1998年版。

② 曹树基：《中国人口史》（第五卷）《清时期》，复旦大学出版社2001年版。

③ 林有能：《广东人口膨胀原因及其影响》，《学术研究》1997年第9期，第63－67页。

④ 张晓辉、梁向阳：《清末广东人口发展缓慢探因》，《五邑大学学报》（社会科学版）2002年第2期，第50－65页。

⑤ 有学者认为鸦片的输入使人口的平均寿命缩短，尤其是男子。通过对广东中山县李氏族谱进行统计分析后，得到男子从清朝康熙三十九年（1700年）至清朝乾隆十四年（1749年）平均寿命是36.6岁，女子相应为38.0岁。而清朝嘉庆五年（1800年）至清朝道光二十九年（1849年）男子平均寿命已下降到33.7岁，女子为38.8岁。男子的平均寿命缩短了2.9岁。参阅张晓辉、梁向阳：《清末广东人口发展缓慢探因》，《五邑大学学报》（社会科学版）2002年第2期，第53页。

二十年（1840 年）至 1935 年历时 95 年，揭阳县的人口发展处于缓慢增长阶段。"① 由此可以断定，清朝末期潮州府人口数量比清朝乾隆三十五年（1770 年）的人口数量并不会多很多。

基于以上两点，本书认为在清朝末期，潮州府人口"溢出"城池并不是普遍现象，城池大小可以作为反映其时城镇规模的重要依据之一。清朝后期潮汕侨乡城镇规模如表 4 - 2 所示。

表 4 - 2 清朝后期潮州府各县城池规模

府县城名	规模（周长：里）	修建时间	拓城记载
潮州府城	9.79	宋绍兴十四年	明洪武三年城围 1763 丈
揭阳县城	8.89	元至正十二年	明天顺四年拓城
潮阳县城	7.01	明天顺六年	康熙二十四年拓城至 1262 丈
澄海县城	5.14	明嘉靖四十二年	
惠来县城	4.13	—	明嘉靖二十二年拓南城 44 丈
饶平县城	4.01	明成化十四年	
普宁县城	3.89	明万历三年	
南澳县城	3.44	明万历四年	
大埔县城	2.88	明嘉靖五年	
丰顺县城	1.16	清乾隆三年	"丰顺县城原为前海阳县丰政都之旧城……乾隆间建县时议展拓之，不果"

注：根据 1 米 = 3.6 尺 = 9/25 丈，1 里 = 180 丈 = 1800 尺推算。

资料来源：①（清）周硕勋：《潮州府志》卷六《城池》；②潘载和：《潮州府志略·建设（城池）》，汕头文艺书店 1934 年版。

由表 4 - 2 可知，清朝后期潮汕侨乡城镇中，城池规模最大者为潮州府城，城周 9 里多，其次为揭阳县城和潮阳县城，城周在 7～9 里之间。这三个城镇的规模明显大于其他县城。其他县城如澄海、惠来、饶平县城城周在 4～6 里，其中，澄海县城城周 5 里余，惠来、饶平县城城周 4 里余；南澳、大埔、丰顺三县的县城规模相对而言为最少者，城周分别为 3 里余、2 里余、1 里余。总体上看，体现出城镇规模大小与行政等级高低之间的正比关系。当然，同一行政级别间的各县级城镇大小规模也不尽相同，仍有规模大小的明显区分。其中规模较大者为揭阳、潮阳，其次为澄海、惠来、饶平，最小者为南澳、大埔、丰顺。

① 揭阳县计划生育委员会：《揭阳县人口志》（内部资料）1987 年，第 46 页。

得知府县城池规模后，可以据此对各县城人口进行推测。《揭阳县志》载，清朝光绪三十三年（1907 年），揭阳人口共 66 万多人，其中，在城人口约 5 万人，占人口的 7.5%。①《揭阳县人口志》记载了县城榕城在清朝后期的一场瘟疫，其中提到县城的人口："清光绪二十八年（1902 年），揭阳县发生鼠疫，死亡人数达六万多人，榕城疫前 42000 多人，疫后仅存 23000 多人。"② 可知清朝光绪二十八年（1902 年）榕城人口有 4.2 万多人。又依据榕城城周 8.89 里，计算得知榕城人口密度为 6635.07 人/平方里。如前所述，揭阳县城在潮州府各县城中不是最大或最小的，这一密度值不至与平均密度值相差太远。为了了解各城镇间等级规模的大概情况，我们假设这一人口密度为清朝后期潮汕侨乡各县城的人口平均密度。以此来了解各县城人口概数，各县城人口大概估计值如表 4-3 所示③。

表 4-3 清朝后期潮州府各县城人口估计数量

府县城	人口数量（万人）	等级划分（万人）	城镇数量（个）
潮州府	5.07	4～5	2
揭阳	4.2		
潮阳	2.61	2～3	2
澄海	2.11		
惠来	1.45	1～2	3
饶平	1.29		
普宁	1.23		
南澳	0.96	0.1～1	3
大埔	0.66		
丰顺	0.10		

由表 4-3 可知，清朝后期潮汕侨乡府县级城镇人口等级规模分为四等，大部分县城的规模集中于第三、第四等级，人口规模在 0.1 万～2 万人之间。府县治所中最大城镇与最小城镇之间的人口规模差距极大。需特别指出的是，表 4-3 中数据仅为清朝后期府县治所人口规模的估测值，与现实人口规模仍有

---

① 揭阳县地方志编纂委员会：《揭阳县志》，广东人民出版社 1993 年版。

② 揭阳县计划生育委员会：《揭阳县人口志》（内部资料）1987 年，第 6 页。

③ 揭阳县城池周长已知，根据周长公式、面积公式 $c = 2\pi r$，$S = \pi r^2$，计算得城池面积为 6.33 平方里，榕城人口分布密度为：人口/S = 42000 ÷ 6.33 = 6635.07 人/平方里。同理可根据人口密度和其他城池的周长推算出每个县城人口数量。

一定差距，但是总体上仍能反映出城镇影响区域的广狭及其影响力的大小均与城镇人口规模成正比关系的特征。

四、市镇等级规模的综合评价划分

市镇间通过水路、陆路交通连接，构建成运输网络。通过各种运输网络，使物质、人口、信息不断从各地向市镇流动，市镇就是各种网络中的结节点。每一个结节区域的大小，取决于结节点提供的商品、服务及各种机会的数量和种类。一般地说，这与结节点的人口规模成正比。[①] 因此，从市镇提供的"商品、服务及各种机会的数量和种类"或"人口规模"可以判断市镇的等级规模。然而，由于客观原因，有关市镇的统计数字资料缺乏、商业活动资料不齐备，因而，本书只能另辟蹊径，试图借鉴其他学者通过市镇中的一些主要设施综合评判市镇的规模大小，比如采取多重因素综合考查并计算得分的方法，最终以得分高低作为层级划分的标准。[②] 清朝后期市镇的经济方面十分活跃，在进行加分统计时，经济方面便成为主要的考查内容。

计分标准如下：

1. 行政设置加分

古代城镇主要是行政中心型城镇，行政建置的高低是判断古代城镇大小的一个重要标准。清朝后期的所有市镇并非都有行政建置。即便有行政建制，其行政级别也较低，主要的官位有同知、通判、县丞、巡检等。从官位级别上看，同知是正五品，通判是正六品，县丞和巡检的官位就更低了，分别是正八品和从九品。因此，行政建置上设有通判、同知的市镇加2分，设有县丞、巡检的城镇加1分。加分原则是各项按照最高分加分，不重复计分。

2. 军事设置加分

由于潮汕侨乡地处东南边疆，有着重要的军事战略意义，因而军事设置视情况也给予加分。市镇一级设置的主要军事职务有守备、千总、把总、外委把总等。从官位级别上看，分别为正五品、正六品、正七品、正九品。因此，军事上

---

① 于洪俊、宁越敏：《城市地理概论》，安徽科学技术出版社1983年版。

② 清朝台湾城镇等级规模大小的判定也缺乏具体的统计数据，林玉茹等（《清代台湾港口的发展与等级划分》，台湾文献丛刊167种，第36页）、唐次妹（《清代台湾城镇研究》，九州出版社2008年版）等对台湾港口城镇的等级划分采用了多条件考查加分的方法。如林玉茹的具体方法是用港口的泊船条件、商业、军事及行政等内部机能作为综合的分级指标，各项指标又细分几个不同层次，指标不同、同一指标不同层次加分情况也都不同，最后根据各港口城镇总得分数大小对港口城镇进行分级。

设有守备、千总、把总的市镇加 2 分，军事上设有外委把总的市镇加 1 分。

3. 商业机能加分

分两种情况，即口岸加分和墟市加分。

口岸加分。清朝后期潮汕侨乡口岸城镇主要有两种，一种是官方认可的合法贸易口岸，这其中又分为条约口岸和普通口岸，如汕头即为条约口岸，进出口贸易量、港口条件也远远优于其他港口。黄冈口岸在汕头港开港后曾经一度衰落，到了 20 世纪末期开始再度繁荣起来。这样的普通港口进出口贸易量、港口的自然条件、进出船舶数量等都显然不及通商口岸，但从商品交流上来看，仍然比普通内陆市镇要频繁，因此经济发展更为活跃些。还有一种港口是官方政策不允许，但由于港口条件便利、民间贸易的需要等因素形成的走私贸易为主的港口，如南澳港，这种港口虽然贸易量并不及前两者显著，但对经济发展的影响也不可小觑。因此，通商口岸加 4 分，一般港口加 2 分，民间走私贸易形成的港口加 1 分。

墟市加分。视墟市规模加 1～2 分。各市镇都有墟市贸易，规模大小各不相同。根据文献资料对其都有一定的描述，墟市规模较大的加 2 分，如三河镇墟市三河坝市"舟楫辐辏，货物备具，肆列高楼，间有浮店"，黄冈市"其地依山背海，鱼盐之利，傍及邻邑，通货贸财，最为辐辏"，等等，县志对这样的墟市描述性文字显示比其他墟市规模要大，因此加 2 分。其他墟市规模相对小的市镇则加 1 分。

4. 税口加分

清朝康熙二十四年（1685 年）粤海关下设总口 7 处。潮州总口设于庵埠，管理其下各正税口、挂号小口。清朝道光年间粤海关"设有正税之口，有稽查之口，有挂号之口。正税之口三十有一……在潮州者九……稽查之口二十有二……挂号之口亦二十有二，在潮州者十"。潮州府 9 个正税口分别为：庵埠总口、澄海口、府税总口、神泉口、靖海口、潮阳口、东陇口、黄冈口、北炮台口。正税口下又设挂号小口 10 处，分别为：双溪口、溪东口、汕头口、后溪口、达濠口、海门口、南洋口、卡路口、樟林口、乌塘口。① 总口专门管理对外贸易，正税口与挂号小口负责报关登记，填写税单和收纳税课。所以设置总口的市镇加 3 分，正税口加 2 分，挂号小口加 1 分。

---

① （清）梁廷楠：《粤海关志》卷五《口岸》。

5. 仓储、盐官设置加分

清朝潮州府府城、各县县城均建有常平仓，社仓则建于各级市镇或都村。有官仓设置的市镇，服务范围、机能往往较高。潮州侨乡的制盐业一直比较兴盛，清朝康熙三十二年（1693 年）设置专职官员负责管理。清朝乾隆时期已设立潮桥场、东界、海山、河东、河西、隆井、惠来、小江 8 盐场，其中有设于市镇者。因此有仓储或盐官设置的市镇各加 1 分，最多累计加 2 分。

6. 邮局加分

在施坚雅看来，邮政地位是显示城镇经济中心地位一个有效指标。[①] 邮局的设置能反映一地人口、经济、交通的重要性，对市镇规模的考查而言也是一项重要指标。潮汕侨乡在官方邮政局未开办前，民间侨批局纷纷设立。这是邮政局开办前由私人经营的民间信件传递、华侨汇款的机构。清朝光绪二十三年（1897 年）大清邮政局成立，同年汕头邮政总局成立，相应加强对侨批局（或称为民信局）的管理。由于资料所限，清朝后期各市镇侨批局设置的数量没有完整数据，因而将邮政局的设置作为考查对象，以邮政局的设置来考察各市镇的差异性。"光绪十六年……潮州（汕头）之有邮政，殆即始于其时。"[②] 据《潮州志》对清朝后期邮局设立的统计，邮政总局在汕头，各分局在潮州府城及一些县城，如庵埠、达濠、棉湖、黄冈、蓬洲所、三河坝、浮洋、留隍、峡山、汤坑、葵潭等 21 地各设分局一所。因此，邮政总局设置地点加 3 分，市镇各分局加 1 分。

综合考虑上述六个方面的加分情况，绘制清朝后期潮汕侨乡市镇综合得分简表，如表 4 - 4 所示。

表 4 - 4　清朝后期潮汕侨乡市镇综合得分简表

市镇名称	行政		港口		仓储		墟市	军事		税口		邮局		总计
	理由	得分	理由	得分	理由	得分	得分	理由	得分	理由	得分	理由	得分	
汕头港			通商口岸	4			2	千总	2	挂号小口	1	总局	3	12
柘林港	巡检	1	港口	2	社仓	1	2	千总	2					8

[①]　［美］施坚雅：《中华帝国晚期的城市》，叶光庭、徐自立、王嗣均、徐松年、马裕祥、王文源译，中华书局 2000 年版。

[②]　王琳乾、吴膺雄：《潮汕邮政电信发展资料》（内部资料）2004 年，第 87 页。

续表

市镇名称	行政		港口		仓储		墟市	军事		税口		邮局		总计
	理由	得分	理由	得分	理由	得分	得分	理由	得分	理由	得分	理由	得分	
樟林	巡检	1	港口	2	社仓	1	2	守备	2	挂号小口	1	分局	1	10
隆江城					社仓	1	1	守备	2					4
三河镇	巡检	1					2	千总	2			分局	1	6
大埔所城					东界场盐	1	1	守备	2					4
浮洋	巡检	1					2					分局	1	4
招宁	巡检	1	港口	2	招收厂盐	1	1	千总	2	挂号小口	1	分局	1	9
门辟	巡检	1	港口	2			2							5
吉安	巡检	1			社仓	1	1	外委把总	1			分局	1	5
北寨	巡检	1	港口	2	社仓	1	1			正税口	2	分局	1	8
河婆	巡检	1					2	外委千总	1			分局	1	5
神泉	巡检	1	港口	2			1	把总	2	正税口	2			8
留隍	巡检	1			社仓	1	1	外委把总	1			分局	1	5
白堠	巡检	1					2							3
鮀浦	巡检	1			社仓	1		把总	2			分局	1	5
云落迳	巡检	1					1	把总	2					4
汤坑	巡检	1			社仓	1	1	千总	2			分局	1	6
葵潭	巡检	1			社仓	1	2					分局	1	5
棉湖	县丞	1					2					分局	1	4
庵埔	通判	2	对外口岸	2			2	外委把总	1	总口	3	分局	1	11
黄冈	同知	2	港口	2			2	千总	2	正税口	2	分局	1	11

资料来源：①（清）张人骏：《广东舆地全图》（上册）《潮州府》；②（清）廖廷臣等：《广东舆地图说》，台北成文出版社1970年版；③（清）周硕勋：《潮州府志》卷二十一《赋役》，卷七《署廨》，台北成文出版社1967年版；④饶宗颐：《潮州志》（第二册）《交通志·邮电》，潮州市地方志办公室重刊本2005年版。

依据表4-4所示清朝后期潮汕侨乡各市镇的得分情况，将各个市镇所得分数分为三个等级，并据此将市镇归为三类，如表4-5所示。

表4-5　清朝后期潮汕侨乡市镇等级划分

级别	分数段	市镇	
		数量（个）	名称
1	10~12	4	汕头港、樟林港、庵埠、黄冈
2	6~9	6	柘林港、招宁、三河镇、北寨、神泉、汤坑
3	3~5	12	隆江城、大埤所城、浮洋、门辟、吉安、河婆、留隍、白堠、鮀浦、云落迳、葵潭、棉湖

由表4-5可知，清朝后期潮汕侨乡市镇的规模大小与地理位置和自然条件关系密切，第一等级的市镇主要为港口城镇，经济发展因素对市镇规模显现出举足轻重的作用。当然行政建置级别对市镇大小规模仍然至关重要，庵埠和黄冈这两个通判、同知驻地的规模也较大，同属于第一等级。第二等级的市镇拥有重要的商业机能，行政职能仅次于第一等级，同时也具有一定的军事职能。第三等级的市镇主要是行政和军事机能。总的来看，三个等级市镇在数量分布上呈现出规模越大市镇数量越少，规模越小数量则越多的特征。

综上所述，清朝后期潮汕侨乡城镇等级从府县城层面来看，依据《清史稿》（第九册）卷七二《地理志·十九》大致分为三个等级：海阳、潮阳、普宁为要县，澄海、揭阳、丰顺、南澳为中县，饶平、惠来、大埔为简县。从常用的人口数量指标和商况指标来划分潮汕侨乡各城镇规模大小不具可行性，进而通过府县城池占地规模并估算人口数量可知，清朝后期潮汕侨乡府县级城镇分为四等，潮州府、揭阳县为第一等级，潮阳、澄海为第二等级，惠来、饶平、普宁为第三等级，南澳、大埔、丰顺为第四等级。通过多项指标加分权衡可知，清朝后期潮汕侨乡市镇大致分为三个等级，汕头、樟林、庵埠、黄冈为第一等级，柘林港、招宁、三河镇、北寨、神泉、汤坑为第二等级，隆江城、大埤所城、浮洋、门辟、吉安、河婆、留隍、白堠、鮀浦、云落迳、葵潭、棉湖为第三等级。

第二节　民国时期城镇等级规模结构

一定区域的城镇因其所处的内外条件差异而形成规模不等的等级结构。城镇等级规模"主要有人口规模和用地规模两种表达方法。因前者资料比较容易取得而更为常用。并且，城市人口规模也常常是城市极重要的一种综合性特征"①。

民国时期政府主导的几次人口普查因普查机构和统计口径不同，统计结果存在某些难以令人信服的缺陷。考虑到民国时期广东地区人口增长率不高②，以及我们选取同一年份的数据来考察不同县市人口规模，所以，尽管统计结果与其时真实状态会有微小出入，但不影响总体判断的精度。

一、各县市局人口密度及城镇等级规模

人口密度某种程度上是地区人口规模的反映。民国时期潮汕侨乡新置汕头市和南山管理局，人口总量在清朝的基础上也在不断增加。《广东省志·人口志》据 1934 年人口密度将广东省各县市进行等级划分，共划分为 7 级。其中，潮汕侨乡各县市除汕头市、南山管理局以外都开列其中，属于前六个等级。第一等级各县市中潮汕侨乡县市有 5 个，分别是澄海、潮阳、潮安、揭阳、普宁，占总数的 62.5%，从潮汕侨乡县市局总数看，近半数县市集中在此等级中；第二等级中没有潮汕侨乡的县市；第三等级人口密度为 201～300 人/平方公里，惠来是 9 县之一；第四等级为 151～200 人/平方公里，饶平、南澳是 12 个县市中的 2 个；第五等级为 101～150 人/平方公里，9 个县市中潮汕侨乡有 1 县，即大埔；第六等级为 51～100 人/平方公里，26 个县（市）中潮汕侨乡有 1 县，即丰顺。又据 1934 年汕头市、南山管理局两地人口、面积数据得两地人口密度，③ 因此绘制 1934 年潮汕侨乡各县市局人口密度情况，如表 4－6 所示。

表 4－6　1934 年潮汕侨乡人口密度等级分类表

等级	人口密度（人/平方公里）	县（市、局）名称
1	400 以上	澄海、潮阳、潮安、揭阳、普宁、汕头市
2	301～400	无
3	201～300	惠来

---

① 周一星：《城市地理学》，商务印书馆 1995 年版。

② 侯杨方：《中国人口史》（第六卷），复旦大学出版社 2001 年版。

③ 1934 年，汕头市、南山管理局人口分别为 209598 人、67181 人，两地面积分别为 7.83 平方公里、503.25 平方公里。因此，人口密度分别为 26769 人/平方公里、133.5 人/平方公里。

等级	人口密度（人/平方公里）	县（市、局）名称
4	151～200	饶平、南澳
5	101～150	大埔、南山管理局
6	51～100	丰顺

资料来源：①广东省地方史志编纂委员会：《广东省志·人口志》，广东省人民出版社 1995 年版；②饶宗颐：《潮州志》（第四册）《户口志·上》，潮州市地方志办公室重刊本 2005 年版；③饶宗颐：《潮州志》（第一册）《疆域志》，潮州市地方志办公室重刊本 2005 年版。

由表 4 - 6 可知，20 世纪 30 年代潮汕侨乡各县市局的人口密度在广东全省而言数值较大，是人口密集之地。以各县市局人口密度为标准划分，可将城镇人口密度分为在 400 人以上、201～300 人、101～200 人、100 人以下几个层级。那么，据表 4 - 6 可知，潮汕侨乡绝大多数县市局位于第一层级和第三层级。

关于潮汕侨乡各县市局人口密度在广东省的地位，可参阅图 4 - 1。

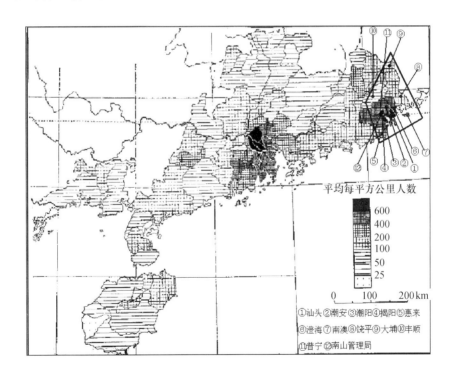

图 4 - 1 1947 年潮汕侨乡人口密度在广东省地位图

资料来源：陈正祥：《广东地志》，香港天地图书公司 1978 年版。

图 4-1 显示，民国时期从广东全省范围来看，潮汕侨乡属于人口密集地区之一。从潮汕侨乡内部来看，各县市局人口密度分布不均衡，东南部人口密度远比西部、北部人口密度要高。据此，可初步估计汕头市、潮安、潮阳、揭阳、惠来、澄海等县市局治所城镇等级规模较大。

二、城镇人口规模与城镇等级规模

民国时期潮汕侨乡人口数据比较丰富，但是户口调查工作普遍开展起来却是 20 世纪 20 年代以后的事情。至 1927 年以后，各县户口始有零星报告[①]。1928 年内政部公布《户口调查统计报告规则》，此后人口统计逐渐有所完善。1933 年广东省决定进行全省人口普查。调查工作在 1934 年进行，取得了民国时期广东省比较完整和可信的一次人口调查资料。抗日战争期间至民国末期，人口统计均不够完整，但是 1936～1948 年历年的人口统计数字不断，且人口统计资料的内容比较多。[②] 考虑到抗日战争期间各县市局人口锐减，抗日战争前后两个时间段各城镇的等级规模因之而发生变化，故分 1938～1940 年和 1946 年两个时间点对潮汕侨乡城镇等级规模进行划分。

1. 县级及以上城镇等级规模

民国时期政区变化频繁，主要是县以上变动较大。潮汕侨乡因析置南山管理局和汕头市，县级城镇的数量较清朝后期有所增加。

表 4-7　民国时期潮汕侨乡抗日战争前后县市局治所城镇等级规模简表

等级（万人）	1938～1940 年（战前个数）	城镇名称（战前）	1946 年（战后个数）	城镇名称（战后）
10～20	3	汕头市、潮安、潮阳	1	汕头市
5～10		揭阳	3	潮安、潮阳、揭阳
3～5			1	澄海
2～3			1	普宁
1～2			2	惠来、大埔

---

① 广东省政府广东年鉴编纂委员会：《广东年鉴》（第一编）《总述·第四章·人口》，广东省政府秘书处编译室 1941 年版。

② 广东省人口普查办公室、广东省公安厅、广东省统计局：《广东省人口统计资料汇编》（1949～1986）。引自广东省地方史志编纂委员会：《广东省志·人口志》，广东人民出版社 1995 年版。

续表

等级（万人）	1938～1940 年 （战前个数）	城镇名称（战前）	1946 年（战后个数）	城镇名称（战后）
0.5～1			3	饶平、丰顺、南澳
0.5 以下			1	南山管理局

资料来源：①饶宗颐：《潮州志》第四册《户口志·下》，潮州市地方志办公室重刊本 2005 年版；②沈汝生：《中国都市之分布》，《地理学报》1937 年；③陈正祥：《广东地志》，香港天地图书公司 1978 年版；④广东省档案馆：3-1-56 广东省各县市自然及人文概况调查表（三）（1947～1948 年）。

表 4-7 显示抗日战争前潮汕侨乡各县市局治所人口数据不完整，不能呈现完整的城镇等级划分。但是，从抗日战争前后两个时间段第一等级城镇的数量对比中，仍然可知抗日战争期间人口损失之严重。在第一等级 10 万～20 万人口的城镇中，抗日战争前有 3 所（根据潮汕侨乡各地历史时期人口、经济等发展情况以及介中揭阳县城人口数据，可以判断仅有这 3 个城镇能达到这一规模。换言之，抗日战争前此等级城镇数量在其他治所人口数据缺失的情况下仍然是可以确信的），抗日战争后这一等级规模的城镇仅剩汕头市。抗日战争后各县城人口数据比较完整，依据人口数量差异大致可将潮汕侨乡县级及以上城镇分为 7 个等级规模。这些城镇等级规模差距较大，最高等级和最低等级人口数量相差悬殊。如果以更宽泛的视角来划分的话，则发现城镇人口数量介于 1 万～5 万、5 万～10 万两个等级规模的数量较多，占所有县市局治所城镇数量的 58.33%。

2. 镇人口数量及等级规模

在"缩乡"政策影响下，1940 年前后城镇数量经历了一次较大调整，镇的数量大幅减少。由于人口数据因为政区不断调整变化而不够确切，因而对民国时期城镇人口等级规模的划分，人口数据的选择与整理就显得十分重要和谨慎，"人口统计之确数，以接近人民之乡镇公所户籍实查较为可据，惟各乡镇赢缩无常，纯为政治区域之户口，而非聚落乡村之地理户口。"我们采用《潮州志》数据，一方面在于各县市局所属乡镇人口数据比较全面、集中；另一方面如饶宗颐所言："今之乡镇其户口数字实合往日一二村或十数村之统计总数也"，人口数据的变化紧随行政区划的变化而变化，误差相对小些。表 4-8 即民国时期潮汕侨乡两个时段城镇等级规模的划分简表，1938～1940 年潮汕侨乡镇的数量是民国时期最繁盛的阶段，1946 年由于受到了"缩乡"政策和抗日战争影响，镇的数量明显减少。

表4-8　民国时期潮汕侨乡镇等级规模划分简表

等级（万人）	1938～1940年（战前个数）	城镇名称（战前）	1946年（战后个数）	城镇名称（战后）
5～10	0		1	在城镇
3～5	4	长仁镇、海门镇、西南镇、在城镇	0	
2～3	4	艮德镇、黄冈镇、隆都镇、普城镇	2	灶浦镇、普城镇
1～2	14	里和镇、西关镇、南关镇、西北镇、司马浦镇、仙城镇、大布镇、金溪镇、北关镇、魁元镇、东南镇、神泉镇、靖海镇、龙江镇	13	海门镇、达濠镇、关埠镇、北关镇、朝桂镇、魁西镇、黄冈镇、附城镇、城中镇、城南镇、东陇镇、振东镇、马四镇
0.5～1	13	锦缠镇、仙港镇、魁隆镇、朝天镇、攀龙镇、解元镇、椿桂镇、城西镇、北靖镇、华堡镇、葵潭镇、梅峰镇、白塸镇	10	桑田镇、元龙镇、东道镇、魁隆镇、附城镇、靖海镇、龙江镇、葵潭镇、梅峰镇、城北镇
0.5以下	9	东关镇、北关镇、西关镇、达道镇、高陂镇、大麻镇、东陇镇、樟林镇、两英镇	2	神泉镇、两英镇
镇总计	44		28	

注：①表中第一个时段为1938～1940年，由于人口数据资料所限，澄海县采用1933年的人口数据、镇的数量；②大埔县亦如此；③镇总数44个也因此与第二章统计数字49个有差距。

资料来源：①饶宗颐：《潮州志》（第四册）《人口志·中》，潮州市地方志办公室重刊本2005年版；②大埔县数据来源于广东省档案馆3-1-50"广东省给县市面积、人口、行政、设置调查表（1931～1933年）"。

由表4-8可知，民国时期潮汕侨乡城镇规模以抗日战争为界，抗日战争前后差距十分明显。从城镇数量看，战前远远多于战后；从各等级规模城镇的数量看，战后各等级规模城镇的数量几乎均少于战前的数量。这一方面是抗日战争后潮汕侨乡人口大量减少所导致的结果，另一方面也和抗日战争后政区的调整政策直接相关。另外，从表4-8中还可以看出，较大和较小规模城镇的数量在抗日战争前后两个时段变化比较明显，后一个时段出现了人口规模更大的城镇，而小规模城镇的数量仅剩2个。以更宽泛的视角来看，1946年人口数量介于1万～5

万的城镇总数占总所有镇的总数的89.29%，这说明调整后的镇的等级规模相差无几，趋于合理化。

综上所述，民国时期由于人口统计数据易获取，而且具有一定的参考价值，因而以人口密度和人口规模两个维度估略城镇等级规模成为一种路径。关于县市局治所城镇等级规模，从人口密度和人口规模来看，汕头市、潮安、潮阳、揭阳等县市城镇等级规模较大，而饶平、丰顺、南澳、南山管理局等县局城镇等级规模较小。总体呈现出东南部城镇较西北部城镇规模较大的特点。关于镇的等级规模，从人口规模来看，抗日战争前后发生显著变化，抗日战争后镇的等级规模结构更为合理。

第三节　近代潮汕侨乡城镇等级规模结构特点

一定地域的城镇体系"就某种意义来说是一定地域范围内的大、中、小不同规模的经济集聚点。其形成和发展是一个历史的动态过程。反映到地域城镇群的规模组合、区域地位上，就有一定的等级规模结构特征"。①

潮汕侨乡城镇在近代这个特定的历史背景下，以前朝城镇发展为基础，得到了空前的发展和进一步的完善，城镇等级规模结构在百余年的历史变迁进程中形成了明显的特征。

一、双重中心城镇网络逐渐发展与完善

潮汕侨乡各县建置主要集中在明朝，从明朝成化十四年（1478 年）至崇祯六年（1633 年）的 155 年间，潮州府由 4 个县增至 11 个县，基本奠定了近代各县区划格局。清朝后期，与变化不大的县级城镇相比，大量市镇涌现，总数达到22 个之多。其中，相当一部分市镇都设有巡检司，这意味着这些市镇不仅商贸繁盛，而且具有行政建制性质。民国时期政区建制调整不断，南澳厅由粤闽共管收归粤管并置县，析揭阳、潮阳地置南山管理局，析澄海县地置汕头市，县级城镇在清朝后期基础上有所增加。镇的数量的增加也是非常明显，到 20 世纪 40 年代潮汕侨乡共有 40 多个镇，比清朝后期翻了一番。纵观近代潮汕侨乡城镇等级规模结构的发展，不难发现，城镇间层次、等级规模结构与府城—县城—镇三级

---

① 顾朝林：《中国城镇体系——历史·现状·展望》，商务印书馆 1999 年版。

行政中心城镇网络结构相一致。

城镇网络中行政中心城镇发展的同时，经济中心城镇也在迅速生成。随着汕头开埠及对外经济联系的加强，潮汕侨乡城镇之间的联系、城乡之间的联系进一步密切，一个彼此联系而又经济职能有所不同的经济网络结构形成。在这个经济网络体系中，汕头市无论在城镇等级规模上，还是在地域经济发展的地位和作用上，都迅速达到城镇经济网络的中心的水平。潮州所在县城潮安的经济发展势头和辐射力与汕头市相比逊色不少，即便如此，因历史传统和其扼守域内交通动脉韩江的地理区位成为潮汕侨乡的经济次中心，与汕头市配合形成潮汕侨乡经济双核心网络结构。从这个视角来看，潮汕侨乡城镇等级规模结构与区域经济网络结构基本一致。

所以，城镇等级规模结构的历史变迁就是行政网络和经济网络建构的过程。在这个过程中，城镇网络的政治经济中心由一个增至两个，而且与其他城镇相比，这两个政治经济中心的地位相当突出，双核结构特征十分明显。城镇等级规模结构发展过程与之相仿，等级规模最高层级的城镇由一个增至两个，总体呈现出双核心向外辐射的特征。

二、小城镇数量众多、比重较大

随着商品经济日渐活跃，乡村墟市规模的贸易量不断增大，墟市规模不断扩张，市镇在此基础上形成。汕头开埠后，内外经济往来频繁，加速了城镇商业的繁荣的同时农业商业化逐渐深化，潮汕侨乡农村发展为市镇的现象较为普遍。加之，大量侨批输入支撑了农村消费力，农村城镇化进程加快，尤其在20世纪前30年更是明显。作为农村商业经济发展的结果之一就是涌现大量小城镇。

小城镇众多成为潮汕侨乡城镇等级规模的一个显著特点，具体表现在三个方面。首先，从小城镇的绝对增长数量来看，近代百余年间数量翻倍。清朝后期潮汕侨乡共形成了22个市镇，到1940年，镇的数量已经达到49个，是清朝后期的两倍多。其次，小城镇在城镇总数中所占比重越来越高。清朝后期共有城镇32个，其中，市镇22个，占城镇总数的67.7%。1940年前后共有城镇61个，其中，镇有49个，占城镇总数的80.3%。显而易见，小城镇所占比重有了显著提高。最后，小城镇规模不断扩大。清朝后期人口规模达至万余人的并不多见，到20世纪30年代，根据表4-8的统计数据可知万余人的小城镇数量达到22个。这个问题还可换个角度来看，即通过抗日战争后小城镇人口规模与县区治所人口规模进行比较可知，很多小城镇的人口规模达到甚至超过了某些县治所的人口规模，如表4-9所示。

表 4 – 9　1946 年潮汕侨乡小城镇与县区治所规模比较

等级（万人）	小城镇数量	县区治所城镇数量
10 ~ 20	0	1
5 ~ 10	1	3
3 ~ 5	0	1
2 ~ 3	2	1
1 ~ 2	13	2

资料来源：①饶宗颐：《潮州志》（第四册）《人口志·中》，潮州市地方志办公室重刊本 2005 年版；②饶宗颐：《潮州志》第四册《户口志·下》，潮州市地方志办公室重刊本 2005 年版；③沈汝生：《中国都市之分布》，《地理学报》1937 年版；④陈正祥：《广东地志》，香港天地图书公司 1978 年版；⑤广东省档案馆：3 – 1 – 56 广东省各县市自然及人文概况调查表（三）（1947 ~ 1948 年）。

由表 4 – 9 可知，至 1946 年潮汕侨乡已有人口规模近 10 万的城镇，而当时县区治所城镇人口规模大于 10 万的仅有一个，这说明小城镇的规模有了很大提高。人口规模介于 1 万 ~ 5 万的城镇数量达到 15 个，远超过县区治所城镇数量，这说明人口规模达到或者超过县区治所城镇的城镇数量非常之多。

所以，从城镇等级规模的构成来看，潮汕侨乡小城镇数量众多，所占城镇总数比例和人口规模均有了明显提高。正是由于其数量增加和规模扩大，小城镇最终发展成为地区独立一级的行政单位。

三、大港口城镇一枝独秀，港口城镇规模差距悬殊

汕头开埠前，潮州府对外贸易港口众多，如庵埠、达濠、黄冈、柘林、樟林等。其中樟林古港在清朝康熙二十三年（1684 年）撤销"海禁"后，便以其得天独厚的地理位置，成为粤东一个重要的海运港口和海防军事要塞，史称"粤东通洋总汇"，繁荣达两百年之久，其全盛时期关税占广东全省的 1/5；柘林港早在隋唐时期已经兴起，清朝雍正年间达到鼎盛，有"海上丝路"粤东一港的美誉。柘林港也是鸦片战争前后移民大批出国的重要口岸。总体而言，由于海岸地理位置和条件不同，各港口呈现以樟林港为中心、其他港口为辅的港口城镇分布态势，其他港口与樟林港口的优越性都能适当发挥。这说明众多港口城镇间的规模差距不甚过大。

汕头位于韩江、榕江、练江出海汇合处，具有重要的经济地位和战略地位。清朝咸丰十一年（1861 年）开埠后，凭借其优越的地理位置和良好的港湾自然条件，取代了柘林港、樟林港等港口的对外贸易地位，一跃而成为潮州府最大的对外贸易港口。与此同时，以樟林港为代表的潮州府众多港口一方面难敌汕头优

越的自然条件，另一方面本身出现淤塞等现象，就此衰微，有的甚至退出历史舞台。当然，其中有几个港口后来又稍有回升的象，如黄冈，不过也是至 19 世纪末期，稍见起色而已，总体无法改变衰落趋势。汕头"一口独大"的局面逐渐形成，港口城镇间的规模差距也因此拉开。

所以，从近代潮汕侨乡沿海港口城镇等级规模来看，汕头开埠前港口城镇众多而且也是以樟林港为最大者，但各港口城镇的等级规模相差并不悬殊，呈现港口城镇等级规模小、数量众多的特点。汕头开埠后情形发生显著变化，众多港口城镇逐渐暗淡，港口城镇等级规模呈现出汕头一枝独秀而且其他港口城镇等级与之相差悬殊的特征。

综上所述，近代潮汕侨乡城镇等级规模演变过程与行政城镇、经济城镇网络演变一致，表现出由单核到双核的发展特点。撇开双核城镇，从城镇等级规模结构来看，中小城镇数量持续增加，尤其是小城镇的数量增幅显著，而且小城镇等级规模扩大。总体来看，城镇等级规模结构表现出中大型城镇发展迅速，中等规模城镇居中，小城镇数量多、比重高的特点。这一特点决定了城镇等级规模结构具有一定的稳定性，处于最低一层的小城镇蓬勃发展，为向较高一级城镇继续发展提供了良好的资源、交通等方面的支持，城镇等级规模结构因此而日趋均衡、稳定。不过，小城镇数量过多意味着中型城镇的相对缺乏，加上港口城镇等级规模差距悬殊，使得潮汕侨乡经济发展过分依赖汕头港，成为日后潮汕侨乡经济发展潜在的掣肘因素。

本章小结

由于缺乏确切可信的人口数量指标以及商况指标定性描述的含糊性，清朝后期潮汕侨乡城镇等级规模分析只能通过其他变通办法来实现。其中，关于府县城等级规模通过城池占地规模进而估算人口规模，并由此将府县级城镇分为四个等级，潮州府、揭阳县为第一等级，潮阳、澄海为第二等级，惠来、饶平、普宁为第三等级，南澳、大埔、丰顺为第四等级。关于市镇等级规模则是通过多个维度加分权衡，进而将其分为三个等级，汕头、樟林、庵埠、黄冈为第一等级，柘林港、招宁、三河镇、北寨、神泉、汤坑为第二等级，隆江城、大埕所城、浮洋、门辟、吉安、河婆、留隍、白壪、鮀浦、云落迳、葵潭、棉湖为第三等级。

民国时期的人口统计数据较丰富，尽管有些数字与实际情况有出入，不过，由于区域范畴统计机构和统计口径相对一致，还是具有一定的参考价值。据此可知，县市局城镇中汕头市、潮安、潮阳、揭阳等县市较大，饶平、丰顺、南澳、南山管理局等县局较小；镇的等级规模在抗日战争前后发生显著变化，抗日战争后镇的等级规模差距缩小，结构更趋合理。

综观近代潮汕侨乡城镇等级结构，具有显著的特点。从城镇等级规模结构演变来看，由潮州府为城镇体系核心发展至以汕头市、潮安为双核心，其他县市局城镇辅助发展，数量众多的镇为基层城镇的等级规模结构。从城镇等级规模结构构成来看，小城镇数量多、比重高，在城镇体系中十分醒目。从港口城镇构成看，汕头港等级规模一枝独秀，其他港口城镇等级规模与之相距悬殊。由于中型城镇的数量较少，港口城镇等级规模差距悬殊，制约了潮汕侨乡经济的进一步发展。

第 五 章

近代潮汕侨乡城镇的职能组合结构

　　城镇体系的职能组合结构是指城镇体系内各城镇职能的有机组合。在这个体系内部，单个城镇不再仅仅反映其在一定地域中所具有的地位和所承担的职责，而是通过与其他城镇的有机整合，共同构成具有一定区域特色的综合体。

　　从整体上看，近代潮汕侨乡城镇体系的职能组合类型多样，而且往往呈现出几种类型相互交织的特点。从严格意义上划分各城镇的职能类型是非常困难的，退而求其次的做法是根据区域内部亚区功能的侧重点不同而划分城镇职能类型。并且在此基础上探讨主要职能城镇的地域分布及变迁。因此，本章主要研究近代潮汕侨乡城镇体系的职能类型及主要职能类型城镇的变化与调整。

第一节　城镇职能体系及其地域特征

　　有学者认为："城市职能不同，其内部空间结构也迥异，政治型城市中各类衙署、国家祭祀建筑挤占其中，往往占据了城市中地理位置最好的地段，低矮的居民住宅和市场则只是陪衬于其中；经济型城市中市场、店铺排列于城市主街的两侧，国家的管理税收机关相对并不起眼。"[1] 所以，城镇因其主要职能不同而呈现千差万别的姿态。研究城镇的职能类型及地域特征是了解城镇体系内部结构差异和特点的有效途径之一。

---

　　① 李孝聪：《历史城市地理》，山东教育出版社 2007 年版。

一、城镇职能体系

中国城市史学界一般将近代城镇划分为如下几种主要类型：行政中心城镇、工矿业城镇、工商业城镇以及近代形成的通商口岸城镇、工业城镇、交通城镇等。然而，遗憾的是，截至目前学术界尚未对近代华侨众多的城镇表示出充分的关注。这类城镇集中存在于广大沿海侨乡地区，对近代沿海经济发展、城镇格局的形成等产生了深远影响，应该得到相应的重视。

潮汕侨乡地处沿海，近代潮汕侨乡城镇类型多样，不仅具有以行政职能为主、以经济职能为主、以交通职能为主的传统类型，还具有独特的、以消费职能为主、以金融服务职能为主的职能类型。

1. 消费型城镇

"城市史研究中的城市类型，它是一个历史范畴，也就是历史类型……是在特定历史时期、特定的区域、特定的历史条件下形成的，因而具有特定的历史内涵。特定历史时期的城市一般具有相对稳定性，也具有共同的时代属性。"所以，城市类型研究首先要解决城市类型划分问题，"应当依据城市的历史属性和城市功能结构这两大标准来确定城市的划分"[①]。近代以广东、福建为典型的沿海地区产生了大量的华侨，大量接济侨眷的侨汇、侨批不仅改善了国内亲属的生活，更改变了所属地区的经济、社会乃至观念。在侨眷众多的地区逐渐形成侨乡，侨乡一旦形成便具有很强的稳定性，消费型城镇由此产生。

消费型城镇为侨乡所特有的城镇类型。具有如下特征：①城镇拥有数额较大的侨汇，侨眷众多且在生活上基本依赖海外华侨经济供给，较少从事生产活动。②城镇内部消费性商业较发达。③城镇布局上，显著的特点是市场店铺排列于主街两侧，民宅从地理位置、豪奢程度方面来看，比较显眼。

大量用来赡养家眷的侨汇的存在是消费性城镇形成的重要条件。近代大量侨汇多数用来供养侨眷的生活，据日本学者山岸猛研究，"就国内亲属的侨汇用途来看，从1862年至1949年中华人民共和国成立，侨汇对企业的投资占整体的不到4%，96%被用于华侨华人国内亲属的生活费用和非生产性。在新中国成立后的20世纪五六十年代，侨汇60%用于生活费用，20%用于建筑，10%用于投资和公益事业，10%用于冠婚葬祭"[②]。潮汕素有"番畔钱，唐山福""七成食番畔，三成靠本地"等民谚，这里的"番畔"指的就是华侨养家的

---

①　隗瀛涛：《中国近代不同类型城市综合研究》，四川大学出版社1998年版。
②　［日］山岸猛：《侨汇与侨乡的经济变化》（上），《南洋资料译丛》2010年第2期，第66页。

汇款，民间对侨汇的高度依赖性由此可见一斑。大量侨汇用于生活消费，培育了侨乡巨大的消费市场，城市商业也因之充满活力，侨汇将近代城镇塑造成典型的商业消费城市。①

近代潮汕侨乡的消费型城镇很多，源源不断的侨批供养着侨眷日常消费、刺激着城镇商业和建设的兴盛。如揭阳县河婆镇，自从清朝乾隆十九年（1754 年）解除海禁，华侨赡家侨汇的接济，劳力弱的眷属生活稳定。随着侨汇增多，侨户消费水平相应增加，这大大刺激了侨乡商业的繁荣。侨属有了一定经济实力后，便偏重于买店从商，发展商业为主的消费社会。河婆镇不过是一两千人的山城集市，却设有"泉利"、"裕华庄"、"侨商行"、"宗顺"侨汇批局。② 数量众多的批局的成立，说明河婆镇华侨众多、侨批数额巨大。在城镇布局上，河婆镇在新中国成立前就有火力发电照明、戏院，还有"陶园居"、"醉月亭"等茶馆、妓院，③ 这些尽管反映了潮汕侨乡经济畸形的一面，但是河婆镇的城镇布局也说明了商业发展上消费特征尤其突出。又如普宁流沙镇城镇建设资金主要来源于华侨。20 世纪二三十年代，流沙因华侨众多、侨汇充足，已逐渐由昔日仅有 30 多户人家的小村庄，发展成有侨乡特色的圩镇。"1930～1935 年，海外华侨在流沙镇建了 1100 多幢住房和店铺，占当时全镇楼房的一半，泰国华侨陈辅庭一人就占建了 24 座楼房，当时流沙镇中华路的房屋绝大部分是华侨兴建的。"华侨对侨乡城镇建设的重要性可见一斑。

2. 行政职能型城镇

近代潮汕这类城镇均为地方行政建制单位，是一定区域的政治中心，以政治统治和行政管理为主要职能。这些城镇由于行政优势同时也兼具经济职能、文化职能等其他职能，往往是综合型职能城镇。清朝后期这类城镇主要包括府城、次府级城镇、县城、次县级城镇；民国时期这类城镇为道（署、区）治所、县城、镇。这其中府城、道（署、区）治所及县城的行政功能比较突出，而次府级、次县级城镇相对较弱。民国时期的镇也有行政管理的职能，但是相对而言表现就更为弱些。

3. 金融服务型城镇

以金融职能为主的城镇是指金融功能表现突出，在本域或全国产生了重要影响，而使其金融地位的重要性掩盖了其行政作用的城镇。此类城镇中，最为典型当属汕头。汕头因优越的地理区位于 1861 年开埠后迅速崛起，一度成为全国性

① 沈卫红：《侨乡模式与中国道路》，社会科学文献出版社 2009 年版。
②③ 揭西县侨务办公室：《揭西县华侨志（初稿）》（内部资料）1987 年，第 29 页。

的贸易转输港口，发挥了连接北方国内市场和南洋国际市场的关键性作用，是民国时期全国著名的金融港口城镇。据调查，抗日战争前全国银号实力雄厚的省，首推江苏（包括上海）、粤、浙、冀，这四省占全国银号统计资本的75%以上。①而在广东省，以广州、汕头两地最为发达。据1931年的不完全统计，当时全市工商行业共3400多户，工业资本仅占其中的6.6%，银庄却占了27%左右，其余商号经营出口贸易。②另一个不容忽视的金融机构即侨批。近代因巨额侨汇催生了侨批业的兴起和繁荣，潮汕侨乡出现了以汕头为核心的民间金融网络。据统计，1937年汕头有侨批局66家，截至1946年，增至80家。③

4. 贸易口岸型城镇

沿海、沿江地区城镇成为贸易口岸型城镇具有先天的优越性，随着城乡经济交流以及与域外贸易往来的加强，这类城镇的贸易口岸职能就显现出来，清朝后期以柘林、樟林等港口为主要代表，民国时期的贸易口岸型城镇当属汕头港。

5. 军事城池镇

近代之前的城镇兴起与军事防御密不可分，一定程度上而言，"城市兴起的具体地点虽然不同，但是它的作用则是相同的，即都是为了防御和保护的目的而兴建的，是为了保护私有制经济的利益，是起源于阶级对立而带来的阶级斗争的政治需要"④。宋朝因加强中央集权，军镇性质逐渐淡化，因其往往位于交通要冲而商业逐渐发展起来，成为一定区域内商业中心。就潮汕侨乡而言，主要指明清时期因军事目的而建立巡检司、城池等，后来它们的商业发展起来，逐渐掩盖了本来的军事职能。这类城镇如清朝后期的各巡检司镇，以及黄冈城，黄冈地处闽粤交界要冲，濒临南海，水路交通方便，"宋、元、明、清期间，黄冈实为粤东军事古城"。⑤

6. 商品集散中心镇

这类城镇主要发挥商品集散的所用，一般包括两种方式的集散。一种是固定墟期的市集，是满足人们生活生产需要的贸易场所，也是一定区域内人们经济活动的中心和乡村与县城及更高级别城镇经济联系的纽带。另一种是将本地区货物

①　贾德怀：《民国财政简史》（下册），商务印书馆1941年版。
②　陈朝辉、蔡人群、许自策：《潮汕平原经济》，广东人民出版社1994年版。
③　林家劲、罗汝材、陈树森等：《近代广东侨汇研究》，中山大学出版社1999年版。
④　傅筑夫：《中国经济史论丛》（上），生活·读书·新知三联书店1980年版。
⑤　陈和韬：《军事古城黄冈》，广东省饶平县政协文史组：《饶平文史》1987年第1辑，第69页。

集中外运，以及外地货物由此分散到区内各地的地方。如饶平县黄冈镇，汕头开埠前，饶平及邻县的瓷器、土糖等土特产品从这输往国内各地，同时运入烟叶、面粉、药材、大米等商品，购销活跃，是沟通内外、连接城乡的重要贸易集散地。

7. 工业、矿业型城镇

以工业生产诸如食品业、纺织业、电灯生产、电厂建设行业在城镇经济体系中居重要地位，发展较为突出的城镇。如汕头在民国时期建有罐头厂、火柴厂、冰霜厂、机器厂等，采用机械生产，是典型的工业城镇。庵埠有烟丝加工、罐头食品生产、肥皂生产等工业，工业生产在经济发展中占有一定比重。

潮汕侨乡矿产丰富，富含瓷土、玻璃砂、青石、青灰等矿产。一些矿藏量丰富的城镇矿产得到开采和加工，在城镇经济发展比重中地位突出，如主要是盐业、陶土（高岭土）等矿藏。也相应出现盛产盐的大埕、高岭土蕴藏丰富的意溪等城镇。

8. 手工业生产型城镇

手工业城镇，顾名思义是以手工业生产为主要生产特征，由于潮汕的手工业比较发达，如纺织业、陶瓷业等，因而这类手工业专业生产城镇较多。如枫溪是潮汕著名的陶瓷产区，早在唐朝即开瓷窑。清朝康熙年间，枫溪陶瓷商号已有30多家，清朝光绪年间，彩瓷生产开始出现，清朝末期彩瓷作坊发展到9家。[1] 民国时期发展加快，至20世纪30年代初，有上千家工场，年产值80余万元。所产陶、瓷销往东南各省及南洋一带。[2]

9. 交通枢纽型城镇

交通枢纽型城镇主要分两种，一种是地处交通要道，如位于潮州汕头之间的庵埠、连接兴梅和赣南闽西的三河镇等；另一种是临时性质的，1939年6月汕头沦陷后，因汕头所有的进出口贸易都必须凭日军所发的许可证方可通行，汕头大多数商家为生存冒险搬迁至内地各县，澄海县的东里、饶平的店市和黄冈、潮安的归湖、揭阳的棉湖、潮阳的峡山等镇借助商业发展而成为沟通邻近地区的交通和商业镇。交通枢纽型城镇的兴衰往往直接依赖交通情况，如三河镇清朝后期十分繁荣，民国时期则现衰落："三河在二十年前亦颇旺盛，自盐务改归石上，转

---

① 广东省汕头市地方志编纂委员会：《汕头市志》（第二册），新华出版社1999年版。
② 《产业》、《中行月刊》第5卷第6期，1932年12月。

包小轮行驶复直达县城与松口，而三河遂渐形衰落。"①

二、城镇职能组合结构的地区特征

近代潮汕侨乡城镇类型多样，但由于域内自然环境、人文环境和社会经济发展水平的不平衡，因而城镇职能组合在结构上表现出不同的特征。

1. 城镇职能组合结构体现出近代城镇类型多样化，城镇功能复杂化

近代是城镇发展的一个特殊时期，特定的历史背景孕育出功能、类型多样的城镇。潮汕侨乡地理环境复杂，山川纵横，海岸线漫长，城镇类型也因此丰富多样。尤其是境内城镇密集的东南部，囊括了上述几种职能城镇类型，而且有些城镇往往几种职能交织呈现，所以东南部也集中分布着大量综合职能型城镇。这一格局的形成源于两个方面：一方面，地区一级具有行政职能的城镇云集东南地区，如潮安（海阳）县城、汕头等城镇都地处东南，在市场经济充分发育之前有行政职能的城镇往往易于形成经济中心，所以诸如金融服务职能、商品集散中心等类型的城镇集中于东南地区；另一方面，东南地区临江面海，先天的地理区位使有些城镇成为交通枢纽型城镇、贸易口岸型城镇，因此较其他地方而言更具有优势。

2. 经济型城镇类型多样，所占比重突出

经济型城镇在明清时期以后日益增加，逐渐改写了行政型城镇数量上占绝对优势的历史。近代潮汕侨乡因特殊的地理环境、人文环境，经济型城镇不仅数量明显增多，在类型上也体现出多样化特征。例如，除了金融型城镇、商品集散中心型城镇外，还有消费型城镇、贸易口岸型城镇等。在所有城镇中，经济类型的城镇所占比重也因此而显得十分突出。这与近代潮汕侨乡商人的社会地位较高互为因果。商业发达、商人有一定社会地位与经济型城镇较多三者密切联系。

3. 消费型城镇是沿海侨乡独有的城镇类型

消费性城镇是近代华侨众多的广东、福建所特有的城镇类型，丰富了中国近代城镇类型。近代中国沿海产生了大批华侨，清朝末期、民国年间大量侨汇、侨批寄回家乡，不仅使侨眷生活得到保障，而且还使侨眷的生活水平有了很大提

---

① 温廷敬：《大埔县志》卷十《民生志上·贸易》。

升。消费型城镇以外购内销为经济发展特点，也为内外经济的沟通做出了贡献。如河婆镇最有影响的"泉利"批局，在抗日战争前便在新加坡开设吉昌行。吉昌行购置布匹洋纱、煤油百货运入国内，再由国内分设汕头、兴宁、韶关、长沙、衡阳、上海、天津等经销，收购土特产出口，这样通过侨汇路线，沟通国内外交流，促进经济发展。① 这对侨乡经济繁荣起了很大作用。

综上所述，近代潮汕侨乡从城镇的主要职能来看，大致可以分为消费型城镇、行政型城镇、金融服务型城镇、贸易口岸型城镇、军事城池型城镇、商品集散中心型城镇、工矿业型城镇、手工业生产型城镇及交通枢纽型城镇等几类。这些职能城镇的组合结构呈现出城镇类型多样化、城镇功能复杂化，经济型城镇类型多样、所占比突出以及出现消费型城镇的特征。

第二节　城镇经济职能的变化及特征

经济职能是城镇最重要的职能之一，某种程度上讲，经济职能甚至是城镇存在和发展的基础职能。就近代潮汕侨乡城镇而言，商业、工业及金融业在经济职能体系中占有重要地位，也是近代潮汕侨乡经济职能变化最为显著的几个方面。

一、商业贸易职能中心的变迁

1. 近代以前潮州的商贸中心地位

秦朝以前潮汕属于人烟稀少的荒芜之地，史称"南交之地"。秦始皇统一中原后，潮汕归属南海郡。汉武帝元鼎六年（公元前 111 年）设揭阳县，隶属南海郡②。随着社会经济文化的发展和人口的增加，东晋成帝咸和六年（331 年）划分南海郡的东部设为东关郡。东晋安帝义熙九年（413 年）在东关郡东部分设义安郡，郡治设在海阳。隋朝开皇十一年（591 年）义安郡改为潮州，潮州之名由此开始。自后，潮州名称多有变更，如隋朝大业三年（607 年）废州复郡，唐朝

---

① 揭西县侨务办公室：《揭西县华侨志（初稿）》（内部资料）1987 年，第 29 页。

② 关于潮汕地区最早设县时间有两种说法。陈朝辉、蔡人群、徐自策认为，汉武帝元鼎六年（公元前 111 年）设揭阳县，是潮汕地区最早的县级行政单位（《潮汕平原经济》，第 183 页）；陈泽泓认为，早在南越时期潮汕就置揭阳县（《潮汕文化概说》第 30 页）。

又复城潮州，唐朝天宝、至德 16 年间（742～758 年）改称潮阳郡。但是直到近代潮州作为岭东的政治中心地位一直没有改变。与之伴随的是，潮州逐渐成为潮汕侨乡的经济中心。

潮州成为潮汕侨乡的政治经济中心，与其所处的地理区位密切相关。唐朝之前，韩江三角洲大部分是汪洋一片，潮州处于韩江三角洲的顶点。直至唐朝以后，韩江三角洲逐渐向南推移，潮州才逐渐成为内陆城市。① 除此以外，潮州还处于韩江出海口。在诸如火车、汽车等新式交通工具出现之前，大宗货物多通过河运而通往域内外。潮州地处河海交接处，韩江流域为其腹地，粤北、赣南、闽西南一带土特产、竹、木、土纸等沿江而下至潮州，潮州一带的土塘、食盐、纱布、陶瓷等农副产品和手工业制品逆江而上销往内地，潮州商业贸易由此兴旺。16 世纪后海运业逐步发展，潮州的经济中心地位更为加强，直至汕头崛起前一直是粤东最重要的河海联运港口及最大的商贸中心。清朝咸丰八年（1858 年）中英天津条约规定将潮州辟为通商口岸，一定程度上反映了潮州的经济中心地位。

2. 汕头的崛起及近代汕头商贸中心地位的确立

汕头开埠前就已显示了它的潜在发展后劲。美国驻华公使卫廉在 1858 年 1 月致美国国务卿加斯的函件中描述：汕头“进行着大量的鸦片贸易和苦力贸易……香港的报纸定期刊登汕头的船期表”；一个英国商人在致英国对华全权大使额尔金的信函中明确提道：“一个未经条约承认的非常重要的港口就是汕头港。”“除条约中已经列举的口岸以外，汕头为常有沿海船只开来的唯一口岸。”②

清朝同治元年（1862 年）汕头辟为对外通商口岸。凭借东界澄海，西通潮阳，东南临海，外通南洋，沿海北上至上海、青岛、天津，内达潮汕、梅属各县，以及赣南、闽西南等地的交通和地理优势，汕头逐渐成为潮汕侨乡的商业中心。“欧人航海来华贸易者日众，濒海得风气之先，新商业重心之沙汕头爰告崛起，洋船昔之泊于樟林港者，亦转而泊沙汕头，人烟辐辏，浮积加广，交通既便，遂寝取郡城商业地位而代之。”③ 商业发达主要体现在如下方面：

（1）往来船舶数量及艘次。清朝同治元年（1862 年）汕头港往来外洋船舶只有 161 艘，到 1930 年达到 4010 艘。从 1932 年至 1949 年往来外洋船舶总数保持在全国前列。④清朝光绪二十五年（1899 年）汕头市区口岸进出口船次仅 2000

---

①　陈朝辉、蔡人群、徐自策：《潮汕平原经济》，广东人民出版社 1994 年版。

②④　林杏满：《近代汕头的国内外贸易》，陈汉初：《纪念汕头经济特区建立二十周年研讨会论文集——汕头经济特区社会文丛之一》，汕头大学出版社 2002 年版。

③　谢雪影：《汕头指南》，汕头时事通讯社 1947 年版。

多艘次，1930 年达到 13 万多艘次①；1932～1937 年汕头每年往来外洋船舶吨位数均居全国第 3 位。

（2）进出口贸易额。据海关统计，清朝同治三年（1864 年）汕头港进出口外洋货物价值 408 万两银元，清朝光绪三十一年（1905 年）进出口贸易额增至 4898 万两，1923 年时增至 8190 万两，1933 年时竟高达 19073 万两。1923 年和 1927 年两度出任汕头市政厅长的肖冠英曾言："汕头开港之初，其输入之贸易额约 850 万元，输出额约 500 万元，合计 1350 万元，比之今日之贸易额 9000 万元，则五十余年已膨胀至七倍有奇。"②

（3）国内贸易方面。汕头市区及各县与国内各商埠特别是沿海商埠通商密切。清朝同治三年（1864 年）从汕头港与国内各商埠货物价值 928 万银元。清朝光绪二十五年（1899 年）增至 1654 万两。运出的货物既包括土特产，也包括需要运至各口岸互相转销的洋货，运入的货物种类主要包括豆饼、棉布、陶瓷、药材、竹纸等。据 1932 年统计，汕头全市区商业网点达 4341 个，成为华南仅次于广州的第二贸易都市。③ 据估算，1933 年前后汕头每年的贸易总额约为 69220 万元，同期潮属各县的墟市商店营业额约为 20932 万元。

（4）商家及商人数量。1914 年汕头人口共计 3 万多人。1921 年与澄海分治，两年后市区总人口共计约 8 万人。据 1928 年《新汕头》记载，当时日、英、美、德、法、荷等国在汕头开的商店、洋行、旅店等共有 56 家，有 1100 多人，拥有左右市场的实力。这时的汕头已成为商务繁盛的商业城市，形成出入口、绸布、日用品、燃料、食品、酒楼、茶楼、旅馆等 64 个行业，有 2000 多家商号，商业人员 19182 人，占当时全市居民总人口的 23.58%。④ 1930 年汕头改市后，以小公园为核心的新商业中心逐渐形成，市区经贸往来空前繁荣。至 1933 年时，汕头总人口高达 19 万，大小商号共 3000 余家，商业之繁盛位居全国第七，仅次于上海、天津、大连、汉口、胶州、广州。

关于汕头商业发展，潮海关税务司辛盛在 1891 年的报告中曾说："汕头的重要性，首先在于商业，居民基本上都是商人。"至于当时汕头经商所占比例，现在不得而知。不过，之后的海关报告多次提道："汕头的地位完全依赖于贸

---

① 广东省汕头市地方志编纂委员会：《汕头市志》（第二册），新华出版社 1999 年版。

② 肖冠英：《六十年来之岭东纪略》，培英图书馆印务公司 1925 年版。

③ 杨群熙：《潮汕地区商业活动资料》（内部资料），潮汕历史文化研究中心、汕头市文化局、汕头市图书馆，2003 年。

④ 林杏满：《近代汕头的国内外贸易》；陈汉初：《纪念汕头经济特区建立二十周年研讨会论文集——汕头经济特区社会文丛之一》，汕头大学出版社 2002 年版。

易"、"优越的自然条件使它（汕头）成为稳固的贸易中心"。① 足可见，汕头作为区域商业中心是毋庸置疑的。

必须指出的是，这一时期汕头商业发展迅猛不是以牺牲潮汕其他县局经济发展为代价，相反，由于汕头商品流通量的迅速增长，潮汕城镇墟市陆续兴起。1933~1939 年，潮汕各县墟市共有 323 个。② 而且，旧有的城镇也日趋繁荣。如潮安一方面为汕头转销外货到梅属、赣南和闽西地区，另一方面又从各地传输土货到汕头，潮安贸易颇为兴旺。1924 年，位于县城中心的大街拆建完工，命名为太平路。商号竞相成立，逐渐形成潮安县的商业中心。此外，四处街巷营业网点不断增加，经商者与日俱增。至 1934 年，县城初具规模的坐商已有 2418 家，分为 146 个行业。到抗日战争前，附域坐商再度增加。可以说，近代以前潮汕侨乡潮州一枝独秀的经济格局至民国时渐被崛起的汕头代替，从而形成潮安、汕头双核心的经济格局。

3. 商业职能城镇内部商业区的变迁

由于近代以前潮汕的商业发展以潮州城为中心，近代则是汕头为主、潮安为辅的双核心商业中心格局，因而下面仅探讨潮州和汕头城镇内部商业中心的变迁。

（1）潮州。古潮州城区布局与我国古代的州郡治相仿，功能分区按照中国传统的职业划分，士农工商各有居处。其中，东临韩江，水陆交通方便，港口、码头均在潮州东廓。城内商家在漫长的商品交换过程中，逐渐形成了物以类聚的坐商分布格局，出现许多以商业专业性经营命名的街道，如竹铺街、豆铺街、青果街、杉铺内街、杉铺外街等。

清朝时期，潮州府与湘子桥西侧置东关税长，规定韩江上游的闽西和兴梅货船一律由驳船转驳至东关前查验起货，从东城门出入。因此，商业区不断向东延伸，坐商分布范围进一步扩大。

1922 年，潮安县城的旧商业街拆建并易名为太平路。各行业商家竞相在太平路中段租屋建店。自太平路北端昌黎路口起向南至开元路口，是最为繁荣的商业中心，聚集着绸缎布匹、苏广百货、金银首饰、服装鞋帽、五金电器、文具纸张及中西药品等商铺。毗邻的义安路是铜锡器制品营销的集中地。西马路是鼓乐业的所在地。仙街头是眼镜古董商的聚集点。上东平路和图训巷多为私家银庄和批局。下东平路和东门街、下水门街及东门外沿江一带，有众多的杉木行、草

---

① 杨群熙：《潮汕地区商业活动资料》（内部资料），潮汕历史文化研究中心、汕头市文化局、汕头市图书馆，2003 年。

② 广东省汕头市地方志编纂委员会：《汕头市志》（第二册），新华出版社 1999 年版。

铺、白纸行、油豆行、糖行、京果海味行、碗行和烟铺。桥东宁波寺前一代是青果业的佣行。东门外之下水门外沿江内街是木器家具、农具、桶类、铁器类的产销点。下水门南端的鱼鲜场及南堤一带是竹类的批发市场。南门占到春城楼二三华里长的街道，大部分是家店合一的竹器手工业作坊。①

20 世纪 30 年代中期，东关税卡撤销，韩江上游相当部分的土特产直运至汕头集散，潮安城内一些批发商行生意骤落，沿江一带的零售业、食杂、装卸等行业也大受影响，逐渐清淡。1939 年日军轰炸湘子桥，桥面商家营业中断。附城坐商纷纷迁徙至兴梅县属、潮汕内地。潮安县城商业骤落的同时，本县内地归湖葫芦墟则迅猛崛起，商号由原来的 40 多家激增至 394 家。

抗日战争结束后，潮安县城商家逐渐恢复营业，不过，在通货膨胀的冲击下，极盛时期的商业格局尚未恢复。

（2）汕头。汕头开埠时，街市仅限于沙汕头汛（现外马路与升平路头交角处）、关帝庙、天后庙和行街、顺昌街、老市（也称闹市）、打锡街等数十家庙宇、小店。② 据《六十年来之岭东纪略》汕头简图标记，汕头开埠前，市区以今升平路为界，分为南北两种格局，北部沿闹市扩展，以东西向和南北向道路交叉成方格式，南部以今升平路与民族路交叉口为轴心，向西南辐射呈扇形路网。商贸区店居混杂。

开埠后，美、英、德、法、日等列强相继入侵，在汕头设立洋行、医院、教会、学校，争地建码头、仓库等。列强利用买办和雇员，假手套买海坪，无限制地影射、填筑和霸占西、南两面地海坦，使市区不断沿南海滩造地延伸，市区形成向西南海岸延伸的环形放射路网，以沟通海运为主要特征。靠近海岸码头的怀安、怡安、万安、棉安等街道兴建诸多内外贸易行档货栈，镇邦街逐渐发展为零售商集中地。万安、棉安、怀安、怡安和镇邦街逐渐取代行街、顺昌街等一带老街市成为商业中心，称"四安一镇邦"。南北货运销铺集中的永泰、永和、永安、永兴街和升平路，环形辐射道路网范围的主要街道，已成为当时的商贸中心，称"四永一升平"。

20 世纪 20 年代末，爆发世界性的经济危机，华侨返乡投资意愿增强。加之陈济棠主粤后鼓励华侨投资，大量爱国侨胞纷纷投资，汕头市镇建设进入民国时期的黄金时代——不仅拓展马路，广建店铺洋行、茶楼酒馆，还兴建一些文化设施和民居。此时期，形成以小公园为商业中心的城市格局。小公园及其附近地区为综合性商业中心，市区西北为进出口货物集散地和出口土特产加工、堆放区。

① 潮州市地方志编纂委员会：《潮州市志》，广东人民出版社 1995 年版。

② 郑可茵、赵学萍、吴里阳：《汕头开埠及开埠前后社情资料》（内部资料），潮汕历史文化研究中心、汕头市文化局、汕头市图书馆，2003 年。

1933 年，吴桥一带有太古洋行元兴货栈 80 余处，有怡和洋行货栈堆场 53 处，有其他如大安栈、潮安栈、宏瑞栈、东丰栈等栈房 70 处之多；吴桥大片土地皆为出口商腌制咸杂场所；光华埠工业区其时有火柴厂等几家小工厂；杉排路、洄澜桥一带河海陆沟通地域，则为进出口木材、竹器等集散地。① 这一商业格局一直持续到中华人民共和国成立。

二、工业职能城镇的组合结构及特征

19 世纪后期，潮汕兴起了船舶修理、制糖、罐头、五金、纺织等工厂，成为我国近代工业发展较早的地区之一。《潮海关史料汇编》载："这十年间最值得瞩目的改革是中国人自己使用蒸汽装置，他们熟悉蒸汽用于海洋交通方面的好处已有许多年了。但是直至 1879 年，这强大的动力才被一家只有本地人感兴趣的企业所采用。"② 此处所指的企业即汕头豆饼厂。汕头豆饼长开近代民族工业先河，之后，面粉厂、罐头厂、电灯厂等一批近代工业日渐兴起。第一次世界大战期间，借助于中国民族工业发展的春天，潮汕工业发展迅速，一批针织厂、汽水厂、罐头厂、制冰厂、印刷厂纷纷成立。据统计，至 1931 年汕头市区共有各种工厂 50 余家。潮安、庵埠、澄海、揭阳、棉湖、潮阳等地也开设了一些织布厂、肥皂厂、电池厂、火柴厂、制药厂、机械厂等。③ 日军铁蹄踏至潮汕时，良好的工业发展势头被破坏，潮汕侨乡百业凋零，一片萧条。抗日战争胜利后，工业生产逐步恢复，但好景不长，1947 年初，金融涨风起，物价直线上升，民营工厂深受打击。④

1. 工业职能城镇组合结构⑤

（1）核心区域：汕头、潮安城区。近代汕头市工业发展迅速，在潮汕侨乡处于领先地位。主要表现在三方面：其一，所涉行业范围广泛，包括水电、机器制造、织染、食品加工等，如表 5 - 1 所示。其二，企业数量庞大，如汕头市火柴厂从开始创办至中华人民共和国成立，共有 8 家；⑥ 肥皂制造行业，也开办了

---

①③　广东省汕头市地方志编纂委员会：《汕头市志》（第二册），新华出版社 1999 年版。

②　中国海关学会汕头海关小组、汕头市地方志编纂委员会办公室：《潮海关史料汇编》（内部资料）1988 年，第 22 页。

④　《经济与商情》，香港《星岛日报》1947 年 4 月 18 日。

⑤　因近代工业发展基本是在民国时期，故本目所涉城镇的名称均以民国时期称谓为准。

⑥　饶宗颐：《潮州志》（第七册）《实业志·五》，潮州市地方志办公室重刊本 2005 年版。

数家，其中大成、利强、红茂等利用机器生产，数量质量也很好。^① 其三，企业生产采用的技术设备比较先进，如 1931 年创办的火柴厂，后来创办的企业多改用机器制造，还配备灭火器等设备。^②

与汕头市的工业发展水平相比，潮安无论在行业上还是在规模上，较汕头市稍逊色，然而从潮汕侨乡视域来看仍然十分突出。从表 5 - 1 可知，潮安新兴企业数量较多，如电池生产厂、印刷商号、机械制造厂、电厂等都有数家开办。据 1935 年调查，潮安县城有盖一等 3 家电池厂。^③1918～1938 年潮安机械印刷业逐步兴起，先后出现《潮安商报》印刷所，民生印务局、文华印务局，以及振文、荣盛、文海楼等十几家印刷商号。^④ 1919 年，林荣泉创办林万发号从事机械零件、建筑材料的锻造作业后，潮安机器厂、兴记机工店等相继创办。^⑤20 世纪 30 年代，潮安还开办了耀昌火柴厂。^⑥抗日战争结束后潮安工业逐渐恢复，至 1949 年，潮安城区先后开业的商办小电厂共有 6 家之多^⑦。

（2）第一层次：潮安、揭阳、澄海等县。

潮安县工业水平除了城区较为发达外，其他县辖镇也有所发展。庵埠、枫溪、意溪等的工业发展水平、成就相对于县城来说虽不突出或显著，但是由于它们地处域内交通最具有近代色彩的潮汕铁路干线，交通便利，工业发展速度和发展势头十分显眼，如庵埠镇先后建立起成记等四家肥皂厂。^⑧

表 5 - 1　近代汕头、潮安工业发展情况表

城镇	工业行业	企业列举
汕头	纺织、肥皂、冰霜、罐头、火柴、电池、机器厂、水电，等等	1916 年高绳芝创办汕头自来水公司^⑨；1925 年澳洲华侨谢德茂等创办汕头同化罐头厂；1928 年泰侨何伟男、徐人度等创办汕头冰雪厂；1931 年王荣勋、王凤祥开办利生火柴厂；1935 年印度尼西亚华侨丘翠屏创办生聚电机织染厂；1947 年新加坡华侨陈木合开办汕头文美机器厂
潮安	电灯、火柴、电池、肥皂、冰霜生产、机械制造，等等	1915 年潮州商人杨树潢在潮州创办了昌明电灯公司；1926 年许广成创办了盖一电池厂；辛亥革命后，谢茂堂创办了励华火柴厂；华侨李国亮在潮州创办了华侨冰霜厂，新加坡华侨陈良奎、陈良墨在潮州投资创设了南方搪瓷厂；^⑩1919 年林荣泉创办林万发号从事机械零件、金属材料的锻造

①②③⑥⑧　饶宗颐：《潮州志》（第七册）《实业志·五》，潮州市地方志办公室重刊本 2005 年版。
④⑤⑦　潮州市地方志编纂委员会：《潮州市志》，广东人民出版社 1995 年版。
⑨　林金枝、庄为玑：《近代华侨投资国内企业史资料选辑（广东卷）》，福建人民出版社 1989 年版。
⑩　潮州市人民政府侨务办公室、潮州市归国华侨联合会：《潮州市华侨志》（上）（初稿）（内部资料）1988 年，第 150 页。

揭阳县工业发展体现为两个方面：其一，工业大多集中在榕城，如 1929 年，泰侨郑植之在揭阳榕城开办了捷和金属制造厂，捷和机械厂的创建，为揭阳工业向机械化发展迈出了新的一步。[①] 其二，制糖业、采矿业、碾米业比较发达，近代以来开始采用机械化生产提高产量。制糖业方面，1935 年曲溪圭头村开办潮汕侨乡第一制糖厂，即揭阳糖厂，从美国檀香山引进了新式的制糖设备，[②] 采用机器制糖，日产白砂糖 71 吨。此为粤东地区机器榨蔗新法制糖之先，是为当时广东五大糖厂之一。1949 年，揭阳枫口乡设正元糖厂，日产白糖 17000 余斤。碾米业方面，1921 年以后，火砻碾米已经很普及，各县城镇都设立一两家，而揭阳县是产米区，县城碾米业尤其兴盛。1935 年，揭阳县城就有 7 家使用机械碾米。1928 年李伯城在北滘创办发火砻，随后裕祥美、名利等火砻在北滘继起，20 世纪 40 年代，榕城电力碾米已达 30 多家[③]。采矿业方面，早在 1894 年外国人就已经开始在潮汕采矿，抗日战争前，归侨丘实夫在揭阳县湖田开办了利源公司开采锡矿，[④] 雇工千余名。此外，其他工业也有所发展，涉及行业广泛，如榨油业、棉布生产、肥皂生产等。

澄海县的纺织行业在潮汕侨乡可以说是首屈一指。清朝末期，泰国侨商高绳芝创办澄海振发布局，从日本购进设备，还聘请日本技师指导工人操作。至 1919 年全县共有织布厂 70 多家，产品远销南洋群岛，成为地方大宗出口产品之一。[⑤] 这是澄海县用机器织布的开端，也为潮汕各县引用国外先进设备和技术办厂开了先例。此外，其他如民用、机械修造等行业在澄海的发展也较为出色。1926 年，槐泽开办万年丰火砻，开始用机器碾米。[⑥] 1938 年陈丙臣等创办了澄光电灯公司，[⑦] 1933 年，上华龙田村永顺火柴厂创立，虽为潮梅 7 家火柴厂之末，但工人尚有 200 余人。抗日战争前澄海县有火柴厂 2 家，到 1949 年时已达到 13 家，从业人数多达 2000 人。[⑧] 1926 年澄海中心印刷所开业，用机器印刷各种文件和表格，为澄海县机械印刷之始。[⑨]

（3）第二层次：潮阳、普宁、惠来、丰顺、饶平、南澳等县。

潮汕侨乡其他县的工业发展则相对没有那么明显。一来表现为机械生产企业较少，主要集中在与生活密切相关的行业，如碾米、织布、发电等。潮阳县、丰顺县、大埔县等除了县城城区的工业稍有发展外，所属镇的工业也有一定程度的发展。二来表现为工业水平较落后，如潮阳县城通电较揭阳、潮安、澄海等晚很

①　揭阳县编纂委员会：《揭阳县志》，广东人民出版社 1993 年版。
②　广东省汕头市地方志编纂委员会：《汕头市志》（第二册），新华出版社 1999 年版。
③　榕城镇地方志编纂办公室：《榕城镇志》（内部资料）1990 年，第 301 页。
④　丰顺县华侨志编纂办公室：《丰顺县华侨志（初稿）》（内部资料）1988 年，第 65 页。
⑤⑥⑦⑧⑨　澄海县地方志编纂委员会：《澄海县志》，广东人民出版社 1992 年版。

多，直到1922年陈坚夫在棉城开办光利电灯公司，县城、机关、部分街道才有照明。[①] 而饶平、普宁县以及南澳县的工业发展只在县城有个别工业企业，工业生产更为落后。关于这几县工业发展水平如表5-2所示。

表5-2　近代潮阳、丰顺、大埔、饶平、普宁等县城镇工业发展情况

属县	城镇	主要行业	企业列举
潮阳县	棉城	电灯、碾米	1922年陈坚夫开办光利电灯公司
	两英	纺织	1903年创办信丰、大新织布厂[②]
丰顺县	汤坑	碾米、纺织	1930年印度尼西亚华侨黄宗轻在汤坑创办利民碾米厂；[③]抗日战争胜利后开办了织布厂，如复光布厂、和济布厂、大光布厂、利民布厂等[④]
	留隍	漂染	抗日战争时期，越南华侨荣恒源家族创办漂染厂
大埔县	高陂	碾米	1943年刘大贤创办碾米厂
	埔城	电力	1944年杨飞荣创办了淹记格致声电力厂两[⑤]
饶平县	黄冈	纺织	1921年创办"怡怡"织布厂；1931～1934年，创建兴华、庄南华等厂，至1941年有织布局5家
普宁县	洪阳	碾米	1943年朱少言、方泽群在县城洪阳创建碾米厂，有发电设备[⑥]

2. 工业职能城镇组合结构特征

（1）工业职能城镇主要集中在"以汕头—潮州及沿线庵埠等城镇为轴心，以揭阳、澄海为两翼"的区域。依据各城镇工业发展水平差异，工业职能城镇组合结构呈现出"涟漪状"：汕头、潮安等城区工业发展水平为中心层级，潮安、揭阳、澄海等县为第一层级，潮阳、普宁、惠来、丰顺、大埔、饶平等县为第二层级。从中心到第一层级、第二层级，工业职能城镇的工业水平逐渐降低，而且层级越高的县城其所属镇中工业有所发展的镇之数量也相应较多。

（2）据城镇工业发展水平及主导行业不同，可将近代潮汕侨乡工业职能城镇分为多种类型。具体包括轻重工业兼具城镇、轻工业为主城镇、手工业专业城镇、矿冶业城镇等类型。轻重工业兼具城镇多分布在域内东南部，如汕头既有文

① 广东省汕头市地方志编纂委员会：《汕头市志》（第二册），新华出版社1999年版。
② 潮阳市地方志编纂委员会：《潮阳县志》，广东人民出版社1997年版。
③④ 丰顺县华侨志编纂办公室：《丰顺县华侨志（初稿）》（内部资料）1988年，第64页。
⑤ 大埔县地方志编纂委员会：《大埔县志》，广东人民出版社1992年版。
⑥ 普宁市地方志编纂委员会：《普宁县志》，广东人民出版社1995年版。

美机器厂，又有火柴厂、冰霜厂、罐头厂等轻工业企业；揭阳榕城1929年建立了金属制造厂，1932年开办了捷和钢铁厂等重工业企业，还开办了织布业等轻工业。轻工业为主城镇主要分布在各县城，如澄海县城、潮阳县城、丰顺县城、大埔县城、普宁县城洪阳等。手工业专业城镇，如潮阳两英，丰顺留隍镇。矿冶业城镇，如揭阳县湖田镇。

（3）在轻重工业结构上，轻工业相对发达，重工业薄弱。由于华侨积极倡导并投资于轻工业，侨眷不断增长的消费水平刺激了区域内部市场需求，海外华侨社会需求的带动（食品加工业、神纸手工业等），以及轻工业原料如陶瓷制作、纺织业等均可就地取材使得潮汕侨乡轻工业相对发达。重工业则明显薄弱。原因在于：其一，潮汕经济发展与侨资、侨汇密切相关，华侨分布大部分集中于重工业相对落后的南洋地区，这势必影响华侨投资重工业的热情；相反，华侨投资更倾向于商业或房地产及轻工业。其二，潮汕侨乡腹地狭小、重工业资源短缺，加上与外界交通不便，缺乏发展重工业的先天优势。其三，总体上看，近代工厂生产规模狭小，设备简陋，工艺落后，缺乏可持续发展重工业的强劲动力。"生产是手工化，即便把简单机械也权当机械化，全省非手工业工厂也仅占30%。"① 此背景下的工业生产状况决定了潮汕侨乡的情形也大致如此。据1947年的调查，汕头121个厂，其中合乎工厂法者仅15个厂，而不合乎工厂法者达106个厂。②

三、金融职能城镇的变迁及特征

潮汕的金融业在汕头开埠前夕，已经有所发展，如山西票号在汕头的建立，以及澄海人在汕头创办的"诚敬信庄"等。近代，各县市金融都有所发展，但发展程度各异。下面仅探讨较为突出的潮州和汕头。

1. 近代潮州、汕头的金融业发展

潮州典当业始于清初，繁荣于清朝后期，至1945年随着典当业资金转向炒买炒卖黄金、外汇和大米，典当业渐渐成为历史陈迹。据载，清朝光绪二十三年（1897年）海阳县有当户40家，清朝宣统元年（1909年）有当户35家，至1934年当户只剩下15家（其中，当铺3家、按店6家、押店6家），1939年日军侵入，当物大部分失散，典当业一蹶不振。③ 潮州银号始于20世纪初，二三十

---

① 赵元浩：《论目前广东轻工业》，《广东省银行季刊》第1卷第4期，1941年12月。
② 杨家骆：《大陆沦陷前之中华民国》（第三册），鼎文书局1973年版。
③ 潮州市地方志编纂委员会：《潮州市志》，广东人民出版社1995年版。

年代进入全盛时期，共有票庄、息庄、收找店76家。1935年，受到银根紧缩和币制改革影响，多家银庄停业，其时潮州银庄仅存32家。沦陷期间，商家多逃往兴梅地区，仅剩2家银庄和3家收找店营业。抗日战争结束后，银庄经历了短暂复兴，至1946年秋，因各庄号登记期满被政府勒令停业。潮州侨批业①始于清朝宣统三年（1911年），1918年后又有5家商号兼营或专营侨批。沦陷时期，各号缩小业务或停业。抗日战争结束后，除之前6家恢复营业外，又有多家商号经营侨批，至中华人民共和国成立前夕，潮安县城经营侨批业的共计12家。20世纪初，新式银行兴起，潮安先后共有4家：1926年中央银行潮安经理处成立，翌年停业；1937年成立广东省银行潮安办事处，1939年停业；1946年成立中国农民银行潮安办事处，1949年10月由潮饶丰边县行政委员会军民合作社接收；1947年成立潮安县银行，中华人民共和国成立后办理相关结束手续，宣告解散。

清末民初汕头金融服务职能日渐增强。由于进出口贸易的扩大和侨汇的增加，汇兑业发展起来，据海关记录，清朝光绪八年（1882年）汕头已有批局12家，1932年达60多家，②③批馆批局星罗棋布，形成了颇为完备的侨批业经营网络。1939年汕头沦陷，批局或解散或搬迁至内地，侨批业转入衰落境地。至太平洋战争爆发后，香港及东南亚各地相继陷入敌手，侨汇中断，汕头侨批受到极大冲击。抗日战争胜利后，各地汇路逐渐恢复，侨批业再度兴盛。汕头银号在民国初期发展较快，这些银号大都发行纸币——七兑直平票，流通于潮汕各地，自称体系。最盛时达200多家，发行纸币400余万元。④1926年废除七兑制，改用大洋本位，潮汕币制与内地相一致。1929年的世界经济危机波及中国，致使大批银号倒闭，1933年汕头发生3次大风潮，倒闭大银号几十家，负债达600万元以上。⑤抗日战争时期，银号普遍衰竭。抗日战争胜利后，随着商业发展和金融投机猖獗，银号又恢复发展。收找店也因1935年全国改易币制，统一货币，而渐趋萧条，抗日战争后基本停业。汕头典当行在1933年达23家，资本总额46万元，盛极一时。1935年以后，由于经济危机影响，物价下跌，借款人多数有当无赎，典当行只好将当品削价发落，典当行遂趋衰落。汕头最早的新式银行是清朝光绪二十五年（1899年）中国通商银行在汕头设立的分行。清朝光绪三十四年（1908年）交通银行广州分行成立不久后便增设汕头分号。清朝宣统元年（1909年）大清银行在汕头增设分号，民国后大清银行改组为中国银行，并于

---

① 侨批是指海外华侨华人邮寄回国内的以汇款为主的书信。侨批业则是服务于华侨华人的送信、汇款业务的行业，兼具邮局和银行的职能。本书所涉侨批业仅探讨其银行职能（金融属性）。

② 广东省档案馆藏：《汕头邮局档案》，全宗号86，目录号1，卷593。

③ 广东省汕头市地方志编纂委员会：《汕头市志》（第二册），新华出版社1999年版。

④ 《银行周报》第15卷第8号，1931年3月10日，第8页。

⑤ 《国内经济》，《工商半月刊》第6卷第2号，1934年1月。

1914 年在汕头设分行。至 1948 年，汕头营业的银行共达 15 家之多。

2. 金融职能城镇的变迁特征

（1）潮汕侨乡金融业以汕头为中心。因地处东南沿海，较内地更早经受西方帝国主义影响，金融业较早开始发展，纵观潮汕侨乡金融发展史不难看出，汕头处于潮汕侨乡金融体系中心。汕头不仅金融机构种类齐备，即使在同一金融机构中，汕头所占比例远高于其他各县。以侨批业为例，抗日战争结束后，海外华侨华人纷纷汇款回乡购田修宅、祭祀祖先，侨批业迅速繁盛。据 1946 年统计，潮汕侨批商号共计 131 家，其中，汕头市 73 家，潮安县 6 家，潮阳县 13 家，揭阳县 10 家，饶平县 9 家，惠来县 1 家，澄海县 13 家，普宁县 5 家，丰顺县 1 家。[①]据此，可以编制 1946 年潮汕侨乡各县市局侨批局比例表（见表 5 - 3）。

表 5 - 3　1946 年潮汕侨乡各县市局侨批局比例

县市局	侨批局数量（个）	占比（%，某县市局侨批局数占各县市局侨批局总数的比例）
汕头市	73	55.7
潮安县	6	4.6
潮阳县	13	9.9
揭阳县	10	7.6
饶平县	9	6.9
惠来县	1	0.8
澄海县	13	9.9
普宁县	5	3.8
丰顺县	1	0.8

从表 5 - 3 可以看出，汕头侨批局数量之多，所占比例竟超过潮汕其他各县市局侨批局占比的总和。汕头一枝独秀的金融地位在于汕头开埠以来，潮汕经济区的经济中心由潮州府城南移至汕头。结果自然是"潮梅金融，向以汕头为中心。而汕头之金融机关，则以银庄为枢纽"[②]。"汕头一隅，为潮梅十五属及闽边之汀杭乃至赣边数县之输出入口岸，视为中国南部重要商埠。埠中金融势力，常足以左右上述各地之经济事业。就事实上言，汕头即不啻各地经济之重心

---

① 饶宗颐：《潮州志》（第三册）《实业志·六》，潮州市地方志办公室重刊本 2005 年版。
② 黄中天：《潮梅经济界之新使命》，潮梅商会联合会半月刊编辑处：《潮梅商会联合会半月刊（创刊号）》，1929 年 2 月 1 日，第 4 页。

点也。"①

（2）新旧金融机构并立。近代潮汕金融业新旧并举，主要有典当行、侨批局、汇兑庄、银行等。典当行、侨批局、汇兑庄等为旧式金融机构，银行属于新式金融机构。近代以来，旧式金融机构的资本和经营方式都无法与银行比肩，但由于其熟悉地方情况，经营灵活自由，因而诸如汇兑庄、侨批局等旧式金融机构在潮汕侨乡风生水起。如侨批业因其经营方式快捷，手续简便，送达及时，"19世纪末以后，虽有国家邮政及银行陆续在潮汕开办，它们却难以承接民营批局业务，批局因此仍独揽侨汇经营业务"②。"中国人经营的汇兑金融，批信局占第一位，即使现在有外国银行、中国银行、华侨的银行，批信局在侨汇业务上仍占70%。"③ 除了侨批局外，其他旧式金融机构也有很大市场。据1933年统计，汕头市区的汇兑庄共有58家，资本总额达1450万元，典当行共有23家，资本总额达46万元。在旧式金融机构发展的同时，近代银行逐渐在潮汕出现。继清朝光绪二十五年（1899年）中国通商银行汕头分行成立后，潮汕陆续出现近代银行，至1948年仅汕头营业的银行就包括：中国银行、交通银行、中央银行、广东省银行、广东银行、汇丰银行、农民银行、华侨联合银行、邮政储金汇业局、中央信托局、中国工矿银行、金城银行、中国农工银行、汕头市立银行、中央合作金库15家之多④，而且一些银行在潮汕其他县城还设有分理处。

综上所述，近代潮汕侨乡经济职能城镇变迁主要表现在商贸、工业及金融等方面。从商贸职能城镇组合结构观之，汕头与潮州共同构成整个城镇网络的中心；从工业职能城镇组合结构观之，呈现出以汕头、潮安城区为中心层级，潮安、揭阳、澄海等县为第一层级，潮阳、普宁、惠来、丰顺、饶平、南澳等县为第二层级的"涟漪状"的特点；从金融职能城镇组合结构观之，汕头开埠后汕头的金融服务职能日渐增强，形成新旧金融机构并立格局。简言之，近代潮汕侨乡城镇体系经济职能组合结构呈现以潮州、汕头为区域双核心，并向外扩展的特点。而且，在这一双核心中，汕头的经济职能之地位远高于潮州。

① 《潮梅经济界前途之危机》，《广州民国日报》，1925年5月5日第三版。
② 广东省汕头市地方志编纂委员会：《汕头市志》（第二册），新华出版社1999年版。
③ 林金枝、庄为玑：《近代华侨投资国内企业史料选辑（广东卷）》，福建人民出版社1989年版。
④ 广东省汕头市地方志编纂委员会：《汕头市志》（第二册），新华出版社1999年版。

第三节　城镇行政和教育职能的变化及特征

中国城镇自古就是以行政为主要职能。先秦城郡是侯国的都城，是独立的政治中心；秦朝以来的城镇，或是地方政府的治所，是全国行政系统的网点，或是重兵驻守的战略要冲，总之，其负有行政、军事职能。潮汕军事职能城镇主要指巡检司、城池等，不过，近代以来由于这些军镇处于交通要冲，商业逐渐兴盛，因而掩盖了本来的军事职能。与政治职能相伴随的常常有教育职能，行政职能中心往往也是区域教育中心。近代教育经历了由旧式教育向新式教育的转型，考察城镇教育职能的变化也是研究城镇的一个重要方面。因此，本节主要探讨近代潮汕侨乡行政和教育的变迁及特征。

一、行政职能城镇的变化及特征

行政职能城镇主要指在域内承担地方政治统治和行政管理的城镇，是地方行政机关所在地。就近代潮汕侨乡而言，行政职能城镇主要指府（道、区）治所、县市局治所及镇。近代潮汕行政建置的变迁过程前文（参见第二章）已详细论及，在此不再赘述，仅就城镇行政职能变迁特点做一探讨。

1. 道、府级城镇功能的调整

近代道、府级城镇的行政职能不断扩大，总体趋势不断加强。清朝后期实行省、道、府（州、厅）、县四级制，潮州府与另 1 府、1 直隶州共同隶属于惠潮嘉道，道治海阳。惠潮嘉道下辖 24 个县（州、厅），其中，潮州府辖 10 个县（厅）。民国时期废府存道，先后实行三级制、二级制。民国时期总体可分为1928 年前、后两个时期，分别实行省道县三级制和省县两级制度。民国行政建制屡变，地区级行政治所，1912～1936 年在潮安，1937～1949 年在汕头。

省、道、县三级制的实行，道为地方二级行政区划。1928 年前潮汕主要实行省、道、县三级制。1913 年实行省、道、县三级制，潮汕隶属潮循道，道治所为潮州，后迁汕头。1920 年底，道制撤销，只留省县两级行政建制。随后又设立绥靖委员会，下辖县，但是此制屡设屡废。1925 年中华民国国民政府在广州成立，地方行政分为省、行政区、县和市，实行委员制。行政区在行政上与道具有某些类似的职能，潮汕隶属东江行政区。1926 年行政区废除。

省、县两级制的实行。1928 年以后，军阀混战局面结束，国民党政府对行政区划进行了改革，撤销了道建制，只设省、县二级。1936 年陈济棠下野，潮汕隶属于广东省政府下辖的第五行政督察区，汕头市隶属广东省政府。行政督察区同 1920 年的绥靖委员会及 1925 年的行政区一样，都是省政府的派出机关，不是一级地方政区。1937 年以后，有的地方县以下增设乡镇一级。1938 年抗日战争开始后，第五区潮汕隶属东江行署，1939～1940 年，各行署先后撤销。抗日战争胜利后，1947 年广东政区又做了一次调整，即在原来的基础上，把行政督察区分为省府直接督察区和专署行政督察区两种，潮汕 10 县 1 局隶属于专署行政督察区第六区，汕头市直属省府直接督察区。

另外，经济发达的城镇行政职能随之加强。汕头崛起后，经济地位日显重要，逐渐成为地区行政中心，行政职能也在迅速加强。汕头在开埠前后隶属于澄海县，1921 年设市政厅后与澄海分治，1930 年汕头市隶属省政府。1937 年以后潮汕二级行政治所都位于汕头，汕头这个近代以来从无名小港发展到地区行政中心城镇，其行政职能的不断加强是显而易见的。作为地区行政中心，要具备两个基本条件：所在区域经济发展，能为行政中心提供雄厚的经济支持；行政中心要居于地区相对中心的位置。对于汕头而言，是否同时具备两个条件呢？汕头位于潮汕东南沿海，明清时期以来东南沿海各城镇发展最为迅速，汕头作为这一相对发达的经济区域的内外贸易中转口岸，有雄厚的经济实力作为后盾。从地理位置上看，汕头并没有位于整个地区的"中心"，但是近代新式交通的建立都与汕头直接相关，如潮汕铁路即以汕头为起始点，还沟通了境内运河动脉韩江。如此一来，汕头重要且便利的交通条件弥补了非地区中心位置的缺憾，取代潮州成为地区最重要的行政、经济中心。原来的城镇体系核心潮州退居其次。

2. 县级城镇行政职能增强

地方三级城镇数量增长，行政职能增强。县级城镇在整个近代从数量上不断增长，行政职能上总体趋势也是在加强。清朝后期潮汕县级城镇 9 县 1 厅共计 10 个，分别是海阳、澄海、丰顺、潮阳、揭阳、饶平、惠来、大埔、普宁 9 县和南澳厅。民国时期，县级城镇增加到 10 县 1 市 1 局共计 12 个。而从清朝后期到民国时期，潮州府的行政区域范围没有增加（其中大埔县在 1936 年划归第六区，潮汕其他各县属第五区。1947 年重新与各县共同划归同一行政区下），换言之，从清朝后期到民国时期行政划分上日渐细化，这是对地区行政控制增强、县级城镇行政职能强化的表现。

改置或增置的县级城镇有明显的时空特性。县级城镇新增南山管理局（1935 年）及汕头市（1921 年置汕头市政厅，1938 年后升为省直属），南澳直隶厅升级为南澳县（1912 年厅改县，1914 年划归广东），海阳县更名为潮安县（1914年）。从这些增置、改置县级城镇的时间上看主要集中在民国抗日战争以前；从地域空间分布上看，主要集中在境内东南部地区。这表明境内东南部行政、经济发展迅速。

3. 镇行政建置逐渐确立、数量增加、行政职能加强

清朝后期市镇有一定的行政职能。据前文（第二章）所述，清朝后期，潮汕共有大镇 22 个，其中，次府级城镇 2 个，次县级城镇 1 个，另外还有 16 个镇有巡检司的设置，体现出部分行政职能，但这些市镇的商业职能更为重要，并且商业职能较为显著。这与我国古代"政不下县"的传统有关，县级政权在古代一直是最基层的政权组织形式。县以下的行政权力基本掌握在乡间的地主士绅手中，清朝后期府级行政机构主要通过派驻同知、通判来辅佐知府共同对属县城镇进行管理，而县级政务也有设置县丞进行分担，揭阳县就在棉湖设立县丞。县以下还设有巡检协助知府掌缉捕盗贼，盘查奸凶等，巡检镇占据了清朝后期潮州府县级以下城镇行政机构的绝大部分。巡检既掌握治安管理，同时也负责地方的税收等财政事务。潮汕地处东南沿海，清朝后期巡检司的设置有数量多、分布密集的特点，这与当时社会治安状况欠佳直接相关。从行政级别上看，县级以下行政机构县丞、巡检的级别是不同的，县丞是正八品官职、巡检是从九品官职。

民国时期，镇数量猛增，并发展成为地方基层行政建制。镇的数量随着经济的发展迅速增多，到 1940 年前后达到了 49 个。鉴于镇的数量及在地区行政中发挥越来越重要的影响，1937 年广东开始实行县—乡（镇）自治两级制，县为一级，乡（镇）为一级。[①] 镇正式取代县，成为地方基层行政建制，职权范围也不仅仅局限于清朝后期的治安、税收等权力，行政管理成为主要的权力。但民国时期镇的废置变化频繁，尤其是 1936 年开始的"缩乡"政策的实施。

总之，相对道、府城镇的行政职能而言，镇的行政功能不断加强，这也是中国近代基层城镇行政功能呈不断增强趋势的体现。

二、城镇教育职能的变化及特征

近代以前，潮汕如同我国其他地区，一般实行"学而优则仕"、"忠君尊孔"的政教合一的教育体制。在此体制下，学校体系包括官学、书院、书塾。明朝及清朝前期，潮汕的府县学规模扩大，书院教育也取得很大发展，随着社学、义学

---

① 司徒尚纪：《广东政区体系——历史·现实·改革》，中山大学出版社 1998 年版。

的兴办，文化教育进一步普及。纵观潮汕近代以前的学校教育，从办学规模上看，呈现出一种波浪式发展的趋势。"但是，这千余年的教育模式，却一直凝固不变：以儒学为教学内容，通过科举考试的手段，造就统治层人才。一直到近代这种状况才有所改观。"①

由于地处南海之滨，近代潮汕侨乡较内地更早受到西方资本主义的冲击，因而潮汕教育较早开始了向新式教育的转型，主要表现为书院趋于衰落并最终退出历史舞台，代之以新式学堂。

1. 清朝后期潮汕侨乡书院的衰落

明朝潮汕书院达至历史最高峰，数量之多在广东境内有一定地位。清朝时期，书院官学化，经费由官府拨给或在存公银内支用。② 书院发展受物质影响较大，地理分布与区域富庶、交通便利、人口稠密、教育发达等因素密切相关。就广东境内书院的分布形态而言，"广州府属西江下游为最密，其次为韩江流域潮州府属"③，足见潮汕书院在广东占有重要地位，不过这一时期的书院基本上沦为科举的附庸。

鸦片战争后，门户洞开，帝国主义入侵，清帝国遭受冲击，被迫在各方面做调整。于是讲求西艺，兴学图强为朝野竞倡，书院革新势在必行。甲午战败，举国惶惑，"力倡非变法不足以图强，而尤以书院制度为当时指摘之点"④。清朝光绪十五年（1889 年）广雅书院分为经、史、理、文四科，兼及时务，开创广东地区书院向新式学堂转型之举。

清朝光绪二十四年（1898 年）"清帝谕各省府厅州县改书院设学校"⑤，各地书院陆续改制。清朝光绪二十七年（1901 年）清廷颁布兴学诏，"著将各省所有书院，于省城均设大学堂，各府厅直隶州均设中学堂，各州县设小学堂，并多设蒙养学堂"⑥。翌年，《钦定学堂章程》的颁布正式成为书院改制学堂的标志。潮汕侨乡书院改制情形如表 5-4 所示。

表 5-4　清朝末期潮汕书院改制新式学堂简表

书院名称	学堂名称	属地	改制时间
金山书院	潮州中学堂	潮州	光绪二十八年（1902 年）
城南书院	城南两等小学堂	潮州	光绪二十八年（1902 年）

①　黄挺：《近代潮汕教育概论》，《韩山师范学院学报》1997 年第 3 期，第 9 页。

②　杨荣春：《中国封建社会教育史》，广东人民出版社 1985 年版。

③④　刘伯骥：《广东书院制度沿革》，商务印书馆 1939 年版。

⑤　舒新城：《中国近代教育史资料》（上册），人民教育出版社 1981 年版。

⑥　（清）朱寿朋：《光绪朝东华录》，中华书局 1958 年版。

续表

书院名称	学堂名称	属地	改制时间
韩山书院	潮惠嘉师范学堂	潮州	光绪二十九年（1903 年）
榕江书院	榕江初等师范学堂	揭阳	光绪二十九年（1903 年）
鹏湖书院	不详	丰顺	光绪二十九年（1903 年）
东山书院	东山小学堂	潮阳	光绪三十年（1904 年）
景韩书院	景韩小学堂	澄海	光绪三十年（1904 年）
冠山书院	考亭小学堂	澄海	光绪三十一年（1905 年）
昆冈书院	昆冈小学堂	普宁	光绪三十一年（1905 年）
黄都书院	黄都女子学堂	普宁	光绪三十一年（1905 年）
琴峰书院	两等小学堂	饶平	光绪三十一年（1905 年）
启元书院	高等小学堂	大埔	光绪三十一年（1905 年）
三都书院	三都小学堂	普宁	光绪三十二年（1906 年）
茶阳书院	茶阳师范学堂	潮州	光绪三十二年（1906 年）
桂山书院	同文高等小学堂	饶平	光绪三十二年（1906 年）
六都书院	六都高等小学堂	潮阳	光绪三十三年（1907 年）
瑞光书院	瑞光高等小学堂	饶平	光绪三十三年（1907 年）
不详	龙溪小学堂	惠来	光绪年间（1902～1908 年）
不详	神泉小学堂	惠来	光绪年间（1902～1908 年）
不详	河东小学堂	潮阳	光绪年间（1902～1908 年）
乙峰书院	乙峰小学堂	饶平	宣统元年（1909 年）
奎光书院	奎光两等小学堂	潮阳	宣统年间（1909～1911 年）
龙溪书院	龙溪小学堂	潮安	宣统年间（1909～1911 年）

资料来源：①饶宗颐：《潮州志》卷四《教育志·下》，潮州修志馆 1949 年版；②潮州市地方志编纂委员会：《潮州市志》，广东人民出版社 1995 年版；③饶平县地方志编纂委员会：《饶平县志》，广东人民出版社 1994 年版；④澄海县地方志编纂委员会：《澄海县》，广东人民出版社 1992 年版；⑤榕城镇地方志编纂办公室：《榕城镇志》（内部资料）1990 年，第 440～445 页。

据相关学者的不完全统计，清朝末期潮汕侨乡共有书院 54 所。① 因此，表 5 - 4 所列仅是《钦定学堂章程》颁布后潮汕侨乡部分书院的改制情况，并未囊括所有书院情形。但是表 5 - 4 所反映出书院的没落是显而易见的。科举制废除后，书院也随即以无可挽回的姿态退出历史舞台，新式教育渐起。

---

① 吴榕青：《潮汕地区明清书院发展述略》，《韩山师范学院学报》（社会科学版）1999 年第 3 期，第 90 页。

2. 民国潮汕侨乡新式教育的发展

（1）初等教育。清朝光绪二十四年（1898年）清政府着手教育革新，设新式学堂，初等教育分初等小学和高等小学二级。此后小学学制多有变动。1922年国民政府颁布新学制，规定高等小学二年，初等小学四年，此制直到1949年。1930年实施新县制，每乡设一中心小学保设国民小学，自后私塾渐渐绝迹。据《潮州志》卷四《教育志·下》编制民国时期潮汕侨乡初等教育学校概况表，如表5-5所示。

表5-5　民国时期潮汕侨乡初等教育学校概况表

年份	潮安	潮阳	揭阳	饶平	惠来	大埔	澄海	普宁	丰顺	南澳	汕头	南山
1928	144	84	176	208	46	372	143	69	69	12	35	—
1933	444	306	536	207	77	425	230	340	147	12	61	1
1946	440	328	859	525	431	511	171	406	329	15	30	73

注：1928年尚未设置南山管理局，故没有数据。

资料来源：饶宗颐：《潮州志》卷四《教育志·下》，潮州修志馆1949年版。

由表5-5可知，民国时期潮汕侨乡各县市局初等教育学校总体有所增长。其中，潮安、潮阳、揭阳、普宁等县在1928～1933年增长幅度巨大，揭阳、饶平、惠来、丰顺、南山等县局在1933～1946年增长幅度巨大。

（2）中等教育。民国时期潮汕侨乡中等教育学校分普通中学（又分初级和高级两个层次）、师范学校、职业学校三种类别，创办分省立、县立、区立、私立四种形式。潮汕侨乡第一所新式中等教育学校是清朝同治十三年（1874年）英国基督教长老会潮汕总会在汕头创办的聿怀中学堂，该学堂的课程分为两个部分，一部分以国文、英文、算学三科为主的文化课，另一部分是宗教教育。十年之后，第一所民办中学堂创办，即清朝光绪十年（1884年）在揭阳五经富创设的道济中学堂。废除科举后，各县市竞相设立中学堂，潮汕侨乡中等教育快速发展，至1946年潮汕侨乡共有中等教育学校102所，具体如表5-6所示。

表5-6　1946年潮汕侨乡中等教育学校概况表

	合计	潮安	潮阳	揭阳	饶平	惠来	大埔	澄海	普宁	丰顺	南澳	汕头	南山
合计	102	9	11	13	8	6	12	7	9	6	1	19	1
普通中学	81	7	10	9	5	6	10	5	6	6	1	15	1
师范学校	8	1	1	1	1		1	1	2				

		合计	潮安	潮阳	揭阳	饶平	惠来	大埔	澄海	普宁	丰顺	南澳	汕头	南山
职业学校		13	1		3	2		1	1	1			4	
附注	省立	6	2					2					2	
	县立	36	5	2	6	4	1	4	2	4	3	1	3	1
	区立	9	1	4		2	1	1						
	私立	51	1	5	7		4	5	5	5	3		14	
	高级	27	3	2	4	1		3	1	1	1		10	
	初级	75	6	9	9	7	5	9	6	8	5	1	9	1

资料来源：饶宗颐：《潮州志》卷四《教育志·下》，潮州修志馆 1949 年版。

由表 5 - 6 可知，汕头市中等教育学校数量最多，约占潮汕侨乡所有中等教育学校的 1/5，而且汕头的职业学校数、私立学校数与其他县市局相比，仍然是独占鳌头。这是汕头作为区域经济中心，以及民间资本投资教育发达的具体体现。南澳县与南山管理局两县局各有 1 所县立初级中学，这与两地经济发展以及地域开发滞后不无关系。

（3）高等教育。清朝光绪二十四年（1898 年）创办的京师大学堂是我国高等教育之滥觞。潮汕侨乡百余所中等教育学校每年毕业生数达 4000 余人[①]。是故，抗日战争前即有人倡议筹办岭东大学，抗日战争胜利后两广监察使刘侯武倡议筹办潮州大学，因故均未实现。不过，1938 年和 1948 年在汕头市分别创办 1 所私立专门学校：私立南华学院和私立民治法政学院。

（4）社会教育。除了开展新式教育以外，近代潮汕侨乡兴建了许多图书馆和书店，教育对象日益大众化。1919 年兴建的潮安县通俗图书馆是潮汕侨乡第一所公共图书馆。[②] 1921 年汕头市通俗图书馆成立，是民国时期潮汕侨乡最大的公共图书馆。1928 年大埔县通俗图书馆创办，有藏书 1000 多册。[③] 1946 年揭阳县创办的私立揭阳光复图书馆是民国时期潮汕侨乡较著名的私立公共图书馆。1946 年 10 月，汕头市各界人士及侨胞捐款建立了汕头市中正图书馆。[④] 此外，近代潮汕侨乡还建有多处书店，据 1934 年《汕头指南》记载，汕头市区的书店

---

① 饶宗颐：《潮州志》卷四《教育志·下》，潮州修志馆 1949 年版。
② 郑喜胜：《民国时期潮汕图书馆业发展述略》，《韩山师专学报》1993 年第 1 期，第 71 页。
③ 萧菊如：《大埔县图书馆沿革》，大埔县委员会文史资料委员会：《大埔文史》（第二十一辑）2003 年，第 159 页。
④ 郑喜胜：《民国时期潮汕图书馆业发展述略》，《韩山师专学报》1993 年第 1 期，第 72 - 73 页。

有育新书社、世界书局、现代图书局、新华书局、中华书局等 11 家。潮安、揭阳、潮阳等县也有一批书店。①

3. 城镇教育职能的变迁特征

（1）新式学堂主要分布在商业较为发达而士绅势力相对较弱的城镇。如教会创办的学堂，起初主要分布在汕头和揭阳河婆为中心的客家侨乡，后来在汕头附近及汕头至河婆主要交通线榕江两岸，特别是商业较为发达的市镇，如潮安庵埠、揭阳炮台和榕城等城镇纷纷兴办新式学堂。这是因为商人集团较多地接触西方工业文明，体验到新式教育与社会进步的关系，在态度和物质上都倾向支持新式教育的发展。因此，商贸发达的汕头的新式教育发展较快，成为近代潮汕侨乡新式教育的中心，与汕头经济中心、政治中心职能相一致。而作为潮汕侨乡传统老城——潮安，因当地士绅势力强大，新式教育依靠官方推广，因此，学校教育主要是官办学堂，直到清朝光绪三十二年（1906 年），才有教会学堂的出现。②

（2）教育的地域不均衡性表现明显。一方面，通过表 5－5 和表 5－6 的数据绘制 1933 年潮汕侨乡各县市局初等教育学校数量示意图（见图 5－1）和 1946 年潮汕侨乡各县市局中等教育学校数量示意图（见图 5－2），据此二图可知，揭阳、潮安、大埔、普宁等县小学数量在整个地区占有优势地位，中等教育则主要集中在汕头、大埔、揭阳等县市；另一方面，据《潮州志》卷四《教育志》绘制 1946 年潮汕侨乡各县市局适龄儿童失学率示意图（见图 5－3），以适龄儿童失学率为维度来考察潮汕各县市局教育发展的不均衡性。

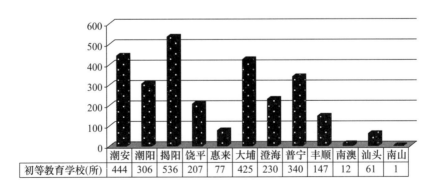

	潮安	潮阳	揭阳	饶平	惠来	大埔	澄海	普宁	丰顺	南澳	汕头	南山
初等教育学校(所)	444	306	536	207	77	425	230	340	147	12	61	1

图 5－1　1933 年潮汕侨乡各县市局初等教育学校数量示意图

---

① 杜松年：《潮汕大文化》，中国科学技术出版社 1994 年版。
② 黄挺：《近代潮汕教育概论》，《韩山师范学院学报》1997 年第 3 期，第 16 页。

图 5-3 反映出，潮汕侨乡各县市局教育发展水平不均衡，潮阳县、南澳县、南山局的适龄儿童失学率竟达 60% 左右，其中潮阳县的，高达 62.4%。这在一定程度上说明，教育职能城镇的分布具有不合理性。

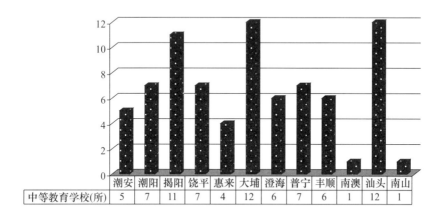

	潮安	潮阳	揭阳	饶平	惠来	大埔	澄海	普宁	丰顺	南澳	汕头	南山
中等教育学校(所)	5	7	11	7	4	12	6	7	6	1	12	1

图 5-2 1946 年潮汕侨乡各县市局中等教育学校数量示意图

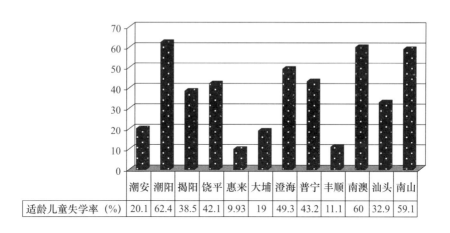

	潮安	潮阳	揭阳	饶平	惠来	大埔	澄海	普宁	丰顺	南澳	汕头	南山
适龄儿童失学率（%）	20.1	62.4	38.5	42.1	9.93	19	49.3	43.2	11.1	60	32.9	59.1

图 5-3 1946 年潮汕侨乡各县市局适龄儿童失学率示意图

（3）教会学校、民办学校先后成为推动近代教育发展的两大力量。教会创办的近代学堂在潮汕近代教育中占有重要地位。"传教士担当了相当重要的角色，大部分时间里是主角。"[①] 自开辟通商口岸以来，教会牧师纷至沓来，广设教会学校。清朝道光二十九年（1849 年）英国长老会在澄海始设炎灶学堂，学生入

---

① 熊月之：《西学东渐与晚清社会》，上海人民出版社 1994 年版。

学不收费，每天还给钱数十文。之后，天主教会在揭阳主办五金富学堂，浸信会在汕头主办礐光学堂，豪马利教士在汕头创办了女子小学，"该校为潮惠女子读书之先者"，等等。至20世纪初期，教会学校在潮汕近代学堂总数量中占绝对优势。据统计，1849~1905年，潮汕侨乡创办的教会学堂有24所，而同期的官办学堂和民办学堂仅为9所和10所。[1] 随着归侨数量的增加，接触过西学教育的归侨中的富商开始倾力支持新式学堂的发展，民办学校迅速发展。"迨光绪季年朝廷下兴学诏，各州县乃闻风继起。入民国公立学堂渐多，私塾之设尤盛。"[2] 据《庵埠志》统计，清朝末期该镇兴办小学堂29所。与庵埠毗邻的彩塘镇在清朝光绪三十年（1904年）共有私塾49间，到清朝宣统二年（1910年）全部采用新制编班级，教授商务印刷局编印的小学教材。[3] 据统计，仅1905~1911年潮汕侨乡民办学堂就有28所，而同期官办学堂仅19所。[4]

综上所述，近代潮汕侨乡行政职能城镇变迁体现在两个层面：府（道、区）城镇和县市局城镇。前者表现为"潮安→汕头→潮安"之过程，说明汕头政治地位的提升，之所以行政中心再次回落潮安，是因为1936年广东政区调整时汕头市为省辖市[5]，行政中心回归潮安并不代表汕头政治地位下降；后者表现为民国时期汕头和南山管理局的析置，以及县下镇的行政建制。总的来看，行政职能城镇的变化反映了近代潮汕侨乡政治中心与经济中心趋于一致的特征。

清朝后期潮汕教育出现革新气息，书院趋于没落，代之以新式学堂兴起。教会学堂首先在潮汕大地出现，之后初等教育学校、中等教育学校，乃至高等教育学校以教会、民办、官办的形式相继出现，构建了民国时期潮汕侨乡教育图景。观之，可以看出汕头市是整个潮汕侨乡的教育重镇，几乎囊括了当时各种类型、各种办学形式的学校。与前文综合考量，不难看出，近代潮汕侨乡的政治中心、经济中心以及文化中心是统一的。此外，还可以看出，各县市局的教育发展不均衡，以及教会主办学校和民办学校在近代潮汕教育发展中占有重要地位。

本章小结

依据城镇职能不同，近代潮汕侨乡城镇大致可以分为消费型城镇、行政型城

①④　黄挺：《近代潮汕教育概论》，《韩山师范学院学报》1997年第3期，第20页。

②　饶宗颐：《潮州志》卷四《教育志·下》，潮州修志馆1949年版。

③　彩塘镇志办公室：《彩塘镇志》（内部资料）1992年，第388页。

⑤　张明赓、张明聚：《中国历代行政区划》，中国华侨出版社1996年版。

镇、金融服务型城镇、贸易口岸型城镇、军事城池型城镇、商品集散中心型城镇、工矿业型城镇、手工业生产型城镇及交通枢纽型城镇等几类。需要注意的是，这种区别仅是依据城镇突出的职能而划分，并不具有绝对意义，有的城镇往往具备多种职能，属于综合型城镇。总体而言，城镇功能的大小和多寡与其在整个城镇体系中的层级地位密切相关。层级越高的城镇，其功能越高且多，反之则越低而寡。

由于域内自然环境、人文环境及社会经济发展水平迥异，因而潮汕侨乡城镇职能组合结构在不同地域呈现出不同特征。东南地区职能城镇类型丰富，不但几乎囊括了所有城镇类型，而且综合性城镇也明显较多。在所有不同职能类型城镇中，经济型城镇所占比重较大，而且类型多样。消费型城镇是近代沿海侨乡的特有类型城镇，反映了该地区归侨、侨眷数量的庞大，消费能力旺盛。潮汕侨乡消费型城镇为繁荣城镇经济，沟通国内外联系起了重要作用。

近代以前，由于潮州地处韩江的出海口，成为沟通粤东、赣南、闽西南的交通枢纽，并同时成为区域商贸职能中心城镇，直至汕头开埠未曾动摇。开埠以后，汕头的商贸地位日渐提升，往来汕头港的船舶、艘次，进出口贸易额，以及国内贸易方面较之前有了显著增加，汕头超越潮州，成为近代潮汕侨乡商贸职能中心城镇。随着经济职能城镇的更迭，潮汕和汕头内部商业区也经历变迁：潮州城商业区由东城门逐渐向东延伸，并在 20 世纪 20 年代初，在太平路一带形成商业贸易繁荣区；汕头则由开埠前的数十家小店演化成近代以"四安—镇邦""四永—升平"及小公园为核心的商业贸易区。

近代潮汕工业发端于汕头，形成以汕头市区、潮安城区为核心区，潮安、揭阳、澄海等县为第一层次区，潮阳、普宁、惠来、丰顺、饶平、南澳等县为第二层次区的工业职能组合结构。这一组合结构呈现"以汕头—潮州一线及沿线庵埠等城镇为轴心，揭阳、澄海为两翼"的"涟漪状"地理分布特点。工业结构上表现出轻工业相对发达、重工业薄弱的特征。随着商贸发展，近代潮汕金融业兴起，汕头成为近代潮汕侨乡金融体系的中心城镇，不仅表现为汕头各式金融机构齐备，还表现为其所占份额在潮汕侨乡居于绝对优势地位。另外，近代潮汕侨乡新旧金融机构并立，不仅有传统的典当行、银庄、侨批局，还有新式银行，尽显金融繁盛之局面。

行政职能城镇自古就在我国职能类型城镇中占有重要地位。近代潮汕侨乡行政职能城镇的变迁主要体现在三个方面：其一，府（道、区）城镇经历了"海阳→汕头→潮安"的地域变迁过程；其二，县市局城镇数量在民国时期有所增加；其三，镇在 1937 年正式成为基层行政建制。通过行政职能城镇的变迁，可以看出，近代潮汕侨乡的政治中心、经济中心趋于一致的显著特点。清朝后期书院逐渐没落，并最终随科举制一同退出历史舞台，新式教育继而兴起。潮汕侨乡的教育也由传统向新式转型，民国时期出现了新式初等教育、中等教育、高等教育以及社会教育。纵观近代潮汕侨乡新式教育的变迁可以看出：首先，新式学校主要出现在商业较为发达或归侨数量较多的城镇；其次，教育发展不均衡，换言之，教育职能城镇分布不均衡；最后，教会学校、民办学校在近代特别是清末民初，对潮汕侨乡的教育发展做出贡献。

第 六 章

华侨与潮汕侨乡城镇的近代化

中国城镇化的近代化进程始于 1840 年中英鸦片战争后，从东部沿海、沿江地带率先启动，并伴随沿江口岸商埠的开辟不断向内地渗透。潮汕侨乡地处东南沿海，城镇近代化起步较内地为早，而且由于华侨的广泛参与，形成一种不同于江浙模式的近代化模式。在潮汕侨乡城镇近代化进程中，华侨发挥着至关重要的作用，是近代潮汕城镇近代化进程最重要的推动力之一。本章以华侨对潮汕侨乡的贡献为基石探讨近代潮汕侨乡城镇近代化的表现、动力及制约、模式及特征。

第一节　潮汕侨乡城镇近代化的表现

城镇近代化表现为近代诸多要素进入城镇的过程，具有广泛性、深入性等特点。因此，在交通及通讯、工商业发展、市镇建设以及民众的衣食住行等方面都有所反映。

一、交通及通讯的变化

新式交通、通讯事业的开办，是潮汕侨乡城镇近代化的重要表现之一。汕头开埠后，华侨的投资业首先集中于交通业和通讯业。根据林金枝统计，1862 ~ 1949 年广东华侨对交通业的投资，主要集中在 1861 ~ 1919 年，占此段时间总投资额的 40.46%。[1] 近代汕头地区在交通运输方面的投资额占投资总数的 23%。[2] 潮汕侨乡城镇的交通及通讯网络发生重要变化。

---

[1][2]　林金枝、庄为玑：《近代华侨投资国内企业资料选辑（广东卷）》，福建人民出版社 1989 年版。

铁路交通方面。在收回权利和实业救国思想影响下，1904 年由旅居印度尼西亚华侨张煜南、谢荣光等在潮汕开筑的潮汕铁路，由汕头达澄海，中途各站为金砂、东墩、浮陇、鸥汀、下埔、外砂，总共 8 站，长 18.5 公里。① 汕潮电车铁路 1924 年开建，1927 年完成，起自汕头对海之蝺田乡，经潮阳县城，东沿练江北岸，以抵与普宁交界之贵屿，全长 58 公里。② 由此，在潮汕城镇密集区，以汕头为中心北向、东向、西向铁路干线建立起来。1924 年潮阳县境内从后溪至龙井渡口的短途铁路竣工，长度大约 15 公里。③

公路交通方面。1932 年泰国、新加坡等国华侨参与投资的汕头至樟林的汕樟公路建成，全长 70 华里；同时开建的还有潮安城至饶平凤凰墟的安凤汽车路，长 50 华里。④ 到 20 世纪 30 年代末期汕头已筑路 993.6 公里，通车里程为 736.6 公里，成立了 15 家私人汽车运输公司，拥有客货汽车 506 辆，初步形成了潮汕近代公路交通网络。⑤ 1948 年 7 月旅居槟榔屿华侨林连登独资创办了连通汽车运输公司，公司有汽车 26 辆，主要川走于潮阳至惠来，潮阳至普宁一带。

内河航运业方面。1890 年潮阳人萧鸣琴首创汕头小火轮公司，开启了汕头内河航运业的新篇章。20 世纪以来，在华侨的持续投入下，内河航运业不断发展。到 1923 年汕头内河航运共拥有 22 家内河轮船公司、41 艘轮船。内河航运迅速发展、扩大，航运线从往来汕头—揭阳一线发展到遍布潮汕内河水系的 12 条航线。⑥ 30 年代航行于韩江流域的三大轮船公司，均有华侨投资：最大的航业公司东成公司华侨资本占 40%，拥有汽轮 26 艘；利民公司航行大埔，华侨资本占 20%；大宇公司华侨资本占 1/3 以上。⑦ 40 年代旅居槟榔屿华侨林连登独资创办的公司，麾下还有 4 艘渡船，航行于汕头西堤至磊口之间。

海运业方面。在清朝光绪年间以前，潮汕的海运业全由洋轮垄断，此后招商局在汕头建筑轮船码头，船舶开始行驶于汕头与上海及各通商口岸之间。随着海外华侨社会的形成及对外商贸的发展，华侨开始注重海运交通的投资。1905 年由潮籍侨领郑智勇倡导在泰国组织建立暹罗华侨通商轮船股份公司（简称华暹轮船公司），船舶航行于东南亚、日本及中国香港、汕头、厦门、上海等地，其中有 4 艘轮船专门行驶于汕头—暹罗之间。民国初年旅越潮籍华侨郭琰独资经营的

① 陆集源：《古今潮汕港》，中国文联出版社，2004 年。

② 王琳乾、吴膺雄：《潮汕交通运输资料》（内部资料），潮汕历史文化研究中心，2003 年。

③ 中国海关学会汕头海关小组、汕头市地方志编纂委员会办公室：《潮海关史料汇编》（内部资料）1988 年，第 122 页。

④ 广东省地方史志编纂委员会：《广东省志·华侨志》，广东人民出版社 1996 年版。

⑤⑥ 郭剑鸣：《文化与社会现代化：对汕头为中心的潮汕社会发展的文化透视》，汕头大学出版社2002 年版。

⑦ 林金枝、庄为玑：《近代华侨投资国内企业资料选辑（广东卷）》，福建人民出版社 1989 年版。

元兴船务公司，创设于汕头市至平路，公司备有巨轮从堤岸运货直达欧洲贸易。抗日战争胜利后新加坡华侨林博侯独资创办美昌船务行，船舶行驶汕头至中国香港、广州，和新加坡一带。

通讯事业方面。电报业率先在汕头出现，1884年汕头"与外部世界建立了电报通讯"，"1888年6月，开通了与潮州府成的电报通讯"。[1] 近代潮汕的邮政业发展较早，潮海关税务司克立基在《1902～1911年潮海关十年报告》中提到，汕头邮区包括了广东省的整个北部地区（应为东部地区——校译者注），不论大小村镇寄信都很便利。[2] 电话通讯也于这一时期在潮汕侨乡兴起，1911年高绳芝创办汕（头）澄（海）有线电话。[3] 电话安装数量不断增加，1932年广东省建设厅又筹办汕头自动电话所于外马路，初安自动电话500余部，后增至1000部，使汕头成为全国第九个市内电话实现自动化的城市。[4] 先进通讯方式的采用，适应商业发展突出的潮汕社会，是潮汕社会近代化进程的表现之一。

二、侨乡城镇生活方式的变迁

伴随潮汕侨乡城镇的近代化进程，侨乡生活方式出现显著变化，集中表现在生活方式的"洋化"、公共娱乐方式的出现、生活设施的改善等方面。在生活方式"洋化"方面，非华侨家庭生活方式则保留较多本地的传统色彩，物质生活水平与之前没有较大差别，因此主要体现在侨眷生活方面。

1. 侨眷生活方式的"洋化"

华侨家庭的生活费大部分实际依赖南洋华侨的汇款。华侨家庭每家每月平均入款国币66.2元，非华侨家庭仅有国币19.25元，两种家庭的"平均入款相差不止三倍"[5]，"华侨家庭有较优的经济状况"[6]，日常生活方式有"洋化"特点。

日常服饰鞋帽消费方面，华侨家庭经济实力普遍较高，开销远大于非华侨家庭，消费品更偏向于选择外洋款式、品质。华侨家庭易选用外洋物品。衣料包括丝羽、竹纱布、呢布等，丝羽一般由英、法、德、日等国输入，"好的羽布，价

① 中国海关学会汕头海关小组、汕头市地方志编纂委员会办公室：《潮海关史料汇编》（内部资料）1988年，第2页。
② 中国海关学会汕头海关小组、汕头市地方志编纂委员会办公室：《潮海关史料汇编》（内部资料）1988年，第70页。
③ 广东省地方史志编纂委员会：《广东省志·华侨志》，广东人民出版社1996年版。
④ 洪松森：《汕头开埠后的潮汕经济》，《韩山师范学院学报》（社会科学版）1996年第1期，第27页。
⑤⑥ 陈达：《南洋华侨与闽粤社会》，商务印书馆1939年版。

比丝绸远贵"。在鞋帽选购方面，侨眷多穿购买而来的皮鞋和树胶鞋，帽子有暹罗式的头巾、马来式的绒帽、欧美式的呢帽。男子穿着西装、中山装。非侨眷衣着方面多用布料、本地货，呢帽与皮鞋之类则缺乏。①

食品消费方面，从消费额度而言，非华侨家庭每月用国币 11.04 元，华侨家庭则为 32.67 元，"华侨家庭的食品消费，高出于非华侨家庭不止两倍半"②；从消费品种类而言，华侨家庭有较多的食品，不但如此，华侨家庭的食品品质亦较优；从饮食习惯而言，习惯渐呈显著变化，如蔬菜里面喜欢用辣椒，早餐喝咖啡，用餐时食用水果等显然是受南洋饮食习惯的影响。③

住宅居所方面，华侨的住宅耗资高，房屋在价值上均高于非华侨住宅。如华侨社区和非华侨社区房屋估价上，两者上等房屋对比价是 10000 元（国币）以上对 1000 元以上；中等房屋估价为 4000～9999 元对 500～999 元；下等房屋估价为 1000～3999 元对 250～499 元；贫者房屋估价为 1000 元以下对 250 元以下。④可见华侨家庭与非华侨家庭在住宅方面的差距悬殊。此外，建筑明显植入外洋风格。潮汕华侨有回乡"起厝置业"以光宗耀祖的思想传统，近代新式建筑绝大多数是华侨家庭所建造，不仅在外观、装饰上仿照外洋风格，在格局设计上也做了大胆的模仿。

2. 新式娱乐休闲方式的出现

在西方殖民者以及海外华侨的带动下，新式娱乐休闲方式如电影、戏院以及公园等悄然出现在潮汕侨乡城镇。清朝宣统元年（1909 年），驻汕英侨为庆祝英皇加冕集资在汕头市崎碌的葱陇演戏，为汕头市放映电影之滥觞。后来澄海人蔡某在金山街建一电影场，名为高陞。1922 年德国领事署为临时公园，其东隅盖建竹屋，设立大观西苑，开映电影，"市民乃得一耳目一新"。第二年夏天，潮汕籍人集资租该院经营。⑤可见，潮汕侨乡民众对此娱乐方式颇为热衷。1939 年夏，潮州出现了一个取名"白宫"的固定放映点，由私人临时合股进行短期放映，这种活动形式一直持续到 1948 年进行固定电影放映经营，"白宫"改名为"光华电影院"。⑥

1931 年，祖居庵埠龙坑乡的越南华侨实业家郭琰，在汕头投资兴建了大光明戏院，为过去汕头首屈一指的戏院。⑦还有大观园、大同游戏场、中央戏院、胜利戏院等。⑧

---

①②③④　陈达：《南洋华侨与闽粤社会》，商务印书馆 1939 年版。

⑤⑧　谢雪影：《汕头指南》，汕头时事通讯社 1947 年版。

⑥　潮州市文化志编写组：《潮州市文化志》（内部资料）1987 年，第 253 页。

⑦　潮州市人民政府侨务办公室、潮州市归国华侨联合会：《潮州市华侨志》（上）（初稿）（内部资料）1988 年，第 153 页。

近代，照相业也开始在潮汕风行起来，汕头市区专营照相的有大地美术摄影室、价仁、明星等 19 家摄影室。① 除了汕头，其他潮属地区也出现照相馆，如20 世纪 30 年代中后期揭阳县也出现照相馆，至中华人民共和国成立初期，榕城有 8 家照相馆。②

另外，供人们休闲娱乐的公园也在汕头出现，汕头市最大的娱乐场所为中山公园，"林木阴翳，山石玲珑"。③

3. 新式生活设施的使用

近代潮汕侨乡人们生活方式的改变，还体现在电灯、自来水等现代化生活设备的使用上。华侨家庭首先体验了这些新式生活方式。如 1913 年，澄海县樟林侨眷蓝春辉从新加坡购进英国产的柴油机发电机，发电供蓝氏家庭大院照明。④据统计，20 世纪初，"中国人市区……已装电灯约 7000 盏。全部街道每隔 80 尺就装有一盏 25 支光的电灯。1910 年沿崎碌的新区或外国人住宅区安装了一排电灯"⑤。而在《汕头事情》中，也有对汕头使用电灯的用户数量的记载，有约5000 户（一万灯）使用电灯。⑥ 由此可见居民生活，尤其是华侨家庭的生活设施上，表现出明显的近代化特征。

居民饮用水方面，到 1922 年为止，潮汕侨乡已经"普遍用上了自来水，食用经常受污染的井水的历史将近结束"⑦。

生活方式的改变，表明近代西方物质文明已经进入潮汕侨乡城镇的生活领域。"如果说中国近代出现过市民社会，那么汕头可以称得上是一个典型。"⑧

三、侨乡城镇建筑的"西化"风格

建筑作为一种直观的文化符号，是一种充满时代感的文化、一种体现文化交流的动态文化。华侨吸收海外城市建设的理念并在家乡实践，潮汕侨乡城镇形成了"中西合璧"的城镇建筑，在建筑风格、建筑结构、建筑材料及城镇规划等

① 谢雪影：《汕头指南》，汕头时事通讯社 1947 年版。

② 揭阳县地方志编纂委员会：《揭阳县志》，广东人民出版社 1993 年版。

③ 《本路各站地方概况》，《潮汕铁路季刊》第 1 期刊，1933 年 9 月，"调查"第 2 页。

④ 澄海县地方志编纂委员会：《澄海县志》，广东人民出版社 1994 年版。

⑤ 中国海关学会汕头海关小组、汕头市地方志编纂委员会办公室：《潮海关史料汇编》（内部资料）1988 年，第 80 页。

⑥ 汕头市政府：《汕头事情》，台湾新民报社 1940 年版。

⑦ 中国海关学会汕头海关小组、汕头市地方志编纂委员会办公室：《潮海关史料汇编》（内部资料）1988 年，第 110 页。

⑧ 林济：《潮商》，华中科技大学出版社 2001 年版。

方面融入了西方元素，改变了城镇建筑风格及建设格局。大量新式楼房的出现使得城镇面貌焕然一新，潮汕侨乡建筑风格至今仍然异于其他侨乡，更异于内地，已是潮汕地域文化特征的重要组成部分。

建筑风格上，近代潮汕建筑风格最明显的变化就是外洋建筑元素的大胆移植。西方的"骑楼"建筑风格的吸收，体现出潮汕人经世致用的商业意识和务实品格。骑楼建筑源自英属海峡殖民地城镇，骑楼楼下有长廊，遮挡风雨的同时招揽顾客，是热带城市建筑的典型及建筑文化代表。华侨将这种建筑风格移植到家乡，与潮汕本土传统的建筑风格结合起来，形成侨乡极具特色的中西合璧的骑楼风格。1912 年制定《广东省城警察厅现行取缔建筑章程及施行细则》后，骑楼被推广到广东省市区主要商业街区，作为改善城市空间的一种手段与方法。①

建筑装饰上，体现出传统风格与西方装饰元素的混搭。如位于汕头小公园的南生公司大楼是潮汕近代中西合璧建筑风格的典型代表，至今风貌犹存。虽然已破落面临被拆迁，但是当年建筑的整体面貌及装饰花纹图案至今仍清晰可见，笔者游访期间驻足于此，被其鲜明中西混搭的建筑风格和装饰图案所吸引，寻味良久（见图 6 - 1）。

| 西式圆窗 | 方形中式门窗 | 挑台 | 中式屋檐 |

"南生贸易公司"建筑"中西合璧"细节

图 6 - 1 "南生贸易公司"正面及侧面图

建筑结构上，西方的建筑布局被纳入侨乡建筑中。有些民居直接模仿西式花

---

① 邓毅：《后殖民地语境下的文化变迁：侨乡城镇的近代化历程》，《河南社会科学》2008 年第 4 期，第 113 页。

园洋房的布局形式，有些楼房楼梯采用西方的旋转式，扶手采用钢筋而非传统的木质材质，有些民居将游泳池设计在楼房中，这都是西式建筑布局的体现。

建筑材料上，多采用西方的石膏、混凝土、水泥等建筑装饰材料。石膏多见于建筑的装饰上，如陈慈黉故居建筑支柱均采用西式花柱头。《潮海关史料汇编》记载了汕头 1887 年的一场大火，"受灾户中有几家主要布匹商遭受的损失倒是不大"，因为他们的"保险库建筑采用混凝土墙和地板，坚厚的石头房顶，用水泥粘合得十分牢固"①。可见混凝土、水泥这些外洋的建筑材料已经被潮汕侨乡城镇建筑原料加以利用。

城市布局上，传统城市布局一般是棋盘式街道结构，华侨的投资改变了汕头城市布局，出现了迥异于传统城市格局的布局。汕头市中心道路系统的扇形扩散布局，呈现出吸收西方城市建筑规则设计方式的新型商埠城市面貌。②

这些新型建筑吸纳西方建筑文化，在建筑物的装饰和形制上，融入西方建筑元素，建成骑楼和高层建筑商业购物服务中心。"在华侨文化的大众化趋向中，以碉楼和骑楼为代表的建筑文化堪称中国农村主动接轨世界的一大奇迹。"潮汕广大乡村的西方建筑风格，"甚至成为新兴市镇的主流建筑风格"③。将西方文化本土化，实际上构成了近代侨乡农村市镇化的基础。

大量楼房的出现改变了城镇面貌。至 20 世纪 30 年代，汕头市新建了大量楼房，并形成了以小公园为中心，拥有 3500 家商号的南中国繁华商城。④ 汕头市的市政建设大部分是华侨独自或集资兴建的，甚至几条街的楼房都为同一财力雄厚的华侨所兴建。据统计，当时汕头新建的 4000 多栋楼房中，属于华侨产权的有 2000 多栋，占 50% 以上。⑤ 潮安县刘陇乡新加坡侨商荣发源号于 20 世纪二三十年代在汕头市兴建了许多楼房，整条荣隆街以及潮安街、通津街的一部分新楼房都是荣发源号投资兴建。据荣发源房地产代管人刘老五生前说："刘陇在汕头房地产业的全盛时期，楼房不低于两百座。"⑥ 华侨除了集中在汕头外，在其他城镇也兴建楼房，如流沙镇就有不少华侨建造的楼房。据 1959 年对普宁县流沙镇的调查，当时流沙镇街道店铺有 200 多间，一半以上是在 1930～1935 年由华侨投资建筑

①　中国海关学会汕头海关小组、汕头市地方志编纂委员会办公室：《潮海关史料汇编》（内部资料）1988 年，第 80 页。

②　唐孝祥：《近代岭南侨乡建筑的审美文化特征》，《新建筑》2002 年第 5 期，第 70 页。

③　沈卫红：《侨乡模式与中国道路》，社会科学文献出版社 2009 年版。

④　郭剑鸣：《文化与社会现代化：对汕头为中心的潮汕社会发展的文化透视》，汕头大学出版社 2002 年版。

⑤　林金枝、庄为玑：《近代华侨投资国内企业史资料选辑（广东卷）》，福建人民出版社 1989 年版。

⑥　潮州市人民政府侨务办公室、潮州市归国华侨联合会：《潮州市华侨志》（上）（初稿）（内部资料）1988 年，第 152－153 页。

起来的。当时的中华路房屋绝大部分是华侨投资兴建的，泰国华侨陈辅庭一人，就在流沙盖了24幢楼房。泰国华侨陈黉利在家乡钱美乡盖4幢家庭住宅式的建筑物，共有540间厅房，总面积有1.6万多平方米。① 此外，华侨还投资建造、装饰祖屋。"望族营造屋庐，必建立家庙，尤加壮丽。其坊村市集，虽多茅舍竹篱，而城郭中强半皆闳闳，厚墙垣者。"② 城镇面貌的改善也提升了城镇的功能。

四、近代企业的创办

近代潮汕侨乡兴办了大量新式企业，机器生产开始广泛应用于轻工业、农业等各行业，如图6-2所示。

根据图6-2可知，近代潮汕侨乡主要新兴产业分别如下：普宁主营锡、锌矿业，揭西主营煤矿，惠来主营盐业，南澳主营铁业，揭阳主营机器局、糖厂，丰顺主营锡矿、铅矿、火柴厂，潮州主营银、锡、煤业及火柴厂，大埔主营染织厂、砖瓦厂、皮革厂、印刷厂、铁、铅、机器局，饶平主营纺织厂，汕头市主营纺织厂、染织厂、火柴厂、皮革厂、玻璃厂、电力厂、榨油厂、肥皂厂、自来水厂、船坞。进一步分析可知，潮汕侨乡西南地区矿藏丰富，采矿业占主要地位；工业部门主要集中在南部和北部的汕头、饶平和大埔等市县，工业生产体系中又以轻工业占主导地位；另外，潮汕侨乡的火柴生产工厂较多。

除了投资工矿业外，商业投资所占比例也很大。据统计，1949年以前华侨在汕头投资兴办的商业公司或商店有200多间，包括出口商、百货商、粮食商、绸布商、木材商、药材商等。当时汕头港的进出口贸易在全国占有重要地位，排名前列，被誉为"百载商埠"。

需要指出的是，近代潮汕侨乡这些新式企业的创办与华侨关系密切，很多都是华侨出资将国外先进的生产方式引入国内。华侨投资体现出三个特点：其一，华侨在潮汕的投资行业广泛，包括工业、商业、服务业、交通业、金融业、房地产业等。如泰侨高绳芝在澄海城创办的振发布局，泰归侨郑植之兄弟四人在揭阳榕城创办了捷和金属制造厂等，③ 1937年马来亚华侨陈良墨等在潮州枫溪投资开设了华侨瓷厂，④ 1947年旅泰华侨余子亮在饶平县创办饶平柑橘农场，旅泰侨商林来荣在达濠投资组办金复兴渔业公司发展捕捞业，拥有渔船近百艘，⑤ 等等，

---

① 林金枝、庄为玑：《近代华侨投资国内企业史资料选辑（广东卷）》，福建人民出版社1989年版。

② （清）周硕勋：《潮州府志》卷十二《风俗》。

③ 潮州市委宣传部、汕头市委宣传部、揭阳市委宣传部、汕尾市委宣传部：《潮汕华侨历史文化图录》（上），山东美术出版社2008年版。

④⑤ 广东省地方史志编纂委员会：《广东省志·华侨志》，广东人民出版社1996年版。

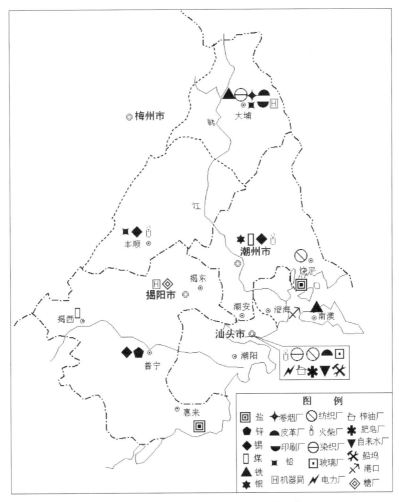

图 6 – 2 鸦片战争后潮汕侨乡的新兴产业布局图

资料来源：广东历史地图集编委会：《广东历史地图集》，广东地图出版社，第 55 页 "鸦片战争后新兴产业在广东"。

不一而足。以汕头市为例，近代华侨主要投资于房地产业，其次是商业，这两项占据投资总额的半壁江山，其他行业如金融业、交通业、工业、服务业等都有所涉及（见表 6–1）。其二，1927～1933 年达到近代华侨投资潮汕侨乡的全盛时期。据统计，20 世纪初至 20 世纪 40 年代，潮汕海外华侨在汕头市投资创办的民用工厂近 20 家，在潮州城投资创办的民用工厂有 10 家左右。其三，华侨创办的企业大部分与民众生活息息相关，如电灯厂、碾米厂及织布厂等。1905 年方仰欧、方延珍创建昌华电灯公司，1908 年高绳芝斥资筹款在汕头开办开明电灯公司，1911 年正式创办汕澄电话公司①。1931 年创办的汕头利生火柴厂，华侨股份占了 75%，是潮汕侨乡规模较大的火柴厂，产品在抗日战争前畅销福建、江西等省及兴梅、潮汕各县②。20 世纪 30 年代丰顺县汤坑印度尼西亚华侨黄宗轻兴办的利民碾米厂、汕头生聚电机织染厂，采用先进的电力机械工业。此外，汤坑还有复光布厂、和济布厂、大光布厂、利民布厂、民生布厂、更生布厂，这些均为木机纺织③。

表 6－1　近代华侨投资汕头市各行业结构情况简表

投资行业	投资户数	投资额（万元）	占投资总额比例（%）	户均额度（元）
房地产业	1426	2111	39.72	14804
商业	216	1011.9	19.04	46848
金融业	178	808.5	15.21	45423
交通业	26	755	14.20	290347
工业	20	332.4	6.25	166214
服务业	44	296.1	5.58	67302
总计	1900	5314.9	——	27937

资料来源：林金枝、庄为玑：《近代华侨投资国内企业史料选辑（广东卷）》，福建人民出版社 1989 年版。

五、侨乡教育的近代化

潮汕侨乡教育的近代化与华侨的贡献密不可分，成为推动潮汕侨乡教育转型的重要力量。这一方面源于华侨海外艰辛谋生的经历使他们对教育格外重视，对教育的投入也较多。按照侨汇的用途，将近代广东侨汇分为三大类，即赡家性侨汇、投资性侨汇以及捐献性侨汇，其中，"捐献性侨汇普遍用于文教事业"。④ 另一方面华侨在海外接触到注重实用的西方教育方式、内容，他们返乡后模仿西方教育模式、教育内容的积极性比较强。清朝末期潮海关税务司英国人甘博，在《1892～1901 年潮海关十年报告》中对华侨推动近代新式教育有如下评论："最近已有一种鼓励按更全面和更实用的方式来办教育的趋势。确实，在一个这么多富有的人在国外旅行，从而有机会鉴赏到我们设置更为丰富的课程的好处的地

①②　广东省地方史志编纂委员会：《广东省志·华侨志》，广东人民出版社 1996 年。

③　丰顺县华侨志编纂办公室：《丰顺县华侨志（初稿）》（内部资料）1988 年，第 142 页。

④　林家劲：《近代广东侨汇研究》，中山大学出版社 1999 年版。

区，如果情况不是这样，倒会令人感到奇怪。"①

近代潮汕侨乡城镇相当一部分学校是由华侨创办的，华侨对新式教育的推广和发展做出了显著的贡献。如1899年汕头开办的"岭东同文学堂"即由华侨创办，学校教授中文和日文，教授日文的目的是"通过日本教科书这个媒介学习西方科学"②。1907年曾在新加坡端蒙学堂任教的潮安县华美华侨沈纯庵，回乡创办"育华小学堂"，开设六个教学班，采用旧制文言教材，每周教授英语二节。学堂设备较齐全，有礼堂、篮球场、体育室、图书室、仪器室、陈列室、校务处等，经费来源由乡侨赞助。③ 1929年，马来西亚华侨集资建成河婆中学，学校有工字型教学楼两幢，厨房、饭厅、炳南堂各一座④。

除了新式学校教育以外，潮汕侨乡还新建了多所通俗图书馆，开办多所书店，教育对象有所扩展，开始面向普通民众，潮汕侨乡教育日益近代化与大众化。1919年潮安县通俗图书馆在潮州成立，此为潮汕侨乡第一所公共图书馆；⑤1921年汕头市通俗图书馆成立；1928年大埔县通俗图书馆创办，有藏书1000多册。⑥ 除南澳外，揭阳、普宁、潮阳、丰顺等，各县都建成公共图书馆。另外，潮汕还涌现大批书店。据1934年《汕头指南》记载，汕头市区的书店有育新书社、世界书局等11家。⑦

综上所述，近代随着潮汕侨乡城镇近代化的展开，近代化诸多要素进入潮汕侨乡，对侨乡各个方面产生深远影响。新式交通工具和通讯手段出现，沟通了潮汕城镇对内对外联系。侨乡社会生活明显变迁，出现"洋化"的特点，体现在衣食住用等方面。侨乡城镇建筑也融入西方元素，表现出中西合璧的特征。新式企业大量出现，繁荣了汕头及各县的经济和贸易。教育向近代化转型，不仅出现新式学校，还出现图书馆、书店等新式公共教育机构。

值得特别注意的是，在近代潮汕侨乡城镇近代化的过程中，华侨发挥了至关重要的作用。移民海外的潮汕人，在工业文明的浸染下，耳濡目染西方近代的生活方式、教育方式等，通过将西方近代先进的生产技术在家乡实践返乡，以及大批的侨汇寄回家乡等形式将工业文明回输给家乡，促进侨乡的近代化。这是近代

①② 中国海关学会汕头海关小组、汕头市地方志编纂委员会办公室：《潮海关史料汇编》1988年，第56页。

③ 潮州市人民政府侨务办公室、潮州市归国华侨联合会：《潮州市华侨志》（上）（初稿）（内部资料）1988年，第121页。

④ 揭西县侨务办公室：《揭西县华侨志（初稿）》（内部资料）1987年，第30页。

⑤ 郑喜胜：《民国时期潮汕图书馆业发展述略》，《韩山师专学报》1993年第1期，第71页。

⑥ 萧菊如：《大埔县图书馆沿革》，大埔县文史资料委员会：《大埔文史》（第二十一辑）2003年，第159页。

⑦ 杜松年：《潮汕大文化》，中国科学技术出版社1994年版。

潮汕侨乡城镇近代化的一个独特现象。

第二节　潮汕侨乡城镇近代化动力与路径

　　何谓近代化？学术界多将"近代化"与"现代化"视为同义者，认为近代化和现代化都是指资本主义化，因为，在英文中现代化和近代化是同一个单词，即 Modernization。吉尔伯特·罗兹曼主编的《中国的现代化》一书就将中国的近代化与现代化等同，指出现代化是"各社会在科学技术革命冲击下，业已经历或正在经历的转变过程。业已实现现代化的社会，其经验表明，最好把现代化看作是涉及社会各个层面的一种过程"①。也有学者将近代化一词与中国历史背景结合起来做具体阐释："所谓现代化是指人类近现代历史上的一切巨大的社会变革过程，这个变革是从传统的农业社会向现代工业社会的转变，其转变过程以资产阶级革命和工业革命为推动力，使整个社会的经济、政治、思想文化等各个领域发生根本性变化。"近代化与现代化"没有明显的区别"，只是"近代史时期称为'近代化'，而将 1949 年至今称为'现代化'更为贴切和符合历史实际"②。此说得到吴承明先生的支持，吴氏认为："现代化"与"近代化"为同义语，我国文献中两词并用，无碍原义。③ 只是"讲历史，多用'近代化'"。④ 对此，笔者表示同意，认为近代化与现代化并没有实质差别，只是在中国具体的历史背景下不同时期的两种不同名称而已。

　　近代化作为一个系统概念，所涉内容宽泛，包括政治民主化、法制化，经济工业化、商品化，思想理性化、科学化，等等。简言之，即以机器工业化为主导的一系列社会变革，导致传统社会向近代社会渐进过渡。在某种程度上，近代化是从经济领域首先展开的。

　　华侨在近代潮汕侨乡经济领域的变迁过程中扮演了极为重要的角色，是潮汕侨乡城镇近代化的重要推动力，同时也使潮汕侨乡城镇近代化显示出与众不同的特点，我们不妨将之称为潮汕侨乡近代化路径。

---

　　① ［美］吉尔伯特·罗兹曼：《中国的现代化》，国家社会科学基金比较现代化课题组译，江苏人民出版社 2003 年版。

　　② 史远芹：《中国近代化的历程》，中共中央党校出版社 1999 年版。

　　③ 吴承明：《中国的现代化：市场与社会》，生活·读书·新知三联书店 2001 年版。

　　④ 吴承明：《吴承明集》，中国社会科学出版社 2002 年版。

一、动力因素

华侨投资是近代潮汕城镇近代化进程中最为重要的动力因素。华侨投资交通业加强了城镇之间的联系，催化了城镇网络的发展以及城镇间的经济交流；投资房地产业，大量新式楼房的出现改变着城镇的面貌和布局；华侨投资创办新式企业，将海外先进生产技术引入家乡，促进了经济近代化。此外，汕头港口开放及资本主义生产方式的引入都一并成为近代潮汕侨乡城镇近代化的动力因素。

1. 华侨投资交通业与城镇近代化

华侨投资于潮汕交通业对侨乡产生深远影响，改善了潮汕侨乡的交通条件，是城镇近代化的重要过程和重要表现。"铁路是资本主义工业最主要的部门即煤炭和钢铁工业的结果，是世界贸易与资产阶级民主文明的结果和最显著的指标。"[①] 铁路开通改变了传统的运输方式，标志着运输方式性质的转变。潮汕侨乡最早的铁路是 1904 年创办的潮汕铁路。之后，华侨对潮汕侨乡的公路和内河航运的投资源源不断。这些投资项目不仅包括城市之间及城乡间的公路、铁路、水路等，还包括城镇内部的公路建设等。交通投资改善了城镇内部建设，如今汕头市区的外马路、瑞平路、中山路、民族路、至平路、镇邦路、安平路、商平路、国平路以及西堤路等主要街道，都是在 20 世纪二三十年代建成的。[②] 当时市政建设所需费用为 94000 银元，[③] 但政府无力承担这些费用，基本上都由华侨承担。交通投资也使侨乡交通网发达，改变了人们步行、肩挑、牛拖、马驮的习惯，代之而起的是汽车、火车、汽轮，改善了侨乡经济文化的交流及生活便利程度。交通运输网络的形成，不仅直接推动了城镇经济的发展和近代枢纽城镇的出现，促进商品流通和农村农产品的商品化，还在一定程度上对区域城镇的重构具有十分重要的催化作用。

2. 华侨投资房地产行业与城镇近代化

近代华侨投资潮汕侨乡所涉行业中，以房地产业比重为最高，无论从投资户数还是投资金额来看都占有重要比例。1923 年当局颁布《侨务局章程》和《侨务局保护侨民专章》，华侨身份危机一定程度得到解决，加之汕头市政建设的开展刺激了华侨投资房地产的热情。据统计，华侨对房地产投资在近代对汕头总投

---

① 中共中央马克思恩格斯列宁斯大林著作编译局：《列宁全集》（第 27 卷），人民出版社 1990 年版。

②③ 林金枝、庄为玑：《近代华侨投资国内企业史资料选辑（广东卷）》，福建人民出版社 1989 年版。

资额中占39.71%。① 房地产业的发展对改善城镇近代化面貌作用显著，林金枝经过调查，得出汕头近代所建之楼房，华侨产权的楼房占总数的50%以上。② 而且，类型丰富的民居丰富了城镇景观和民居形态。所以"总体看，华侨投资以房地产业和市政建设最多。因此华侨投资对沿海城市的市政建设和住宅建设的作用最大"③。

华侨对潮汕侨乡房地产业的投资，加速了城镇房地产的开发，提高了城镇建筑用地使用率和城镇容纳、安置迅速增加的大量人口的能力，推动了城镇功能的提升，有力推动了城镇的近代化进程。城镇的近代化表现之一是大量乡村人口涌入城镇，为城镇的工业、商业发展提供大量劳动力，而大量人口对住房的需求又推动城镇房地产业的发展，从而推动了城镇近代化的脚步。以近代汕头人口及疆域面积为例说明近代潮汕侨乡人口增长与面积之比，进而说明房地产业发展对城镇近代化的积极意义，如表6－2所示。

表6－2　近代汕头市人口增长及疆域简表

年份	1921	1927	1932	1936	1939	1942	1946
人口（人）	36851	135527	184473	204785	194154	171568	201159
陆地面积（平方公里）	6.38	7.68	7.83				30.56

资料来源：饶宗颐：《潮州志》（第四册）《户口志·上》，潮州市地方志办公室重刊本2005年版；《潮州志》（第一册）《疆域志》，潮州市地方志办公室重刊本2005年版，第185～186页。

由表6－2可知，20世纪20－40年代汕头市人口增长了16万多人。相对有限的汕头市区土地面积而言，这急需房地产业的发展来解决十分紧迫的住房问题。尤其是在20年代，人口短期骤增，需要大量房源以满足这一需求。因此，华侨兴资建设了大量新式楼房，这就使汕头面貌短期内焕然一新，由开埠前荒凉的小岛发展成为四处高楼林立的地区大城市。

潮汕民间自古有买房起厝、光宗耀祖的传统，因此，华侨兴建新式建筑不仅见于汕头市区，其他侨乡也较为普遍。《潮州志》载："都市大企业及公益交通各建设多由华侨投资而成。内地乡村所有新祠厦屋，更十之八九系出侨资改建。"④ 投资乡间的房屋不仅数量多，而且注重装饰，讲究工艺精致，展示和保

① 洪松森：《华侨与潮汕对外经济》，《岭南文史》1991年第1期，第8页。

② 林金枝、庄为玑：《近代华侨投资国内企业史资料选辑（广东卷）》，福建人民出版社1989年版。

③ 林金枝：《华侨投资对沿海城市的兴起和中国近代化的作用》，《华侨大学学报》（哲学社会科学版）1987年第2期，第11页。

④ 饶宗颐：《潮州志》（第三册）《实业志·六》，潮州市地方志办公室重刊本2005年版。

留了民间建筑近代风格。农村楼房建设得到极大改观，直接推动了农村城镇化进程，推动了侨乡农村建设实现跨越式变革。①

3. 华侨兴办实业与城镇近代化

近代潮汕各项经济建设与华侨关系十分密切，华侨在潮汕侨乡创办了大量近代企业，推动了民族工业的进步，同时还引进先进的生产技术、机器，培养了大量熟练的技术工人，这为潮汕侨乡实业发展提供资金、技术和人力资源支持。

华侨创办了众多企业，据统计，自1889年新加坡华侨合资在汕头创办福盛出口商行始，截至1949年，华侨在潮汕侨乡投资的企业共4000家以上，投资金额为8000万元左右，约占近代华侨在广东投资金额的20%，占近代华侨在国内投资总额的11%。② 其中，商业投资金额巨大，约占总额的19.03%，在各行业中所占比重仅次于房地产业的投资，若加上类似商业性投资的金融业（银行、侨批局和钱庄）以及服务业（旅馆、酒家、戏院）的全部投资，共2100多万元，占全市投资数的38.42%。③ 华侨除了投入巨资开办企业外，华侨兴办的公司，在经营管理上借鉴、吸收国际较先进的经验，如20世纪30年代汕头百货行业中竞争能力较强的"四大公司"——南生、广发、振源和平平，较多地借鉴了东亚、东南亚各大城市先进的企业经营管理经验。这是他们能在竞争激烈的商界脱颖而出的重要原因之一。④ 近代企业的投资促进了城镇经济近代化的发展。

除了商业投资，华侨在潮汕侨乡还创办许多工业，但是为地区民族工业发展提供了技术、设备等方面的支持，意义重大。华侨直接创办或参与投资的企业约有20家，投资金额为332万多元，占汕头市投资额的6.25%。主要投资于电灯、自来水、火柴厂以及制冰厂等，重工业的投资基本没有。⑤ 虽然华侨对侨乡的工业投资数量不多，却有力地促进了民族工业的发展，给潮汕近代工业注入了生机和活力。原因为：其一，华侨投资地工业为民族工业发展提供了技术和设备等方面的支持，比如，澄海高绳芝为了振兴澄海的纺织业，引进日本纺织机器和技术，还专门聘请日本技术人员教授机器操作，澄海的纺织业也因此再次兴盛，同时还带动了周围地区机器纺织工业的发展。其二，华侨创办的工业培养了一批熟练技术工人。其三，归国华侨中有一些人具有现代机器生产的经验，可以在较短时间内成长为民族工业的熟练工，有利于民族工业的发展。

① 沈卫红：《侨乡模式与中国道路》，社会科学文献出版社2009年版。
② 洪松森：《华侨与近代潮汕经济》，《岭南文史》1991年第1期，第8页。
③ 林金枝：《近代华侨在汕头地区的投资》，《汕头大学学报》（人文科学版）1986年第4期，第109页。
④ 陈景熙：《潮汕工商业史话》，艺苑出版社2001年版。
⑤ 林金枝、庄为玑：《近代华侨投资国内企业史资料选辑（广东卷）》，福建人民出版社1989年版。

总的来看，近代实业的发展一方面表现了城镇经济发展水平和程度，另一方面也带动城镇及城镇周边区域的经济发展，一定程度上促进了城镇经济近代化。

4. 侨汇与城镇近代化

近代侨汇与地区经济发展及民间生活关系极为密切，数额巨大的侨汇为潮汕侨乡城镇社会生活的近代化提供了充足的资金来源，是社会近代化的坚实后盾。

据统计，20 世纪初潮汕华侨寄回家乡的侨汇每年约 2100 万元，1920 年近 3000 万元，1930 年侨汇达 1 亿元，1931 年为 9000 万元，1932 年为 7500 万元，1933 年为 7000 万元，1934 年为 5000 万元[①]。侨汇是侨眷的主要生活来源，据日本学者山岸猛的研究，"就国内亲属的侨汇用途来看，从 1862 年至 1949 年中华人民共和国成立，侨汇对企业的投资占整体的不到 4%，96% 被用于华侨华人国内亲属的生活费用和非生产性"[②]。侨汇因其数额巨大而极大地改善了侨眷生活质量，使之日常生活"洋化"，同时带动和刺激了城镇社会和城镇经济向近代化转型。

另外，侨汇业务的发展催生了侨乡独有的侨批业的产生。19 世纪 90 年代，汕头市已有服务于侨汇的侨批业。至第一次世界大战前后，汕头侨批局已经达到 67 家，[③] 可见侨汇数额之巨。侨汇进入流通领域，为经济发展提供了顺利运转所需要的资金，以至于在世界经济不景气之时，潮汕侨乡仍然能实现经济持续发展，此外，自从开埠后汕头对外贸易除个别年份外，都是入超，且入超之巨常在一倍以上，有时竟达两倍多；对国内各地贸易也属于入超，有些年份其至高达 7 倍以上。[④] 长期贸易入超的情况全凭大量侨汇来平衡，"潮州每年入超甚大，所以能繁荣而不衰落者，无非赖批款之挹注"[⑤]。侨汇之于经济发展和社会稳定意义重大。

5. 港口开放与城镇近代化

汕头开埠前已经是往来船只必经的港口，恩格斯 1858 年所写《俄国在远东的成功》一文中指出："在南京条约订立以前，世界各国已经设法弄到茶叶和丝，而在这个条约订立以后，由于开放五个通商口岸，使广州的一部分贸易转移到了上海。其他的口岸差不多都没有进行什么贸易，而汕头这个唯一有一点商业

---

① 谢雪影：《潮梅现象》，汕头时事通讯社 1935 年版。

② ［日］山岸猛：《侨汇与侨乡的经济变化》（上），《南洋资料译丛》2010 年第 2 期，第 66 页。

③ 广东省地方史志编纂委员会：《广东省志·华侨志》，广东人民出版社 1996 年版。

④ 杨群熙：《潮汕地区商业活动资料》（内部资料），潮汕历史文化研究中心、汕头市文化局、汕头市图书馆，2003 年。

⑤ 饶宗颐：《潮州志》（第三册）《实业志·六》，潮州市地方志办公室重刊本 2005 年版。

意义的口岸，又不属于那五个开放口岸。"① 第二次鸦片战争期间，担任英国侵华全权专使的额尔金奉命来华，征询增辟中国沿海通商口岸具体地点的意见时，英怡和洋行负责人约瑟夫·渣甸向其报告说："一个未经条约承认的非常重要的港口就是汕头港。汕头为广东沿海北部位于韩江口的一个最好的寄碇港，距离重要城市潮州不远。"② 可见开埠前的汕头商业气氛已经很浓，并且为殖民者所觊觎。1861 年汕头开埠后，各国侵略势力纷纷抢滩，继 1860 年英国在礐石设立领事馆之后，德国、日本、法国、挪威、美国相继在汕头设立领事馆。③ 此后，汕头的商贸业发展迅速，市区内部布局出现变化，各国开洋行、办船务、设教堂、建医院，使市区不断沿西南海滩造地延伸，市区商业中心逐步转移到"四安一镇邦"和"四永一升平"。④ 随着汕头对外贸易迅速发展，经济实力增强，经济成为汕头发展的主要动力，经济功能成为汕头的主要功能。因此，一定意义上讲以开埠通商和对外贸易为特征的对外开放，成为潮汕侨乡城镇近代化的一个重要动力因素。

6. 西方殖民势力与城镇近代化

19 世纪 60 年代末期，随着汕头开埠，西方殖民势力进入潮汕侨乡，外商纷纷来汕头开设洋行、商船会社和航业公司等机构。1867 年外国势力在汕头开始建立汽船公司，由渣甸公司及德忌利士经营，派船川走福州、香港。《潮海关史料汇编》关于 1882～1891 年外国商行在汕头发展的记载，由于"没有任何本地产品在欧美市场上畅销"，本地商人"阻止此地外国企业数目的任何增加。除非白银价格降到一个新的低点，足以促使输往国外的大宗糖类贸易的意外出现，否则这些外商行业不会有发展的可能"。说明这一时期外国商行还没有在汕头形成一定的影响，但是"轮船所有权和轮船代理行方面，主要有外国人居于支配地位"。

到 20 世纪初汕头成为华南重要的通商口岸。⑤ 外商积极在汕头开办工厂，如清朝宣统三年（1911 年），日籍台湾人林佶之在汕头创办利强工厂，有工人 40 余人，配有美国产的蒸汽机作动力。⑥ 第一次世界大战期间，日本更乘欧美列强忙于战事的机会大举入侵汕头市场，当时日本人在汕头开设了 464 个营业所，还

① 恩格斯：《俄国在远东的成功》，中共中央马克思恩格斯列宁斯大林著作编译局：《马克思恩格斯选集》（第二卷），人民出版社 1972 年版。

② 1857 年 10 月 1 日约瑟夫·渣甸致额尔金爵士函，参阅姚贤镐：《中国近代对外贸易史资料》（第一册），中华书局 1962 年版。

③④⑤ 郑可茵、赵学萍、吴里阳：《汕头开埠及开埠前后社情资料》（内部资料），潮汕历史文化研究中心、汕头市文化局、汕头市图书馆，2003 年。

⑥ 广东省汕头市地方志编纂委员会：《汕头市志》（第二册），新华出版社 1999 年版。

没有制冰、渔业、机器等厂家，经营的商品以棉纱、啤酒、砂糖、海味、酒精、棉法兰绒、火柴、人参为大宗。据潮海关统计，仅啤酒一项，1918年从日本输入达6879打之多。第一次世界大战后，美商乐洋行在汕头设立了第一家外商抽纱企业，以后外商蜂拥而至。1933年汕头共有抽纱行25家，资本总额150万元，平均每家6万元。这一时期在汕头的外国商行逐渐增加。据1925年调查，全市已有洋行及其他外国商贸机构达91家。外国商行以其资本雄厚和掌握资源的优势，拥有左右市场的实力，其中尤以英、美、日三国实力最强。至1928年，英、德、日、美、法、荷等国在汕头开的洋行、商店、旅店等共有56家，1100多人，拥有左右市场的实力。①

这些西方殖民者创办的企业，无论从经营管理方式，还是生产方式，基本都与西方近代化生产相关，如在汕头、澄海、揭阳、潮阳、潮州等地发展的抽纱业就是将传统潮绣工艺与西方先进生产技术相结合，而使改进后的抽纱制品在工艺和花色图案上深受欧美及东南亚市场的欢迎。这一方面直接提升了潮汕侨乡城镇经济近代化水平，另一方面对潮汕商业经济发展来说也有近代化的示范效果。

综上所述，近代潮汕侨乡城镇近代化是在动力因素和制约因素共同作用、此消彼长的过程中得以实现的。华侨在潮汕侨乡城镇近代化进程中功不可没，其对交通及通讯事业、房地产业、实业的投资，以及大量侨汇对侨乡社会转型的支持是近代化的内在动力，而西方殖民势力的渗透构成近代化最为直接的动力，汕头开埠则是潮汕侨乡近代化的根本动力。这些因素共同作用，促成近代潮汕侨乡城镇近代化的动力因素。

同时，地理环境决定的港口优良与腹地狭小的矛盾，动荡局势特别是日军侵华战争，城镇体系的不健全，重工业先天失衡，邻近中国香港导致的商业圈缺陷，以及政府和华侨自身的局限性等因素则成为近代潮汕侨乡城镇近代化的制约因素，一定程度上阻碍甚至破坏了近代化的顺利开展。

二、潮汕侨乡城镇近代化路径

因地域经济类型、活跃要素等多方面的不同，各地近代化路径呈现出不同特点。最典型的城镇近代化路径是江浙模式，江浙的近代化是从农业、种植业发展中内生的，它循着农业、桑棉种植业—手工纺织业—机械加工业的产业链条而来，依赖产业累进和资源聚集的推动，是主动式的。与江浙模式不同的是，近代潮汕侨乡不具备产业自然累进的条件，而是由于人地矛盾急剧迫使通过创立新产

---

① 陈朝辉、蔡人群、许自策：《潮汕平原经济》，广东人民出版社1994年版。

业来分流过剩劳动力，进而拉动原有产业的发展，是被动式的。① 这种观点指出了潮汕侨乡城镇近代化进程中产业发展的自然条件先天不足，需要新产业的带动，具有一定的合理性。除此以外，潮汕侨乡城镇近代化进程中，华侨与商业因素产生了根本性的作用，这是与江浙模式最大的区别所在。因此，可将近代潮汕侨乡城镇的近代化链条概括为：商业传统与华侨投资——农业商品化与工场手工业半机械化——商业网络化与工业机械化。

1. 商业传统与华侨投资

潮汕近代工业的兴起主要得益于潮汕商贸业的推动和华侨的经济、技术支持。可以说，潮汕侨乡城镇近代化的起点和支柱是近代商贸业的发展②。

（1）商业传统。潮汕侨乡人地矛盾十分尖锐，迫使一些人不得不以经商来糊口，使潮汕较早就有了经商传统。商业成为潮汕社会的支柱产业，与民众生活休戚相关，一旦商船不至，则"不惟米价腾贵，且告籴无门，城中十万户嗷嗷待哺，将何以延须臾之命"③。

商业的发展为潮汕侨乡长久以来亟待解决的人口与耕地的矛盾提供一定的解决路径，而且由于商业的规模发展推动了潮汕商业化社会的形成。这一方面表现在由清朝后期到民国时期乡村墟市大规模增长，另一方面还表现在不断增长的对外贸易上面。对外贸易的增长最终使得汕头港成为广东省第二、国内各大港口吞吐量排名前列的著名港口。商业发展到一定程度，必然要求生产领域进行技术创新，以适应商业大规模的发展。

（2）华侨投资。正如上文所言，华侨投资交通业和房地产业、兴办实业以及大量侨汇的注入等活动，活跃了侨乡经济发展，对潮汕侨乡的近代化起到催化作用。华侨对房地产的投资，使得潮汕侨乡城镇面貌具有近代建筑风格，华侨对铁路、公路及内河航运的投资，初步形成区域交通网络，不仅为区域经济交流奠定一定基础，而且使传统的交通方式向近代交通体系转型；华侨兴办实业则引进了先进的生产技术和先进管理方式经营企业，提升了近代企业经营管理的水平。尤其值得一提的是，大量侨汇的注入不仅极大地改善了侨眷的物质生活，而且为潮汕侨乡的商业发展、工业建设等方面提供了充裕的资金。

总之，潮汕侨乡城镇近代化的起始阶段，商业传统与华侨投资起到了举足轻

---

① 郭剑鸣：《潮汕社会近代化成功的文化启示》，《汕头大学学报》（人文社会科学版）2002 年第 6 期，第 97 - 98 页。

② 郭剑鸣：《潮汕社会近代化成功的文化启示》，《汕头大学学报》（人文社会科学版）2002 年第 6 期，第 100 页。

③ （清）周硕勋：《潮州府志》卷十四《艺文》。

重的作用。

2. 农业商品化与手工业半机械化

（1）农业商品化，农业种植结构商业导向性明显。汕头开埠后潮汕侨乡经济作物的商品价值升高，大部分农村开始不再种植粮食作物而改种植经济作物，直接的后果便是潮汕侨乡的粮食无法自给，需要从域外购进大量粮食，传统农业生产格局被打破，农业的商业化生产日趋明显主要表现如下：

1）农村粮食作物大面积减少，粮食进口不断增加，经济作物的种植面积普遍增长，农村种植结构发生改变。种植经济作物投入少，并且获利远大于种植粮食作物，农民乐于栽培经济作物以获取厚利而不愿多种稻谷，广大农村纷纷改种、扩种经济作物。《潮海关史料汇编》对比了 1882～1891 年、1892～1901 年两个十年间潮汕侨乡粮食进口数量的增加，认为其原因在于："粮食进口的增加并非由于谷物歉收，而是用于种植水稻的土地面积减少了很多。种植别的作物往往只花较少的钱和劳力却可获得更多的收入，近几年来，最有利可图的是种植罂粟、柑、花生和蔬菜。"到 20 世纪 20 年代"稻田的面积已从可耕地总面积的75％缩减到40％"[①]。《1912～1921 年潮海关十年报告》对农村种植业中经济作物的扩种原因记载道："种植水果和蔬菜盈利更多，而这些东西在海外移民中的需求量很大。由于同一原因，小麦的种植早就放弃了。"[②]《1922～1931 年潮海关十年报告》对于经济作物取代粮食作物成为主要农作物这一趋势的现象指出："农民看到水果和蔬菜取代水稻已成为当地农业的主要趋向，因此也把很多稻田改成果园，种植更有利可图的作物。"1938 年，当时社会已感受到经济作物挤占粮食作物耕地所带来的紧张局势："潮汕过去是产米之区，近数十年来因农村的破产，加以稻地缩少，改植甘蔗、柑、麻，因此粮食便供不应求了。民十前后，每年预算仅少二个月至三个月的粮食，到现在，因为甘蔗、柑的大量栽植，非有六个月外米，不够供用。"[③] 大米的进口量也因此骤增，据记载，1870 年全国洋米进口量141298 担，到 1906 年高达 12765189 担[④]，在不到 40 年的时间里，洋米进口量就增加了 90 倍之多。可见，近代潮汕的种植业中粮食作物不断被经济作物挤占是不争的事实，经济作物取代粮食作物、农村种植结构的改变已成大势所趋。

---

① 中国海关学会汕头海关小组、汕头市地方志编纂委员会办公室：《潮海关史料汇编》（内部资料）1988 年，第40、117 页。

② 中国海关学会汕头海关小组、汕头市地方志编纂委员会办公室：《潮海关史料汇编》（内部资料）1988 年，第95 页。

③ 吴光：《潮汕粮食问题（通讯）》，《群众》1938 年第 1 卷第 22 期，第380 页。

④ 《广东银行季刊》1941 年第 1 卷第 2 期，第297 页。

类似记载，也多见于地方志中。揭阳县是潮汕传统的农业区，据《揭阳县人口志》记载，开埠后也扩种了大量的甘蔗、蓝靛、花生、水果及药材等经济作物。用苎麻织夏布的家庭手工业也蓬勃发展。①《普宁县人口志》记载，清朝道光二十年（1840 年）鸦片战争以后，普宁县农村扩种了大量的甘蔗、花生、水果等经济作物。农业生产使用进口化学肥料和北方的黄豆饼，并引进含糖量较高的台湾的腊蔗，农业产量有较大的增产。②

　　另外值得关注的一个问题是，近代潮汕侨乡出口商品中经济作物所占比例较高。所占分量之大需要经济作物的扩种，甚至大量挤占粮食作物的面积来支持。蔗糖是潮汕侨乡主要的出口货物之一，清朝同治四年（1865 年）由汕头港转运外洋及国内各地的蔗糖共 53 万担左右，19 世纪末以后，每年有 100 万担左右的输出量。随着输出数量的增加，甘蔗种植面积在不断扩大。据 1935 年的调查，潮汕侨乡共种植甘蔗 25 万多亩，成为经济作物种植中首推巨擘。③

　　随着经济作物扩种，粮食进口数量不断增长，种植结构悄然发生着调整与变化。表 6 - 3 为近代汕头口岸进口粮食的数量变化。

表 6 - 3　1865 ~ 1930 年汕头口岸进口货物中粮食数量的变化

单位：司马担

年份	米	面粉（小麦）	总计
1865	644621	55107	699728
1870	3654	—	3654
1875	—		
1880	22902	—	22902
1885	80033	—	80033
1890	128388	—	128388
1895	248752	34622	283374
1900	72520	96477	168997
1905	8521	69228	77749
1910	1116936		1116936

　　①　揭阳县计划生育委员会：《揭阳县人口志》（内部资料）1987 年，第 46 页。
　　②　普宁县人口志编写组：《普宁县人口志（初稿）》（内部资料）1988 年，第 30 页。
　　③　洪松森：《汕头开埠后的潮汕经济》，《韩山师范学院学报》（社会科学版）1996 年第 1 期，第 18 页。

年份	米	面粉（小麦）	总计
1915	391882	387	392269
1920	6578	7782	14360
1925	736896	55756	792652
1930	1397872	43887	1441759

资料来源：中国海关学会汕头海关小组、汕头市地方志编纂委员会办公室：《潮海关史料汇编》（内部资料）1988 年，第 193－204 页。

由表 6－3 可知，一方面自汕头开埠至 1930 年潮汕侨乡长期缺失粮食，另一方面汕头口岸进口的粮食（米、面粉）数量虽然不稳定，但总体上呈增加的态势。潮汕侨乡之所以长期缺粮，除地少人多外，经济作物挤占大量耕地也是一个重要原因。[①] 经济作物的大量扩种改变着农业生产的结构。

2）经济作物成为出口的大宗货物，农业商品化转变表现明显。农村在经济利益的驱动下开始广泛种植价值更高的经济作物，出口的农产品数量之大，反映出农业商品化转变程度之高。清朝光绪年间已有不少华侨经营进出口商行，到 20 世纪初，最终形成了南商、暹商、南郊、和益四大公所。在 1909 年、1927 年、1929 年、1931 年等年份中，由四大公所组织输往东南亚及港澳的货物值，占总输入额的 83%~94%。1931~1949 年（沦陷期间除外），汕头对外贸易输出额的大部分或巨大部分都由上述四个公所组织输往东南亚。[②] 而这几家公所所经营的业务全与农业直接相关。其中，南商以专门经营潮汕土特产运输南洋各地为主要业务，南郊专门以潮汕一切盐制蔬菜运销南洋各地，和益又称什咸或菜廊，是专门运载潮汕的水果到南洋各地销售，冬天以柑为出口大宗，夏天以荔枝为多。[③] 海关税务司甘博在对 1892~1901 年海关报告中，将上个十年与本十年潮汕侨乡重要的出口产品做了数据对比，反映出经济作物在出口贸易中所占比重不断上升的趋势。其中列举的农产品摘录如下（见表 6－4）。

---

① 汕头大学潮汕文化研究中心、汕头市潮汕历史文化研究中心：《潮汕文化论丛》（初集），广东高等教育出版社 1992 年版。

② 杨群熙：《潮汕地区商业活动资料》（内部资料），潮汕历史文化研究中心、汕头市文化局、汕头市图书馆，2003 年。

③ 林金枝、庄为玑：《近代华侨投资国内企业资料选辑（广东卷）》，福建人民出版社 1989 年版。

表 6 - 4　1882～1901 年潮汕部分主要农产品输出数量　　单位：司马担

时期	花生	生柑	熟烟叶
1882～1891 年	26374	1075787	201834
1882～1901 年	173559	1551666	266235

资料来源：中国海关学会汕头海关小组、汕头市地方志编纂委员会办公室：《潮海关史料汇编》（内部资料）1988 年，第 40 - 41 页。

表 6 - 4 反映出在这 20 年间，花生、生柑、熟烟叶的输出量，尤其是生柑输出量，有了很大的提升。窥一斑而知经济作物在潮汕侨乡农业结构中的比重渐趋提高。

农业生产日益商业化是农业资本主义萌芽极其重要的条件和表现。这表明近代潮汕侨乡农村农业生产正向着亦农亦商的方向发展。

（2）工场手工业半机械化。潮汕手工业生产历史悠久，行业复杂，产品多样。如抽纱、麻织、陶瓷等"俱甲天下"。[1] 不过，近代以前手工业依附于农业，与农业结合构成自然经济。而且，手工业生产停滞在手工作坊时代，以手工制作为主。纺织业是潮汕侨乡的传统手工业，农村妇女"冬则纺棉为纱，夏则绩苎为织"，如《揭阳县志》所载："九都皆有，乡无不织之妇。"[2] 但汕头开埠以前潮汕织品"少有输出，亦不假外来"，直至清朝光绪年间出现雇佣关系的纺织厂，纺织业才开始规模化的生产。

与农业生产日趋商品化同步，手工业逐渐商品化，而且农业经济结构的调整为手工业生产提供了许多重要原材料，手工业生产规模和生产水平逐渐提高。如枫溪的陶瓷业，在康熙年间有 30 多家，清朝光绪时期发展了彩陶工艺，当时枫溪和城区的彩馆加工作坊达 12 间。[3] 至 20 世纪 30 年代初，枫溪陶瓷业共有上千家工场，年产值 80 余万元。[4]

纺织品生产历史悠久，起初是农村的家庭副业。清朝光绪十五年（1889 年）潮阳两英区古溪乡开始出现雇工生产，清朝光绪二十九年（1903 年）古溪乡创办了具有一定生产规模的信丰布厂。随后，纺织行业率先出现机械生产。1906 年汕头"有人出力资助工艺，购买泰西制造手织足踏机器充用"[5]。1909 年，高绳芝在澄海县城开设振发织布局，从日本购置电动织布机 55 台，每台每日可出

---

①　（清）张渠：《粤东闻见录》，程明校点，广东高等教育出版社 1990 年版。
②　揭阳县志编纂委员会：《揭阳县志》，广东人民出版社 1993 年版。
③　潮州市地方志编纂委员会：《潮州市志》，广东人民出版社 1995 年版。
④　《产业》，《中行月刊》第 5 卷第 6 期，1932 年 12 月，第 97 - 128 页。
⑤　彭泽益：《中国近代手工业史资料（1840～1949）》（第二卷），生活·读书·新知三联书店 1957 年版。

宽 26 尺、长 25 码的细布一匹。据报该厂共雇工人 100 名，每人每月平均工资为 8 元，每日工作 8 小时。此外散在本城各地约有 150 台手工织布机，专为该厂特约加工，每日可出布 30 匹，连同其本厂自产的 55 匹，共 85 匹，年产量则为 30000 匹。[①] 之后其他手工业行业纷纷仿效，开始尝试采用机器进行生产。1911 年潮阳县农群家族染织股份有限公司，资本 10000 元，织布机 14 台，工人 85 人。[②]

不过，工场手工业机械化指的是与手工作坊时代相比，强调的是一种趋势。不可过分高估手工业的工场化和机械化程度。实际上，同近代工厂工业相比，手工作坊仍占有压倒性优势。

3. 商业网络化及工业机械化

（1）商业网络化。明清时期，潮汕就已"商贾辐辏"、"五方云集"，商品经济活跃。近代随着农业商品化、手工业半机械化以及交通网络的发展，汕头发展为舟车云集，商旅辐辏，对内通兴梅地区、赣南、闽西南，对外处于与南洋贸易之枢纽。潮汕侨乡城镇形成以汕头为中心，纵横交错，域内外连接，城乡沟通的商业网络。该网络分为对内贸易和对外贸易两个层面。

其一，从对内贸易来看形成以汕头为中心，潮安、潮阳、揭阳、大埔为次中心，其余各县为外缘的域内商业网络。汕头商业在 20 世纪二三十年代进入鼎盛时期，市区内先后形成"四安一镇邦"、"四永一升平"、小公园等商业中心。1933 年城区大小商号 3000 多家，商业之盛仅次于上海、天津、大连、汉口、胶州、广州，在全国中居第七位。[③] 潮安位于潮汕铁路之终点，是潮汕侨乡货物进出必经之地，商业发达居各县之冠，附城、庵埠、意溪、浮洋、桥东、彩塘、金石、龙湖等镇商情畅旺。潮阳县城与汕头毗邻，大资本贸易不甚发达，商业以零售买卖为主。揭阳南部以棉湖，西部以河婆为陆丰、五华、兴宁要道，商贸繁盛。此外，大埔的三河坝、高坡、虎市、白堠、大麻、枫朗等镇，普宁的鲤湖、大坝、湖东、广平、军埔等墟市，丰顺的汤坑、潭江等镇，饶平的城六社、黄冈、店仔头、东樟溪等镇商业贸易繁盛。这些镇集"是乡村的集中，它一方面紧贴着农村，经济上、文化上都与农村有着密切联系；同时，它又是城市的基层组织，是城市与乡村联络的纽带"[④]。通过这些基层市场，使城乡市场连为一体，

---

①② 彭泽益：《中国近代手工业史资料（1840～1949）》（第二卷），生活·读书·新知三联书店 1957 年版。

③ 饶宗颐：《潮州志》（第三册）《实业志·六》，潮州市地方志办公室重刊本 2005 年版。

④ 叶剑英在中共华南代表会议上的总结报告（1949 年冬），广东省地方史志编纂委员会：《广东省志·总述》，广东人民出版社 2004 年版。

"各县土产亦多由产地运销汕头，再转运至各市场，如南澳、潮阳、惠来等县之咸鱼脯料，潮阳之薯粉、爆竹，澄海之海介、土布、纸箔，大埔、丰顺之柴炭竹木等"①。

此外，通过汕头港与广州、海口、厦门、福州、上海、青岛、烟台、天津、大连等商埠沟通，将潮汕侨乡腹地与闽西八属、赣南七属以及华东华北构建起商业网络。"外贸之销售内地者日益繁多，内地产物之运售海外者亦较百十年前激增倍蓰，由是而贸易之事日加繁盛。"② 据对1933年前后的推算，汕头市每年国内贸易总额为69220万元，同期各县城墟市商店营业额共约20932万元。③

其二，从对外贸易范围来看，以对中国香港为巨擘，因海程距离不远，故新加坡、曼谷为次，因潮汕人侨居地人数有促进贸易之关系，安南、荷属东印度为再次，中国台湾在割据日本时代与汕头港贸易数量也甚巨。据海关统计，自清朝同治七年（1868年）至清朝光绪三十年（1904年）为初盛时期，对外贸易主要以中国香港、新加坡、暹罗、安南为主；清朝光绪三十一年（1905年）至1937年为极盛时期，汕头港出入船舶艘次及吨位稳步上升，由辟港之初每年400～500艘，共约20万吨，至1926年增至2500艘，共约300万吨。④ 据《潮海关史料汇编》统计，1932～1937年每年往来外洋船舶吨数均占全国第三位。⑤ 汕头社会经济发展的水平从横向比较看，达到了迄今为止的极盛时期。⑥ 1938年以后由于抗日战争和国共内战，汕头外贸渐趋衰落。

（2）工业机械化。潮汕侨乡最早的民族工业是清朝光绪五年（1879年）开办的汕头豆饼厂，该厂使用蒸汽机从蚕豆和豌豆中榨油，豆渣则用模具压成扁平的圆饼用作肥料，年产量约为30万块。⑦ 此后，蒸汽机面粉厂、开明电灯公司相继创办，机械化的近代工业兴起。如清朝宣统三年（1911年）日籍台湾人林佶之在汕头埠创办利强织布厂，雇工40余人，配有美国产的蒸汽机作为动力。

20世纪20年代以后，潮汕侨乡工业生产开始大规模采用机器生产。罐头生产行业采用机器进行生产，在1921～1931年，外销量超过了当时国内罐头重点产区；潮汕的火柴生产始于1920年前后，20世纪30年代汕头的利生厂、东明

①③ 饶宗颐：《潮州志》（第三册）《实业志·六》，潮州市地方志办公室重刊本2005年版。

② 温廷敬：《大埔县志》卷十《民生志·上》。

④ 谢雪影：《潮梅现象》，汕头时事通讯社1935年版。

⑤ 中国海关学会汕头海关小组、汕头市地方志编纂委员会办公室：《潮海关史料汇编》（内部资料）1988年，第142－145页。

⑥ 郭剑鸣：《文化与社会现代化：对汕头为中心的潮汕社会发展的文化透视》，汕头大学出版社2002年版。

⑦ 中国海关学会汕头海关小组、汕头市地方志编纂委员会办公室：《潮海关史料汇编》（内部资料）1988年，第22页。

厂，潮安县的耀昌厂、励华厂，潮安庵埠的炽昌厂，澄海龙田的永顺厂，这些火柴厂大多改用机器生产。①

随着机械工业的发展，潮阳县古溪乡的织布厂仿照上海的织造方法，购置纺织机器，以电力进行生产。电力的出现促进了工业机械化的发展。如纺织行业，1930年前后，部分织布厂家从上海、江西吉安以及中国香港、日本、英国引进或仿制少数现代纺织机器进行生产，而汕头织布厂1932年多数改由电力作动力，以提高生产效率。② 1930年前后揭阳上陇邱迪新厂使用电力进行生产。

陈济棠主政广东后，于1932年9月27日提出《广东三年施政计划》。计划中提出把兴建省营工厂作为经济建设的重要环节。1934年3月30日省政府委员会议通过《广东省省营工业组织大纲》，大规模的办厂活动由此推开。1935年2月揭阳糖厂投产，设备来源于美国，月产砂糖2100吨，生产规模远超过外省同业工厂。③

由于受生产资本不足、原材料匮乏、市场狭小等因素影响，民族工业基础脆弱。1933年后受世界经济危机影响，民国初发展起来的工厂近半或倒闭或歇业。沦陷期间，工业更受挫伤，从此一蹶不振。

抗日战争胜利后，低落的生产迅速回升。古溪乡的合丰、信丰、大新等厂家都是用电力和机械生产。如信丰布厂，拥有工人500余人，有织布机166台（其中提花织布机6台，铁木织布机40台，木织机120台），还有柴油发动机4部（共73.5千瓦）用来发电供应生产。④

至1947年潮阳的织布厂已发展至3000～4000家，日产布10000多疋（每疋3丈，约10米），值国币10多亿元。⑤

值得注意的是，不可过分高估近代实业的机械化程度。除了少数官营企业利用机器进行生产外，民间实业仍以手工制作为主。其时，工厂法规定："凡用发动机器之工厂，平时雇用工人在30人以上者，适用本法。"⑥ 换言之，不用发动机雇用工人不满30人的工厂即不符合工厂法，这样的工厂属于手工作坊之类。据1948年统计，汕头市共计121个工厂，其中，符合工厂法的仅15个，不符合工厂法的106个。⑦ 换言之，机械作业的工厂与手工制作的作坊之比率高

① 陈景熙：《潮汕工商业史话》，艺苑出版社2001年版。
② 广东省汕头市地方志编纂委员会：《汕头市志》（第二册），新华出版社1999年版。
③ 陈真：《中国近代工业史资料》（第三辑），生活·读书·新知三联书店1960年版。
④ 广东省汕头市地方志编纂委员会：《汕头市志》（第二册），新华出版社1999年版。
⑤ 杨群熙：《潮汕地区商业活动资料》（内部资料），潮汕历史文化研究中心、汕头市文化局、汕头市图书馆，2003年。
⑥⑦ 彭泽益：《中国近代手工业史资料（1840～1949）》（第四卷），生活·读书·新知三联书店1957年版。

达12∶88。

总之，素有重商传统的潮汕近代以前就出现了比较活跃的商品经济，与汕头开埠后出洋谋生的潮汕人渐增，并因之产生的侨资、侨汇共同作用，改变了潮汕经济结构和社会结构，启动了近代化进程，此为潮汕侨乡城镇近代化第一步；由于汕头开埠及华侨投资，侨乡近代交通网络初步形成，以及蒸汽动力的引入，潮汕侨乡农业商品化，工场手工业日趋机械化，深化了近代化，此为潮汕侨乡城镇近代化第二步；20世纪二三十年代，以汕头为核心的潮汕商业网络形成，对内覆盖兴梅、闽西南、赣东南地区，对外辐射中国香港、新加坡、暹罗等地区，在工业生产方面蒸汽动力的使用更为广泛，甚至出现电力动力，工业机械化程度加深，此为潮汕侨乡城镇近代化第三步。

概言之，"商业兴盛和华侨投资——农业商品化和工场手工业半机械化——商业网络化和工业机械化"之过程，称为潮汕侨乡城镇近代化路径。需要特别强调的是，这三个阶段的区分仅是从总体特征而言，不存在绝对的时间划分，也不排除某一时间段内两种或两种以上特征并存。

第三节　潮汕侨乡近代化的制约因素

潮汕侨乡近代化取得令人瞩目的成就，其近代化进程并非一帆风顺，受到诸多因素的制约。"人类的经济活动没有不受制约条件影响的"，[①] 这些制约因素概况来讲，包括如下几方面内容。

一、市场受限

1. 侨乡腹地狭小

潮汕侨乡内部山岭多而平原少，腹地狭小。潮汕境内北部多山，"崇山连迤，云封万叠，杳不见平，无旷土可耕牧其中"[②]，由此而导致生产有限，丰顺、大埔两县向来为相对落后之地。而且，土质和气候也不利于大规模开展农业生产，东南部的海阳、饶平等县"地湿潮咸，宜中禾苗者仅十之四、五。每遇飓风淫

---

① 赵冈：《中国城市发展史论集》，新星出版社2006年版。
② （清）刘业勤：《揭阳县正续志》卷一《旧序》。

潦，则一望汗莱；或遇干旱，则沙土渗固，灌溉之水不能久蓄"①。这样，只有韩江下游及榕江、练江流域的平原地区土地相对肥沃，潮阳、揭阳两县因之成为潮汕侨乡相对丰饶之地，然而物产也仅能满足本县需求，不能供给整个地区。

三面环山的封闭地理环境，使其与其他省份、县份多高山相阻，道路和交通连接工程巨大而缓慢，导致其与内地经济、政治、文化交流纤缓，一方面使其能够绝少外部影响按自身特色个性发展，另一方面也使其市场局促，贸易方面以潮汕内部交易为主，难以与外地形成较大的经济交流，从而使经济仅呈现地方性繁荣，市场容量过小，市场消费、消耗能力不足，不足以支持其各种实业后续大规模发展。北部虽有汀江、梅江与赣州、汀州相连，但是水路条件复杂，交通不便，腹地狭小的事实难以改变。因此，尽管汕头港口优良，但终因潮汕侨乡腹地狭小，生产能力和消费能力有限，不足以与汕头港口配合共同推动整个区域近代化纵深发展。

2. 商业圈缺陷

对外贸易是近代潮汕侨乡城镇经济发展的重要内容，但是由于地处沿海接近中国香港，产品销售受到先进技术生产的洋货的冲击。与洋货比较而言，潮汕侨乡的工业产品质量明显逊色。以干电池为例，产自美国的"永备牌"电池1933年在汕头售价为每打3元多，而汕头生产的干电池每打仅为1元多，即便如此，美国产干电池还是占有很大市场。长期以来，中国香港作为汕头对外贸易路线中的重要一站，往往成为进口洋货的中转站，各种洋货在中国香港应有尽有，潮汕侨乡的产品无法走向欧美等国际市场。因此，尽管汕头并非缺少资本家，"但由于靠近中国香港，这里不是制造业的理想中心"②。仅有水果、蔬菜罐头及矿产品等少量出口，而且销往东南亚一代，消费者主要为当地的潮人华侨，其余大部分产品只能在当地或附近一带销售。这种商业圈的缺陷与前文所述的腹地狭小共同制约了潮汕侨乡城镇内需的扩张。

二、对侨资和侨汇的依赖性

从某种程度上讲，侨资、侨汇启动了潮汕侨乡城镇的近代化进程，而且侨资、侨汇贯穿于其进程始终。具体而言，房地产业方面，汕头市近代华侨产权的房屋约占总数的50%以上，县城和乡村华侨产权的房屋更多；工业发展上，潮

---

① （清）李书吉：《澄海县志》卷二十五《艺文》。

② 中国海关学会汕头海关小组、汕头市地方志编纂委员会办公室：《潮海关史料汇编》（内部资料）1988年，第29页。

汕侨乡的工业半数以上有赖华侨的参与。据调查，新中国成立以前华侨投资汕头的工业有 20 家，投资金额虽只有 300 多万元，但侨办工厂是在汕头工业中却占有一定的比重。据估计，侨办工业占汕头市民族工业的 50% ~ 60%。① 侨办工厂涉及的行业范围也极为广泛，如火柴厂、制冰厂、制药厂、自来水厂、电灯公司等；金融业也是靠华侨的汇款维持的，1949 年以前汕头市的银行一度发展至十几家支行或分行，主要业务是靠华侨的存放款；② 近代华侨在汕头投资创办的商业计 216 家，投资总额达 1011 万元。③ 此外，华侨在交通业、服务业等投入也十分可观。

这使潮汕侨乡城镇近代化具有了明显的对侨资和侨汇的依赖性。一旦当侨资、侨汇渠道受阻，许多与之相关的行业就会因此受挫。据《潮梅现象》记载："连年南洋各属商情凋落，汕头各郊港头，均受影响，因营业失败而倒闭或收盘改业者，层出迭出。"④ 总的来看，侨资投入比较稳定的时期是民国初期 20 余年间，尤其以 1927 ~ 1937 年为最盛。抗日战争时期，汕头沦陷，华侨投资中断。抗日战争后华侨投资商户虽多，但户均资金少，平均每户仅 1 万多元，而且创办得快，倒闭得也快。⑤

潮汕侨乡城镇对侨汇的依赖性也是非常明显的。《潮梅现象》记载：1935 年前后"潮梅各县农村，素因生产稀少，经济来源，全赖外地汇款接济，近数年来，因不景气弥漫全球，外汇减少，生产品输出又受跌价滞销之打击，以致潮梅农村经济完全陷于破产"⑥。再如抗日战争期间侨汇中断，加之适逢严重旱灾，侨乡侨眷生活困难，"丰顺县犁头山村，1943 年全村 985 人，其中，侨户 845 人，占总人数的 85.8%，逃荒江西者 278 人，其中，侨户 248 人。大禾坪徐毓兰传下裔孙，全部侨户，59 人中逃荒江西者竟有 36 人"⑦。

另外，政府和华侨自身的局限性一定程度上制约了潮汕侨乡城镇的近代化进程。关于晚清政府的局限性，有学者指出："清政府的华侨政策和社会黑暗势力的结合，迫使华侨不能兴办有利于近代化的实业。"⑧ 民国时期，若有一个有能力之政府，则可以从内部条件出发因势利导，一方面引导华侨投资方向，调整内部产业结构、谋划整体城镇经济布局，引领一方经济之发展；另一方面向外扩张市场容量，增加对外（包括国内外）经济交流，拉动整体实业的供给和销售覆盖区域。

---

①②③⑤　林金枝、庄为玑：《近代华侨投资国内企业史资料选辑》（广东卷），福建人民出版社 1989 年版。

④⑥　谢雪影：《潮梅现象》，汕头时事通讯社 1935 年版。

⑦　丰顺县华侨志编纂办公室：《丰顺县华侨志（初稿）》（内部资料）1988 年，第 63 页。

⑧　冯尔康：《顾真斋文丛》，中华书局 2003 年版。

实际上，传统的小农经济思想还在发挥着作用，虽然从表面上看洋化程度在日益扩大和加深，但思想深处，传统的小富即安和地域性狭隘观念仍主导着潮汕居民乃至当时华侨的思想，使得华侨投资的目的大多数仅限于光耀门楣和短期利益驱动，目光所及不够长远，这是因为，受当时所处时代（被动打开国门、被动设立大埠口、被动接受西方先进政治制度，甚至华侨形成也多因生活所迫），以及华侨自身文化、见识所限，并由于地域性经济和汕头仅因地理因素雄起，潮汕居民和华侨没有关注更广更高的发展空间和发展目标，受到了小地方经济思想的影响。

三、外部环境影响

1. 国内战争破坏

近代潮汕政局动荡，先后经历辛亥革命、日军侵略以及国共内战等规模不等的战争，近代化的深度和广度因之受到影响。具体而言，战争对近代化的阻碍主要体现在以下几方面：首先，战争破坏了工厂、机器设备。如揭阳糖厂的起重机、轻便车等 97 件机械被日军劫到汕头海关拟运回日本。其次，严重破坏了交通。潮汕铁路是本地区连接韩江和汕头港之间的重要交通线路，为经济发展做出了极大贡献，1939 年 4 月，日军拆毁汕头至庵埠一段长约 10 公里的路轨。此后遭敌机轰炸达 50 余处，共投下炸弹六七百颗，所有公司宿舍、工厂、车房及其他建筑物，均遭炸毁。① 6 月汕头沦陷敌手后，车辆、铁轨、桥梁在敌机狂轰滥炸下毁于一旦，车站场屋也被夷为平地，潮汕铁路线被日军当做汽车运输路线。各县公路在日军侵占期间，也多遭破坏。据《广东经济年鉴》1940 年的统计，潮汕省道、县道、乡道被日军破坏的公路共有 947.9 里，其中，"尤以县道为甚"。② 这些都给潮汕侨乡造成了巨大的经济损失，抗日战争以前的交通建设成果毁于一旦。再次，商业贸易受阻。汕头沦陷敌手之后，汕头大批商户内迁至梅州一地，潮汕侨乡的商业贸易黯然下滑。复次，城镇建设遭受毁灭性打击。《潮汕沦陷区报告》记录了日军侵占山头时，"常驻汕头敌军人数总计四五千人，其日用柴薪颇成问题……及后来源断绝，竟尔将招商街一带

---

① 汕头澄光新闻社：《潮汕年鉴》，澄光新闻社 1949 年版，第 15－16 页。
② 广东经济年鉴编纂委员会：《广东经济年鉴》，广东省银行经济研究室，1941 年，第 65－69 页。

民房之二楼三楼梁柱木材，进行拆去，以供军用，仅存楼下以作为马厩"①。
1941 年 9 月，日军进攻澄海县苏南乡，焚烧房屋 1500 余间②。动荡局势迫使当
局忙于应战，无暇顾及地区经贸发展和工业生产，缺少当局的政策支持和宏观调
整必然影响近代化的正常进行。

　　2. 国际政治经济环境的影响

　　19 世纪末，清政府准许华侨回乡的禁令解除后，华侨纷纷返乡投资实业。
1923 年孙中山大元帅府颁布《侨务局章程》和《侨务局保护侨民专章》，进一步
促进了侨资回流，加之粤东市镇建设铺开场面，20 世纪头 30 年潮汕近代化进程
蒸蒸日上，达到潮汕历史上的辉煌时期。抗日战争时期，华侨投资急转直下，陷
入低潮，这主要由于抗日战争的形势以及南洋华侨经济因太平洋战争中南洋各地
惨遭蹂躏而趋于破产，无法继续回乡投资。抗日战争胜利后初期，由于当局政府
又实行鼓励华侨投资的政策，因而华侨投资再次出现了高潮。然而好景不长，随
着美国、日本等国倾销商品泛滥，潮汕侨乡的工商业受到极大冲击。1947 年 7 月
8 日，汕头市参议会给经济部部长电称："本市工业薄弱，经营向落人后，外受
舶来工业品之重重打击，内遭地方恶势力之摧残。"请有关部门"切实维护本市
工业，以固国家经济而救人民生活"③。潮汕侨乡城镇近代化进程的脆弱性表露
无遗。

　　近代潮汕经济与国际经济联系密切，对国际经济环境的变化也十分敏感，近
代化进程也多次受到国际经济环境的影响。第一次世界大战期间，帝国主义国家
忙于应付战争，无暇他顾，并且，受战后抵制日货浪潮影响，潮汕侨乡经济发展
形势良好，近代化也持续发展。然而，随着 1933 年世界经济危机的影响，潮汕
经济迅速低迷，商品销路随之锐减，一些行业大受打击，甚至歇业破产。潮属蜜
柑 1934 年度上等货每担只 10 元，次者 8 元，再次者 4 元，在此之前几年，每担
则可售 16 元。④ 汕头 7 家罐头厂倒闭一家，其余也多停产，后虽又新开办 2 家罐
头厂，但仍不及以前。⑤ 商品销路受阻，直接威胁到商户生存。汕头的"南商"
（或称南郊）是当地营业量最大的出口商。1933 年，汕头共有"南商"商号 54
家，估计平均每一商号年营业量为 60 万元。在世界经济危机年代，资本欠缺者

　　① 中国国民党中央执行委员会、粤闽区宣传专员办事处：《潮汕沦陷区报告》（调查资料第二辑）
1940 年，第 24～25 页。
　　② 《广东省银行季刊》第 3 卷第 2 期，第 403 页。
　　③ 中国第二历史档案馆：《中华民国档案资料汇编》（第五辑）第三编《财政经济》（5），江苏古籍
出版社 2000 年版。
　　④ 曾景辉：《最新汕头一览》1947 年，第 36 页。
　　⑤ 广东省汕头市地方志编纂委员会：《汕头市志》（第二册），新华出版社 1999 年版。

先后收盘，或倒闭或改营他业，少数资本雄厚者力图转机。[①]《潮梅现象》对世界经济危机影响下的华侨与潮汕经济环境也有所叙及："迨数年来，各埠产物惨败，商业一落千丈，殷侨相继破产，侨工整批事业，纷纷空手归来"，"自金融紊乱，白银高涨后，侨胞汇款遂更锐少，是以潮梅农村之困难情形遂不堪言状矣"[②]。潮汕侨乡城镇近代化易受国内国际政治经济环境的影响，表现出很强的波动性和脆弱性。

四、城镇体系不健全

清朝后期潮汕侨乡城镇体系以潮州府为核心，其他县城及市镇为基础，缺少中间层级——次中心城镇；民国以来，汕头迅猛崛起，成为城镇体系中的核心城镇。不过，汕头周边没有兴起仅次于汕头的城镇，所以，尽管此时期潮安地位仍较其他城镇突出，但是其与汕头需要铁路沟通，本身说明汕头周围缺少次中心层次的城镇，近代潮汕侨乡城镇体系缺少次中心城镇的格局没有根本改变。一般而言，除最低级城镇外，每一等级的城镇都有几个次一级的卫星城镇。即每一个规模最大、辐射力最强的中心城镇都为若干低一级的经济中心所环绕，以此类推，直至最低一级。[③] 但是，潮汕侨乡城镇分布并非如此，从宏观来看，汕头为地区中心城镇，而且地位显著，其他城镇则为基层城镇，中心城镇汕头周边并没有沟通两级城镇的卫星城镇。

这样，从城镇体系的角度看，一枝独秀的汕头缺乏与之进行良性互动的城镇的持续支持，汕头无法有效带动其他城镇发展，其他城镇也无法有效发挥对中心城镇的支撑作用。

五、产业结构失调

产业结构失调，以农业原料为主的手工业占有绝对优势地位，工业先天不足。以近代华侨投资汕头为例，在房地产业方面的投资居第一位，金额占投资总额的39.73%，商业居第二位，占19.04%，工业的投资，基本上是各行业中投入资金最少的，只占全市投资总额的6.25%，投资户数也是各业中最少的，仅有

① 张映秋：《近代潮汕人民向外移殖及其对潮汕经济开发的影响》，汕头华侨历史学会：《汕头侨史论丛》（第一辑）1986 年，第 48 页。

② 谢雪影：《潮梅现象》，汕头时事通讯社 1935 年版。

③ 高汝熹、罗明义：《城市圈域经济论》，云南大学出版社 1998 年版。

20 户①。在工业内部，主要部门集中于电灯、自来水、火柴厂以及制冰厂等与民众日常生活相近的轻工业部门，重工业的投资比重很小。根据 1933 年调查和部分估计材料，雇工在 30 人以上的工业企业中，工人在各行业中的数量比例如下：纺织工人占全部职工的 51%，食品工人占全部职工的 6.7%，钢铁冶炼工人占全部职工的 0.2%，电力工人占全部职工的 2.9%。②

此外，潮汕侨乡城镇矿产资源不足，导致生产性能源严重不足，许多原材料要依靠外地或外国供给。如纺织业所需要的棉纱就无法自给，需要从英国、印度大量进口；罐头业所需要的白铁也需要进口；抽纱行业的发展也依赖从外国进口棉布等成品布匹来进行生产；汽水生产所需的原材料，除清水及铁盖外，其余均靠国外进口；等等。这种基础工业的先天不足，一方面由于域内各种工业所需之矿产资源的不丰富，另一方面也在于没有进行有效的、大规模的开采。这样的直接后果便是造成工业生产成本居高不下，产品价格没有竞争优势，甚至威胁到企业的生存。如 20 世纪 30 年代，洋铁价格急剧增加，导致罐头成本提高，汕头罐头业受到严重打击。

六、受制于人的半殖民地性

汕头开埠后，潮汕侨乡自然经济解体速度加快，侨乡经济同资本主义国际市场的联系加深，近代化启动、发展。实际上，弱肉强食的丛林法则及当时我国的政治经济地位决定了潮汕侨乡只是资本主义国家的原料产地、劳动力掠夺地和商品倾销地。在此背景下的近代化进程必然具有半殖民地性。

潮汕侨乡所产日用品无法自给自足，而由于侨汇充沛导致购买力较强，大量洋货补充到潮汕城乡，因而造成对外市场的依赖，对外贸易常年处于入超状态。从 1864 年有海关统计始至 1911 年，岁岁入超，累计达 4997.1 万关平两，关税落入洋人之手。③ 民国时期，除 1942～1945 年无记录可查外，仅有 1938 年、1939 年和 1948 年三年出超，其余年份均为入超。④ 贸易结构上，输出多为原材料、手工业品或农副产品，而输入多为工业制成品。据《潮梅现象》记载，1930～1934 年输出货物主要包括柑、糖、抽纱、纸、神纸、果品、菜蔬，输入货物主要包括洋糖、洋肥料、洋煤油、洋布、土豆饼、土植物油和生油、土棉纱、土布、土卷烟及

①　林金枝、庄为玑：《近代华侨投资国内企业史资料选辑（广东卷）》，福建人民出版社 1989 年版。
②　严中平：《中国近代经济史统计资料选辑》，科学出版社 1955 年版。
③　广东省汕头市地方志编纂委员会：《汕头市志》（第三册），新华出版社 1999 年版。
④　饶宗颐：《潮州府志》（第三册）《实业志·六》（内部资料）2005 年，第 1176－1179 页。

烟叶等。① 贸易方式上，输出是直接售予办庄或洋行，输入或直接向洋行订购或向办庄、洋行买入，均以间接贸易与国际贸易居多，"完全赋有为洋行尾闾的特质"②。

列强在潮汕获取了多种特权，甚至操控了海关、金融等。英国汇丰银行操纵了金融市场；英国亚细亚公司、美国三达公司掌握了能源供应；英国太古洋行、怡和洋行几乎掌握了海运业（每年进出汕头港的船舶英国占了七成），两家公司停放货物的堆栈达142间，在港口区连成一片。③

大量洋货也借机倾销到潮汕，冲击了民族工业的发展。清朝光绪十七年（1891年）汕头港从英国进口棉布就达35.6万匹，棉纱14万担。④ 1919～1935年，洋货到处泛滥，日、英、美等国商品充斥市场，关系民生应用至为密切的布匹、文具纸张、百货、卷烟、煤油、海产加工品及农用肥料，舶来品触目皆是……民族工业及地方手工业备受打击，停产关闭者以继，有工人失业，民生凋敝，经济动荡，市况萧条，商户亏损歇业倒闭之风起伏不息。⑤

总之，由于自身缺乏强大的动力，需要依赖进出口贸易的导向或者海外华侨的侨资、侨汇带动，如汕头这样商业发达而工业基础薄弱的消费性城镇在经济上无法独立，沦为资本主义国家附庸，所谓"广东的城市一般工业基础都比较薄弱，又比其他城市更带有半殖民地的特征"⑥。

综上所述，近代潮汕侨乡城镇在重商传统和海外华侨的侨资、侨汇作用下启动了近代化，之后农产品日益商业化，传统手工业趋向半机械化，在此基础上形成了以汕头为中心的域内外商业网络，近代工业也日趋机械化，伴随着整个产业发展过程的是潮汕侨乡城镇的近代化。由此，我们概括出了潮汕侨乡城镇的近代化路径，即"商业兴盛和华侨投资——农业商品化和工场手工业半机械化——商业网络化和工业机械化"。

由此不难发现，市场受限、对侨资和侨汇的依赖、外部环境影响、城镇体系不健全、产业结构失调以及受制于人的半殖民地性等内容，都是潮汕近代化发展的制约因素。

---

① 谢雪影：《潮梅现象》，汕头时事通讯社1935年版。

② 曾仲谋：《广东经济发展史》，广东省银行经济室1942年，第181页。

③ 陈朝辉、蔡人群、许自策：《潮汕平原经济》，广东人民出版社1994年版。

④ 广东省汕头市地方志编纂委员会：《汕头市志》（第二册），新华出版社1999年版。

⑤ 杨群熙：《潮汕地区商业活动资料》（内部资料），潮汕历史文化研究中心、汕头市文化局、汕头市图书馆，2003年。

⑥ 《广东省工作报告（1950年6月27日）》，中共中央文献编辑委员会：《叶剑英选集》，人民出版社1996年版。

本章小结

（1）汕头开埠后，在西方殖民势力和华侨投资的双重冲击下，潮汕侨乡城镇开始了近代化进程，表现在以下诸多方面：其一，出现了由铁路、公路、海运及内河航运构建的近代交通网络以及电话等新式通讯手段。其二，侨乡生活方式出现明显变化，侨眷的衣食住用"洋化"，城乡出现电影院、照相馆等新式娱乐休闲方式，以及出现了自来水、电灯等新式生活设施。其三，中西合璧的建筑风格、建筑材料、布局规划等融入侨乡建筑，侨乡城镇建筑"西化"。其四，大量以蒸汽机或电力为动力的新式企业创办，生产由家庭作坊手工制作向机器工厂过渡。其五，传统教育向新式教育转型，出现了新式学校和图书馆、书店等近代教育产物。

（2）潮汕侨乡城镇近代化动力因素，主要包括华侨对交通业的投资及其导致的近代交通网络的构建，华侨对房地产的投资及其导致的城乡市容市貌的变迁，侨汇输入及其导致的消费业的繁盛，汕头港口开放及潮汕侨乡近代化排头兵的形成，西方殖民势力的入侵及近代元素的输入；大体而言，潮汕侨乡城镇近代化经历了"商业兴盛和华侨投资—农业商品化和工场手工业半机械化—商业网络化和工业机械化"之过程，不妨将其称之为潮汕侨乡城镇近代化路径。

（3）由近代化进程观之，发现近代潮汕侨乡城镇近代化的制约因素主要有：市场受限、对侨资和侨汇的依赖性、外部环境影响、城镇体系不健全、产业结构失调以及受制于人的半殖民地性等几方面内容。

第 七 章

近代潮汕侨乡城镇的市场圈

宋朝以来，随着商品经济日益活跃，我国城镇发展的核心驱动力不再是行政建制或者军事设置了，商业贸易在城镇发展中所起的作用日益突出，一定区域城镇的商业贸易网络逐渐形成。关于近代中国商业贸易及市场的研究，有多种成果问世。其中，美国学者施坚雅以市场关系核心的固定因素——集市为研究重点，侧重市场圈的内涵，即注重向心性、构造性；滨下武志虽认为市场分为对内关系和对外关系，而且两者交错出现，发挥着实体作用，[①] 但其更强调市场圈的外延，即注重离心性、相互关联性[②]。

对于近代潮汕侨乡城镇而言，由于汕头港的开放，同样存在着对内贸易与对外贸易两个方面，而且潮汕侨乡的市场圈的外部商业贸易发展环境与区域内部市场的活跃是相辅相成的，相互作用而成的合力一定程度上推动了城镇体系的演变，因而，本章对于潮汕侨乡市场圈的研究既注重国际市场的影响和互动，也关注潮汕侨乡区域内部各城镇以及墟市贸易情况，拟从商品流通角度分别对其进行分析，以期把握近代潮汕侨乡城镇地域市场构造。因为海外潮汕人多旅居南洋一带，潮汕与南洋的贸易网络在对外贸易层面上占有重要地位，所以本章将之从对外贸易圈中独立出来进行论述。

第一节　"欧美日—潮汕—内地"市场圈

潮汕对外贸易历史悠久，早在宋元时期就与东南亚有了贸易往来。进入近代后，随着西方殖民国家的坚船利炮侵入沿海地区，西方商人随即而来，潮汕侨乡与西方建立了贸易往来关系。曾任中国海关总税务司的赫德在关于外国人管理的

---

①② ［日］滨下武志：《中国近代经济史研究：清末海关与通商口岸市场圈》，高淑娟、孙彬译，江苏人民出版社 2006 年版。

中国海关组织的备忘录中记载："这一年（1860 年）汕头海关成立。汕头为潮州府的商埠，是根据中美《天津条约》开放通商的。虽然那时才宣布开放通商，但外国船只常开往汕头已经有很多年了。"[①] 从世界商贸角度来看，潮汕侨乡逐渐"被纳入到'产业革命'后由于欧洲工业发展所形成的世界市场中去"[②]；从潮汕侨乡城镇的贸易网络来看，逐渐形成以汕头为枢纽的对外连接欧美等国和地区，对内连接广大内地的市场圈。据《广东省志·商业志》载，1933 年潮汕对外贸易方面，与西贡、曼谷、新加坡等 17 个国家和地区有贸易往来，对内贸易方面，与厦门、上海、天津、汉口、广州等 15 个城市和粤东、闽西等地区 34 个县有贸易往来。[③]

一、进出口贸易概况

1. 贸易总额

因为汕头港为潮汕侨乡龙头型对外贸易集散地，所以，下面以汕头港为例阐述潮汕对外贸易的总体发展状况。从汕头港进出口贸易总额来看，清朝同治三年（1864 年）贸易额为 408.1922 万银元，1877 年首次突破了 1000 万银元，达到第一个峰值。据统计，从开埠到清朝宣统三年（1911 年），汕头对外贸易发展很快，最初五年的平均年进出口额为 582.9464 万银元，而最后五年的平均年进出口额已上升到 2166.6266 万关平两，占全国进出口总额的 2%～3%，居第 7～8 位。[④] 到 1932 年达 5333.5812 万关平两，1938 年更是达到国币 7414.1554 万元，成为近代潮汕侨乡进出口贸易的鼎盛时期。据统计，1928～1939 年进出口总额达国币 6.64 亿元，与前 12 年对比增长了 78.6%。[⑤]

进出口贸易并非一帆风顺，其间受战争影响也有曲折和波动。1914～1918 年第一次世界大战以及 1925～1927 年国内工运时期，出现波动。1939 年 6 月日本侵略军侵扰潮汕，对外贸易也因此停滞。抗日战争胜利后，汕头进出口贸易有所恢复，但又很快由于内战、通货膨胀等因素使得对外贸易的发展逐年萎缩。

从进出汕头港的船舶数量和吨位来看，清朝光绪十三年（1887 年），航行汕头港的外国帆船已全部被较大的汽船所取代，至清朝宣统三年（1911 年）进出汕头港的汽船达 2618 艘次，吨位 3030586。至 1921 年达 3090 艘次，突破了 3000 艘次，吨位为

①　聂宝璋：《中国近代航运史资料》（第一辑）上册，上海人民出版社 1983 年版。

②　[日] 滨下武志：《中国近代经济史研究：清末海关与通商口岸市场圈》，高淑娟、孙彬译，江苏人民出版社 2006 年版。

③　广东省地方史志编纂委员会：《广东省志·商业志》，广东人民出版社 2002 年版。

④　汕头市对外经济贸易委员会：《汕头外经贸志》1993 年，第 2 页。

⑤　汕头市对外经济贸易委员会：《汕头外经贸志》1993 年，第 3 页。

3912621。1933 年达 4478 艘次，吨位是 6324468，达到近代汕头港船舶进出口艘数、吨位数最高峰值。[①] 其中，1932 ~ 1937 年每年往来外洋船舶吨数均占全国第三位。

总的来看，近代潮汕对外商业贸易不断扩大，进出口贸易总额和口岸船舶数量和吨位逐年增加。但是，同时不容忽视的一点是，近代贸易进出口总额持续增加的同时还存在着巨大的贸易逆差，所谓"逐年皆系入超，且入超之巨，常在一倍以上，民国二十二年至达二倍有余"[②]。数额巨大的贸易逆差由数量庞大的侨汇来弥补。这表明在对外贸易结构中，潮汕侨乡乃至内地是洋货的倾销地，大量白银落入西方殖民者腰包。

2. 输入商品概括

根据笔者所查阅史料综合来看，近代潮汕侨乡与国内其他港口、沿海城市一样，输入的商品大致分为"洋货"和内地商品。两种商品的输入情况因国际、国内以及潮汕侨乡城镇经济发展、政局形势等因素的变化发生明显波动，两者的变化趋势如图 7 - 1 所示。

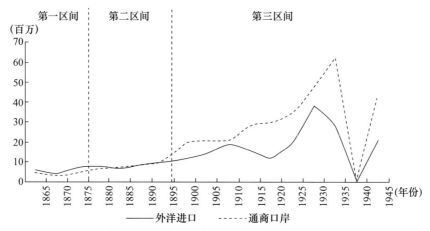

图 7 - 1　近代潮汕洋货输入与内地输入之商品价值总额变化曲线图

注：①所列年份对应数值除个别单位不同外，大多数为关平两。由于主要比较各年份对应的两个数值的大小，而同一年的单位相同，因此忽略各年份对应值的单位并不影响结果的判断；②不同年份对应值的单位分别是：1865 年对应值的单位是银元，1870 年对应值的单位是银两，1935 年、1940 年、1945 年对应值的单位是元。

资料来源：中国海关学会汕头海关小组、汕头市地方志编纂委员会办公室：《潮海关史料汇编》（内部资料）1988 年，第 170 ~ 192 页。

①　汕头市对外经济贸易委员会：《汕头外经贸志》1993 年，第 266 页。

②　杨群熙：《潮汕地区商业活动资料》（内部资料），潮汕历史文化研究中心、汕头市文化局、汕头市图书馆，2003 年。

图 7 - 1 反映出，近代洋货与内地商品输入总额经历了三个阶段的变化。从开埠到 1875 年为第一区间，洋货进口额基本上大于内地通商口岸商品额；1875 年后的 20 年为第二区间，两者各年份数值不相上下；1895 年以后的 40 多年时间为第三区间，总体趋势是内地通商口岸商品的进口额大于洋货价值总额，并且两者的差距逐渐增大。① 而且，第三区间也反映出抗日战争期间潮汕对外贸易的停滞。

（1）洋货输入的种类变化。从汕头港口初盛至 1915 年前后共 50 多年，输入洋货以鸦片为大宗。"纵观直到近代为止的东西方贸易历史，可以看出从亚洲市场持续而典型的流向欧洲市场的商品是茶和生丝，而流回亚洲市场的最典型的则是白银。但是，西欧国家的重金主义者对白银的流出持批评态度，并寻求一种不用银结算而能获得茶叶的贸易方式。首先，它们尝试用本国的工业产品作为等价物来结算而未获成功。之后，则试图利用多角贸易关系的形成和多角结算方法来达到目的。即英印中的三角贸易关系中以印度鸦片为媒介形成，并通过英美中的三角贸易关系把中国卷入国际市场。"② 上述论断指出鸦片在西方殖民主义国家与我国贸易往来中占有重要地位的深刻原因。事实确实如此，在 1915 年以前，鸦片在潮汕洋货进口额中所占比重甚高，此后此项商品从进口货物的清单中淡出。据《潮海关史料汇编》记述，1864 ~ 1911 年汕头港进口鸦片货值及占进口洋货货值比重如表 7 - 1 所示。

表 7 - 1　1864 ~ 1911 年汕头港进口洋货货值与其中进口鸦片货值简表

年份	进口洋货货值	其中进口鸦片货值	所占百分比（％）
1864	3913175	2919090	74.60
1870	4102964	2124305	51.77
1875	7066510	4089337	57.87
1880	8214870	4378834	53.30
1885	6433463	1594530	24.78
1890	8928740	3449591	38.63
1895	9781597	2351635	24.04
1900	12525066	3643834	29.09
1905	14336452	2795473	19.25
1911	15849020	3305104	20.85

注：价值单位，1864 年为银元；1870 年为银两；1875 ~ 1911 年为关平两。

资料来源：中国海关学会汕头海关小组、汕头市地方志编纂委员会办公室：《潮海关史料汇编》（内部资料），1988 年，第 171 ~ 182 页、第 236 页。

① 中国海关学会汕头海关小组、汕头市地方志编纂委员会办公室：《潮海关史料汇编》（内部资料）1988 年，第 170 ~ 192 页。

② ［日］滨下武志：《近代中国的国际契机：朝贡体系与近代亚洲经济圈》，朱荫贵、欧阳菲译，中国社会科学出版社 1999 年版。

表7-1以清朝同治三年（1864年）起始至清朝宣统三年（1911年），按照基本每五年为一个时间段，共选取10个时间点作为比较。通过进口鸦片货值在当年进口洋货货值中的比例来说明近代特别是清朝后期鸦片在西方殖民主义国家与潮汕贸易往来中所占的分量之重。为了更明晰这一时段进口鸦片货值在进口货值中所占比例的变化，相应绘制见图7-2。

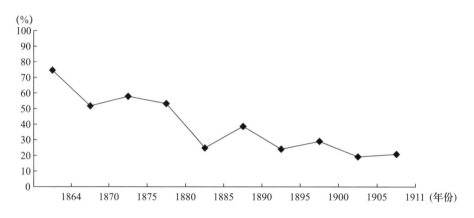

图7-2　近代汕头港进口货值中进口鸦片货值所占比例图

由表7-1和图7-2可知，自汕头开埠之始鸦片就占有重要地位，清朝同治三年（1864年）汕头港进口鸦片货值291.909万银两，占当年进口总值的74.6%，这是近代时期进口鸦片货值在汕头港进口货值中所居最高比例。此后该比例虽有所下降，但直到清朝光绪六年（1880年），进口鸦片货值在汕头港的年进口货值中所占比例几乎都不低于50%。

进口货物中仅次于鸦片的是棉纱和棉布。清朝光绪十六年（1890年）进口棉纱的总价值为236.3564万关平两，进口鸦片的总价值为235.2385万关平两，两者价值基本相当。这是自汕头开埠后，首次出现的其他商品取代鸦片成为进口货物中价值最高者。是年，汕头的棉纱进口量占全国棉纱进口量的42.7%，汕头成为全国棉线、棉纱的主要集散地之一，"是目前为止所有港口中进口这种商品数量最多的港口，其价值仅次于鸦片"[1]。20世纪20年代中期，棉纱业在汕头市兴起，经几年发展，成为潮汕纺织工业中唯一能以本土产品生产数量压过洋货进口数量的生产行业；棉纱进口量逐渐减少，在潮汕及兴梅地区"本地产品占

---

① 中国第二历史档案馆、中国海关总署办公厅：《中国旧海关史料》（第10册），京华出版社2001年版。

80% ~ 90%，进口货仅占 10% ~ 20% 而已"①。棉布也是汕头港输入的主要洋货之一。清朝同治三年（1864 年）至清朝光绪二十八年（1902 年），汕头港进口棉布共约 1393.5136 万匹，年平均进口额为 80.0092 万海关两，约占汕头口岸进口货值的 10%。

此外，输入洋货还包括铁、锡、铅、铜、钢等金属，火柴、煤油等日用品，大米、面粉、鱿鱼等食品。

由此得出，1915 年以后不平等贸易结构得到改善，进口洋货发生很大变化。棉布、煤油、铁取代鸦片成为主要的进口商品。一方面，有的商品进口数量下降或者消失。鸦片输入逐渐消失，棉布取而代之成为进口大宗商品，这是进口货物结构最显著的变化。棉纱的进口数量也开始大幅减少，上海国产棉纱的输入量取而代之。《1902 ~ 1911 年潮海关十年报告》记载："棉纱从上个十年的年平均进口量 14 万担下降到 1921 年的 3.7 万担，但是该年进口 314.1 万担上海棉纱，因而得到了平衡。"② 大米、面粉、火柴等的进口数量也有明显下降。另一方面，一些商品进口数量保持增长态势，如煤油的进口量逐年增加。因潮汕罐头生产、铁路及内河轮船建造等行业发展的需要，铁、铁条的进口数量猛增，在 1920 年为 4 万多司马担，五年后增长到 7 万多司马担，到 1930 年则突破了 10 万司马担。③ 另一种进口金属锡的进口量虽有波动，但仍呈上升趋势。这一时期新增的另一种洋货是烈性酒，主要用于制造土酒，再返销给国外侨民。

（2）内地输入潮汕侨乡的商品。国内各口岸对潮汕侨乡输入的商品"通常以各地土货为主，洋货则占少数，惟上海对潮州移入货件，则多有包括洋货在内，据调查比较，移入总额内洋货约占土货的 1/20"④。内地输入潮汕的大宗商品在开埠之初为豆饼、米，到了 20 世纪 20 年代，棉纱一跃而为最大宗者。

各地运销潮汕的土货，主要有东北的大豆和豆饼，芜湖的大米，上海的棉布和棉纱、肥田料，天津和汉口的青麻，福州和厦门的药材、陶瓷、竹纸等。东北豆饼的输入量一直很大，在汕头开埠之初，其进口额在所有本地进口货物中更是高达第三位，仅次于鸦片和大米。20 世纪二三十年代，上海的棉纱、面粉取代外洋的棉纱、面粉成为潮汕主要进口商品。此时国外进口棉纱的数量骤减。《1912 ~ 1921 年潮海关十年报告》称："棉纱从上个十年的年平均进口量 14 万担

---

① 广东省汕头市地方志编纂委员会：《汕头市志》（第二册），新华出版社 1999 年版。

② 中国海关学会汕头海关小组、汕头市地方志编纂委员会办公室：《潮海关史料汇编》（内部资料）1988 年，第 88 页。

③ 中国海关学会汕头海关小组、汕头市地方志编纂委员会办公室：《潮海关史料汇编》（内部资料）1988 年，第 203 – 204 页。

④ 饶宗颐：《潮州志》第三册《实业志·六》，潮州市地方志办公室重刊本 2005 年版。

下降到 1921 年的 3.7 万担。"① 可见，大量运入的上海的棉纱，已经基本满足了潮汕侨乡的市场需求。除此以外，火麻作为纺织粗麻布的材料，主要由四川输入，火麻的输入量在 1912～1914 年达到了峰值。其中，1914 年火麻的输入量达 7.1 万担，1921 年火麻的进口贸易增加了 22%。② 随着民族工业的发展，内地一些产品通过各口岸转至潮汕，有些商品甚至取代了洋货成为输入潮汕的主要商品。

3. 输出商品概括

（1）出口至欧美日等国和地区的商品。蔗糖是潮汕侨乡在鸦片战争后 50 余年间出口商品的大宗。《潮州志》载："甘蔗为榨糖原料，本州糖业特盛，故农民植者亦众，于副业作物中首推巨擘，其产量之丰为全国冠。"③ 从清朝道光十九年（1839 年）起，汕头就以帆船及轮船运糖往欧洲大陆、英国及美国。④ 近代以来，潮汕侨乡"出口商品仍以农副产品为主……还有手工业品草席、爆竹等也有较大量出口，这些土特产品大都运销欧美各地"⑤。其中，蔗糖仍是大宗出口商品。至清朝光绪十年（1884 年）左右，潮汕蔗糖逐渐被更廉价的马尼拉糖和爪哇糖取代，潮汕侨乡与欧美等国和地区的蔗糖贸易开始下滑。尽管清朝光绪二十一年（1895 年）蔗糖出口量略有回升，但是无法恢复至以前水平。

抽纱作为商品进入出口贸易市场是在清朝光绪二十三年（1897 年），20 世纪 20 年代以后逐渐成为出口商品最大宗，几乎占出口商品一半的比例。据统计，1935～1937 年抽纱外销量占当年出口总值的比重分别为 43.08%、48.12%、49.43%。⑥

其他重要的输出商品还有茶、烟丝、土纸、神纸、夏布、柑、锡箔、瓷器等。这些出口商品的变化值得关注：神纸、锡箔都是从清朝光绪元年（1875 年）出现在海关统计资料中，在整个近代出口量之中一直保持持续增长态势，神纸还曾经在清朝光绪二十一年（1895 年）、清朝光绪二十六年（1900 年）出口商品中价值额分别位列第一、第二位；瓷器一直是近代潮汕出口的大宗产品之一，出口量总体上也是趋于增长趋势；茶叶在清朝光绪二十六年（1900 年）以前是潮汕的大宗对外贸易产品，但此后出口量骤减。主要原因在于 20 世纪初期，日本取代了中国开始垄断美国的绿茶市场。清朝嘉庆五年（1880 年）末，出口英国

---

① ② 中国海关学会汕头海关小组、汕头市地方志编纂委员会办公室：《潮海关史料汇编》（内部资料）1988 年，第 88 页。

③ 饶宗颐：《潮州志》卷五《实业志·一》，潮州修志馆 1949 年版。

④ 姚贤镐：《中国近代对外贸易史资料》（第二册），中华书局 1962 年版。

⑤ 广东省地方史志编纂委员会：《广东省志·对外经济贸易志》，广东人民出版社 1996 年版。

⑥ 汕头市对外经济贸易委员会：《汕头外经贸志》1993 年，第 71 页。

的印度红茶数量超过了中国茶。① 因此中国茶的出口大受限制。

总的来看，近代潮汕侨乡输出商品的结构发生了显著变化。以 1928 年为界，1928 年之前输出商品主要是以农副产品为主，1928 年之后手工业产品的输出值比重急速增加，到 1935 年已经发展为以手工业产品为主要输出产品。下面以清朝光绪六年（1880 年）和 1935 年的出口商品为例，说明近代潮汕主要出口商品中农副产品与手工业产品的比例（见图 7 - 3）。

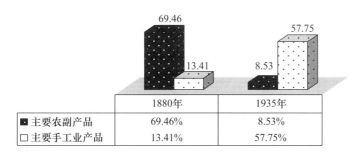

	1880年	1935年
■ 主要农副产品	69.46%	8.53%
□ 主要手工业产品	13.41%	57.75%

图 7 - 3　1880 年和 1935 年潮汕侨乡出口商品中主要农副产品和主要手工业产品比例图

根据海关统计资料，清朝光绪六年（1880 年）出口外洋的商品中，糖、茶、柑依次为出口价值总额最高的三种产品，三种商品价值占出口商品价值总额的 69.46%。而纸、神纸、夏布、麻线、锡箔等手工业产品出口额总计为 10.1433 万关平两，占出口国外商品总额的 13.41%。② 换言之，农副产品是潮汕侨乡出口的主要商品。到了 1935 年，出口商品中，抽纱、纸伞、土纸、渔网、神纸 5 种商品的出口值就占当年出口总值的 57.75%，而主要的农副产品蒜头、蜜柑、菜脯、鲜蛋和咸菜的出口值仅占当年出口总值的 8.53%。③ 换言之，手工业产品的出口量已经超过农副产品，手工业产品成为潮汕侨乡的主要出口商品。图 7 - 3 也直观地显示了这两个时间点主要农副产品和主要手工业产品戏剧性的变化。

（2）输至内地各口岸的商品。潮汕与内地"诸通都大邑皆有商业沟通，土

---

① ［日］滨下武志：《中国近代经济史研究：清末海关财政与通商口岸市场圈》，高淑娟、孙彬译，江苏人民出版社 2006 年版。

② 中国海关学会汕头海关小组、汕头市地方志编纂委员会办公室：《潮海关史料汇编》（内部资料），1988 年，第 208 页。文中农副产品、手工业品百分比值经过对表中所列数据的计算得到。即 1880 年潮汕出口商品的价值额中（单位为关平两），赤糖 473291，白糖 210877，红茶 89380，绿茶 14886，生柑 37447，糖、茶、柑出口价值总额依次为 684168、104266、37447，而当年出口国外商品的价值总额为 1188899。因此三者占出口国外商品价值总额的 69.46%，同理纸、神纸、夏布、麻线、锡箔等手工业品出口额占出口国外商品总额的 8.53%。

③ 汕头市对外经济贸易委员会：《汕头外经贸志》1993 年，第 71 页。

产既相互贸易洋货亦复相互转销"①。19 世纪末四川、牛庄、天津、烟台等地把种甘蔗改为种罂粟，使得汕头蔗糖在国内的需求大量增加，国内市场成为蔗糖输出的主要市场。② 20 世纪初，随着输入国内的洋糖不断增加，潮汕蔗糖的国内市场份额逐渐下滑。以芜湖为例，"同治初……汕头白赤糖系由东坝来……迨光绪初设立新关，输运方便，于是杂货业日渐发达……继而各种车糖进口，有加无减，常年二十余万担，遂将国产之汕头糖减销至十分之三"③。

除了蔗糖以外，柑、海味、抽纱、夏布、瓷器、罐头、薯粉、柳条布、白布、烟丝、锡箔、土布、土碗、细茶等商品运销内地。运销内地的商品中除了罐头是在汕头市生产以外，其余商品均是从潮汕侨乡城镇运至汕头集中外销。除了汕头以通商口岸与内地其他通商口岸沟通、运销物产外，亦有一小部分商品是由潮汕侨乡腹地边境运销至省内其他地方以及闽赣之地。

二、输入潮汕侨乡的商品来源地分布

1. 洋货来源地分布

汕头开埠后，欧美商品渐次输入潮汕侨乡，主要包括鸦片、大米、煤油、棉纱、洋布、锡等。在 1915 年以前最大宗商品当属鸦片，汕头是清朝末期重要的鸦片销售中心和中转站。鸦片的来源地主要以英国及其殖民地为主，最多为中国香港，次为新加坡，此外则是暹罗、安南等。④

棉纱一直是汕头第二大进口商品。清朝光绪十二年（1886 年）以前棉纱主要由英国直接进口，此后逐渐被印度取代，运输路线则经由上海、香港转运到潮汕境内。清朝光绪二十二年（1896 年），质地更加细致的日本棉纱的进口量逐渐增加，"在平均每年进口 35000～40000 包棉纱的总额中，有一半运往兴宁纺织区，四分之一往潮阳，八分之一往澄海，剩下的八分之一往潮安、普宁及其他地区"⑤。

煤油主要来自俄国、苏门答腊和美国。俄国煤油在清朝光绪十五年（1889年）统计中首次出现，1930 年进口量达到 502 万加仑。

据有关资料，我们绘制了近代某些年份欧美日等国（地区）输入潮汕侨乡

---

① 饶宗颐：《潮州志》（第三册）《实业志·六》，潮州市地方志办公室重刊本 2005 年版。

②⑤ 中国海关学会汕头海关小组、汕头市地方志编纂委员会办公室：《潮海关史料汇编》（内部资料）1988 年。

③ 彭泽益：《中国近代手工业史资料》（第二卷），中华书局 1962 年版。

④ 杨群熙：《潮汕地区商业活动资料》（内部资料），潮汕历史文化研究中心、汕头市文化局、汕头市图书馆，2003 年。

洋货价值简表，如表7－2所示。

表7－2　近代欧美日等国和地区输入潮汕侨乡洋货价值简表

年份	1875	1885	1895	1915	1920	1927	1931	1936
英国						200011	3258206	6779935
美国			69800	925676	763330	1156375	1228875	1543097
加拿大						1123	4453	
法国						1558	49673	
俄国			39413	4471				
日本						1694340	14780710	2146899
南美洲	39133							
德国						11232	655579	2972598
澳洲		6980				5413	575	

注：①1875～1927年单位是关平两，1931～1936年单位是元；②日本的数字包括中国台湾。

资料来源：①饶宗颐：《潮州志》（第三册）《实业志·六》，潮州市地方志办公室重刊本2005年版；②汕头市对外经济贸易委员会：《汕头外经贸志》1993年，第175页。

　　表7－2至少可以说明三个问题。其一，近代输入潮汕侨乡洋货的来源地广泛。实际上，除了表7－2中所列国家和地区外，还包括意大利、瑞典、丹麦、奥地利、葡萄牙等国也与潮汕有贸易往来；其二，清朝末期以来，美国对潮汕侨乡货物输入保持不间断并且持续走高的态势；其三，1920年以后，各国和地区进口比重发生较大变化。日本、德国出口潮汕商品价值不断增加，并且在洋货的进口中所占比重渐长。英国、德国、日本、美国等国家成为主要洋货来源入地。

　　欧美与潮汕的直接贸易往来时间较晚，主要是通过中国香港、新加坡等转口进行间接贸易。直到清朝同治八年（1869年），汕头才与英国有了直接贸易。与美国、俄国、南美洲等其他欧美国家和地区之间的贸易更晚。清朝同治十一年（1872年）才与美国有了直接贸易往来；另外，与欧美国家和地区的贸易总额数量较小，而且进口贸易值在总进口货值中所占的比例非常小。相比之下，以蔗糖为主的出口贸易在个别年份占有较大比重，如清朝同治十一年（1872年）出口美国的货值额约为49.7764万海关两，占当年出口总值的54.75%，清朝光绪二年（1876年）出口英国的货值额为41.6983万海关两，占当年出口总值的35.08%。这是一个问题的两个方面，说明潮汕侨乡城镇与欧美等国和地区的贸易数量有限，如《中国旧海关史料》所言：潮汕侨乡对外贸易"销场市面大都咸在新加坡、暹罗暨南洋一带，其中以食物为最多，至土货之往欧西国者极其稀少焉。"① 所以，不可高估"欧美日—潮汕—内地"市场圈中欧美与潮汕的贸易程度。

2. 内地输入商品的来源地分布

汕头开埠后，潮汕侨乡与国内通商口岸大都有商贸往来。"邑之富商巨贾，当糖盛熟时，持重资往各乡买糖或先发帐糖寮，至期收之。有自行货者，有居以代价者。候三四月好南风，租舶艚船装货糖包有海道上苏州、天津，至秋东北风起贩棉花、色布回邑，下通雷琼等府，一往一来，获息几倍，以此起家者甚多。"② 纵观清朝后期输入潮汕侨乡商品来源地，上海、芝罘、牛庄为最多，天津、厦门、福州次之，宁波、汉口、芜湖、镇江再次之，如表7-3所示。

表7-3　清朝后期汕头海关对国内贸易移入按地分类简表　单位：关平两

年份	牛庄	天津	芝罘	上海	福州	厦门	宁波	汉口	芜湖	镇江
1874	183306	13046	786149	1930707	13580	79135	1222			
1875	752696	29165	917462	2267088	33754	1500				
1876	1258251	13842	1085156	2230554	18679	13540				
1877	1325029	26144	845454	2629404	18588	26487				
1878	1469993	16547	667659	2277376	19133	25216				
1879	2792915	10258	950025	2304036	21884	2732				
1882	2243765	24583	787113	3604607	23359	5979	2488	273		45263
1885	2923767	57238	1044855	1892969	35550	4177	237	50465		
1887	2380218	132901	999008	3925753	20525	3996	30432	9850	32843	2923
1888	3059075	159798	1081631	3069840	25305	197	1723	1385	45440	7845
1889	2537178	177816	1156080	2892935	18696	13706	5324	1864		3459
1890	2395245	288679	979031	4073927	18345	522	8727	4506	67394	3367
1894	2553249	229725	1025498	4365810	20393	8336	11775		1535066	14445
1895	2807368	172479	1332770	4123780	37321	1592			1889276	642518
1896		165740	950040	3376537	25931		10660		746060	3869704
1897	2752344	240172	1594941	2641818	32653	22717	5344	232937	1834571	38040
1898	2732655	368058	1733340	1995886	39527	3346	3791	769722	932588	236803
1899	3694918	440354	1502357	2738282	93459	5877		1022378	1385676	266447

① 中国第二历史档案馆、中国海关总署办公厅：《中国旧海关史料》（第42册），京华出版社2001年版。

② （清）蔡继绅：《澄海县志》卷六《风俗》。

续表

年份	牛庄	天津	芝罘	上海	福州	厦门	宁波	汉口	芜湖	镇江
1900	3692284	477702	1486682	3633407	154263	46841	5505	2141796	5485543	370782
1901	3223278	165864	1159963	3273130	18955	2566	5343	1771	224752	2049

资料来源：饶宗颐：《潮州志》（第三册）《实业志·六》，潮州市地方志办公室重刊本 2005 年版。

民国时期，潮汕侨乡与国内各地商贸往来更加频繁。输入潮汕的主要商品中棉布来源于上海，从 1915 年起，上海棉纱开始大量进入汕头市场，不久之后汕头地区的纺纱业所需之棉纱主要来自上海。购买上海棉纱棉布已成为一个逐年发展的行业。[1]

潮汕侨乡粮食无法自给自足，需每年从国内外输入大量粮食。就大米而言，"约有 10% 来自西贡、曼谷，进口的其余大米以及所有的小麦都来自长江各口岸。"[2] 九江、芜湖、上海、长沙等地都是大米的主要输入地。

豆饼是种植业不可缺少的一种肥料，潮阳、揭阳、澄海等县种植甘蔗多，所需输入额非常之多，每年约 200 万担乃至 300 万担。主要来自牛庄、天津、汉口等地。[3]

此外，药材、瓷器、竹纸来自福州、厦门等地，锡来自蒙自、广州等地，花生仁来自青岛、天津等地，纸伞来自温州等地，洋灰来自天津、广州等地，苎麻来自汉口、九江、岳州等地。

三、潮汕侨乡输出商品的地理分布

潮汕对外贸易由来已久，汕头开埠后，发展迅速。就"欧美日—潮汕—内地"市场圈而言，商品出口总额对外主要以美国、日本、英国等国为最多（见表 7-4），对内以上海为最多，其次为厦门、福州、宁波、牛庄、芝罘、天津等地。

---

① 中国海关学会汕头海关小组、汕头市地方志编纂委员会办公室：《潮海关史料汇编》（内部资料）1988 年，第 87 页。

② 中国海关学会汕头海关小组、汕头市地方志编纂委员会办公室：《潮海关史料汇编》（内部资料）1988 年，第 40 页。

③ 杨群熙：《潮汕地区商业活动资料》（内部资料），潮汕历史文化研究中心、汕头市文化局、汕头市图书馆，2003 年。

表 7 - 4　清朝后期潮汕侨乡出口欧美日等国和地区商品价值简表

单位：关平两

年份	日本	英国	美国	年份	日本	英国	美国
1875	11565	80188	157523	1885		17278	
1876		26171	2862	1887		100	
1877		416983	138802	1888		671	
1878		487108	572879	1889	1760	776	
1879		85053	32441	1890		96052	
1882		295965	33210	1895	100		

资料来源：汕头市对外经济贸易委员会：《汕头外经贸志》1993 年，第 173 页。

第一次世界大战后出口贸易国不断增加，1927 年经汕头出口商品的国家和地区达 23 个，其中，欧美日等国和地区出口比重较高者分别为：美国 6.34%、日本 1.12%、澳洲 0.26%、加拿大 0.23%、英国 0.17%。此外，潮汕商品还不同程度地输入到法国、德国、意大利、瑞典、挪威、丹麦、苏联、奥地利、朝鲜、比利时、南美洲等国和地区。

当然，各种原因作用下，由汕头输入国内外的商品既有潮汕侨乡本地所产商品，也有从天津、大连、上海等地移入汕头商品，然后经汕头港出口，如茶、大豆、豆油等。

1. 出口农产品主产地分布及外销地

（1）蔗糖。潮阳、饶平、澄海、潮安、普宁、揭阳等县蔗糖产量最多。其中，揭阳所产蔗糖质优、价高、量多，"惟揭中制造为佳，棉湖所出者白而香，江苏人重之"①。揭阳"每年运出之糖包，多至数十万，遂为出口货物一大宗"②。

蔗糖销售地区以清朝光绪十年（1884 年）为转折点。清朝光绪十年（1884 年）以前蔗糖以出口为主，主要就欧美日等国和地区而言，以英国、美国两国为主。清朝光绪十年（1884 年）蔗糖市场由欧美两洲转向国内。翌年，销往内地长江口岸的蔗糖量较之前有非常显著的增加。这与"四川、牛庄、天津、烟台等地把种甘蔗改为种罂粟，使得汕头蔗糖在国内的需求大量增加，国内市场成为汕

---

① （清）王崧、李清辉：《揭阳县续志》卷四《风俗志》。
② 郭剑鸣：《文化与社会现代化：对潮汕为中心的潮汕社会发展的文化透视》，汕头大学出版社 2002 年版。

糖输出的主要市场"① 不无关系。此后直至清末，国内蔗糖需求几乎垄断了潮汕侨乡蔗糖供应，蔗糖由汕头港北运至内地各口岸，再转销各省，"各县所产之糖以由水路运销华北华中，尤以上海、天津、镇江、南京、芜湖、青岛为最"②。

（2）甘薯。甘薯是潮汕侨乡一个主要农产品，主要产自潮安、潮阳、揭阳、澄海、普宁等县，其中以潮阳县出产最多。各县所产甘薯自用仅占40%的产量，其余80%多磨粉晒干运销外地。外地市场以南洋为主，内地市场则是由水路运甘薯至上海、浙江、福建等地销售。如惠来县甘薯产量很大，据《农业调查报告书》称，年产甘薯粉干2万担，销往上海、南洋等地。③

（3）柑橘。柑橘是潮汕侨乡重要的水果之一。如《潮州志》所言："潮州果类以柑橘为最著，实大而汁多，岁输出津、沪、南洋，数值至巨，且曾远销伦敦市场，饮誉欧西。昔日本人曾采州产柑苗，回植台湾，惟收效不及斯土。"④ 潮汕侨乡各县都种植柑橘，如潮安的鹳巢、华美、浮洋、金砂、彩塘、薛陇等地，潮阳的峡山等地，惠来的葵潭等地，丰顺的留隍等地，以及揭阳、饶平、普宁等县。至抗日战争前，柑橘主产区是潮安、潮阳和普宁3县，潮安柑橘产量约占潮汕侨乡柑橘总产量的40%，潮阳、普宁2县的，约占30%。柑橘对外主要运至南洋，运至欧美日等国和地区较少，对内运至上海、广州、杭州、南京、天津、大连等地。

此外，如萝卜主要产自大埔、揭阳、澄海等县，除了自用外，多腌制成菜脯出口至南洋及赣南一带。烟叶主要产自大埔、饶平等县，大部分运至广州和上海，其余在潮汕本地销售。

2. 主要制成品产地及外销地

（1）抽纱品。抽纱品是潮汕侨乡传统产品之一，主产地为揭阳，其次为潮阳。20世纪初，抽纱品远销英国、德国等西欧国家，不过，一般是先运至上海、中国香港、印度和安南等地，然后从那里销往欧美地区。第一次世界大战后抽纱品基本上停止向欧洲国家出口，转而向美国、印度以及美洲地区出口。据记载，1923年抽纱品才开始向汕头海关申报直接出口。其时，汕头直接出口的抽纱品主要销往澳洲和南洋群岛等地。主要运销途径是将抽纱品托运或寄邮包往上海，再从上海运抵美国，美国一跃成为潮汕抽纱品的主销国⑤。据《潮州志》绘制图7-4，图7-4中显见各国、地区抽纱品需求量的比例关系。

① 中国海关学会汕头海关小组、汕头市地方志编纂委员会办公室：《潮海关史料汇编》（内部资料）1988年版。

②③ 饶宗颐：《潮州志》（第三册）《实业志·一》，潮州市地方志办公室重刊本2005年版。

④ 饶宗颐：《潮州志》卷五《实业志·一》，潮州修志馆1949年版。

⑤ 汕头市对外经济贸易委员会：《汕头外经贸志》1993年，第95页。

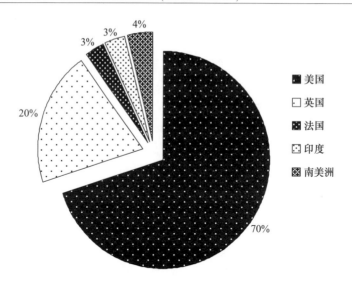

图 7－4　1924 年潮汕侨乡抽纱出口各国和地区总额比例图
资料来源：饶宗颐：《潮州志》（第三册）《实业志·六》，潮州市地方志办公室重刊本 2005 年版。

此后，美国一直是潮汕侨乡抽纱品的主要消费地区。1928～1937 年，出口美国的潮汕抽纱品占 75％，出口英国、澳洲、南非的潮汕抽纱品合起来只占 25％左右。1937～1941 年，出口的潮汕抽纱品份额中，美国占 70％，澳洲占 7％，加拿大占 5％。第二次世界大战后至中华人民共和国成立前，出口的潮汕抽纱品份额中，美国占 75％，澳洲占 7％，加拿大占 6％，欧洲占 1％。[①] 抽纱品成为主要的对外出口商品，那么美国也就变成了潮汕主要的出口国。

（2）罐头。潮汕平原生产的柑橘、荔枝、菠萝、青豆等果蔬，以及海洋水产品等丰富资源为罐头加工提供了原料。20 世纪初，潮汕侨乡的罐头工业生产起步，主要加工水果类、杂菜类罐头。1921～1931 年间，汕头外销量超过了当时罐头重点产区广州、厦门、温州、青岛及烟台等地。罐头销售区除本地外，北至厦门、福州、上海、南京、青岛、天津及长江沿岸一带，南至中国香港、越南、泰国以及南洋群岛各地。[②]

（3）神纸。神纸（冥纸，为烧香拜神扫墓等用）也是潮汕侨乡传统的出口商品之一，早在清朝同治十年（1871 年）就已成为出口商品。神纸主要产自松口、庵埠、莲阳等地，生产所用原料包括汀州生产的纸、从云南购进的锡及从新加坡进口的树胶，产品 90％出口，10％为当地消费。主要出口国内的天津、青

---

① 汕头市对外经济贸易委员会：《汕头外经贸志》1993 年，第 97 页。
② 广东省汕头市地方志编纂委员会：《汕头市志》（第二册），新华出版社 1999 年版。

岛、烟台以及国外的暹罗、安南和新加坡。① 神纸是出口的大宗商品之一。在19世纪最后10年间，神纸出口价值总额曾位列众多出口商品之前列，甚至在1895年出口价值超越蔗糖，成为出口商品价值最大者。

（4）纺织品。纺织品生产是潮汕侨乡的传统产业，主要产品包括夏布和土布等。夏布主要产自揭阳、普宁等县，汕头开埠以前，所产布匹多为家庭自用，"少有输出，亦不假外来"②。汕头开埠后，夏布开始出口，对内运销至上海、天津、汉口、芝罘等地，对外运至高丽、中国台湾。《六十年来之岭东纪略》记载："夏布之粗者，供制蚊帐之用，精者则制夏衣之用，除本地销售外，运销各省及高丽、台湾，而高丽采用尤多。"③ 民国时期，夏布逐渐成为重要的出口产品。据1931年统计，揭阳年产夏布30万匹，产品行销上海、四川、山东、安东、广州等省市。土布大宗出自澄海、潮安等县，除销于本地外，其余部分由潮安县销往韩江上游，而至福建峰市、上杭、连城等处，还有部分由汕头运销至厦门、福州，或出口中国香港、暹罗、新加坡等地。④

此外，产自大埔、潮安、潮阳、揭阳等县的烟丝以出口国内口岸为主，大埔、饶平等地所产茶以及中国台湾输入的红茶、福州输入的乌龙茶和武夷山茶等通过中国香港运至欧美等国家和地区。

综上所述，汕头开埠后潮汕侨乡与域外形成了"欧美日—潮汕—内地"市场圈（见图7-5）。该市场圈大致以1915年为界分为前后两个时期，1915年之前欧美日等国和地区输入到潮汕侨乡的货品以鸦片、棉纱、棉布等为主，内地输入到潮汕侨乡的以豆饼、棉纱等为主；潮汕侨乡输出到欧美日等国和地区的货品以蔗糖、茶、瓷器等为主，输出到内地的以鸦片、蔗糖、烟丝等为主。1915年以后欧美日等国和地区输入到潮汕侨乡的货品以煤油、锡、铁等为主，内地输入到潮汕侨乡的以棉纱、豆饼、粮食等为主；潮汕侨乡输出到欧美日等国和地区的货品以抽纱等为主，输出到内地的以蔗糖等为主。

第二节 "南洋—潮汕"市场圈

汕头开埠前，潮汕与南洋往来主要依靠柘林港，而且往来并不频繁。汕头开

---

① 中国海关学会汕头海关小组、汕头市地方志编纂委员会办公室：《潮海关史料汇编》（内部资料）1988年，第98-99页。

②④ 广东省汕头市地方志编纂委员会：《汕头市志》（第二册），新华出版社1999年版。

③ 萧冠英：《六十年来之岭东纪略》，培英图书印务公司1925年版。

埠后，成为潮汕侨乡的经济中心，与南洋的联系也日渐密切。随着中国香港贸易中转站地位的确立，"南洋—潮汕"市场圈形成。而且，在这一市场圈的变迁过程中，华侨发挥了重要作用，潮汕侨商一定程度上成为这一市场圈的建设者。

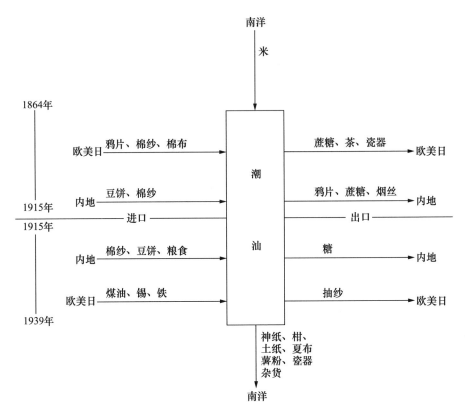

图7-5　抗日战争前潮汕侨乡与欧美日等国和地区的主要进出口商品示意图

一、潮汕侨乡与南洋各地进出口商品情况

南洋是潮汕侨乡商品出口的主要市场，根据有关资料统计，清朝同治三年（1864年）至1931年汕头口岸出口南洋各地货物总数共12727万海关两，占出口货物总值的66.8%。其中，出口中国香港的货物价值4740万海关两，占此间出口外洋货物总值的24.8%；出口新加坡的6390万海关两，占33.5%；出口暹罗的4170万海关两，占21.9%；出口安南的1750万海关两，占902%；出口荷属东印度的417万海关两，占2.2%；其他占8.4%。如果加上由中国香港转运

至南洋各地的数字，则所有出口货物十之七八输往南洋各地。①

1. 潮汕商品出口至南洋各地的价值额及地域差异

据《潮州志》绘制近代潮汕侨乡商品出口至南洋各地价值简表（见表7-5）。

表7-5 近代潮汕侨乡商品出口南洋各地价值简表

年份	新加坡	安南	暹罗	中国香港	印度	荷属东印度	苏门答腊	缅甸
1864	62122	15235	7612	451789				
1875	75482	6233	1484	195588				
1882	240083	927	19188	889503				
1889	439242	49471	281496	765099			1508498	
1895	678919	264281	390663	666110			27801	
1901	506330	33733	264178	754843			21944	
1916	4376954	974988	2957588	2406628			78798	
1921	5697508	1479619	4583951	1318223			1396	
1927	4901579	2030262	3533066	1845225	74938	55581		
1931	4538353	610322	2985935	3172637	77648	135919		
1936	4751385	1545237	2897169	4954178				25257
总计	26257957	7010308	17922330	17419823	152586	191500	1638437	25257

注：①1864～1931年单位为关平两，1936年单位为元；②尽管两个时间段单位不一致，但是同一年份每个地区统计数字的单位一致，因此将各年份出口价值相加并不影响总体趋势的判断。

资料来源：饶宗颐：《潮州志》（第三册）《实业志·六》，潮州市地方志办公室重刊本2005年版。

表7-5中数据虽是不同年份统计，而且个别地区个别年份数据缺失，但已足可窥视南洋各地进口潮汕商品价值总额的地域差异。通过该表可以看出，新加坡、安南、暹罗、中国香港等地是潮汕侨乡商品的主要销往地。又由表7-5中总计数值可知，在新加坡、安南、暹罗、中国香港四地中，出口至安南货物价值最低，其他三地明显超过安南。主要原因在于，中国香港在"南洋—潮汕"市场圈中扮演着中转站的角色，新加坡和暹罗则由于海外侨胞数量庞大，市场需求旺盛，故此三地输出货物价值较多。

---

① 杨群熙：《潮汕地区商业活动资料》（内部资料），潮汕历史文化研究中心、汕头市文化局、汕头市图书馆，2003年。

2. 南洋各地出口至潮汕商品价值总额及地域差异

早在清朝康熙二十三年（1684 年）解除海禁后，南洋与潮汕的商贸往来便蓬勃发展起来。汕头开埠后，双边贸易更是繁盛。南洋地区的大米、木材、水泥、香料等物品运销至潮汕侨乡，成为近代潮汕侨乡进口地区的重要组成部分。

据《潮州志》制近代南洋各地输入潮汕侨乡货物价值简表（见表 7-6）。

表 7-6　近代南洋各地输入潮汕侨乡货物价值简表

年份	新加坡	安南	暹罗	中国香港	印度	荷属东印度	缅甸
1866	262858	60129	3786	5932892			
1875	21157	49721	11666	6933023			
1884	268543	126270	13302	5842789			
1889	96428	14162	737	6766003			
1894	99508	30828	4157	9081174		43047	
1902	124950	85115	2535	12809031			
1915	157276	292746	49122	13406555		332357	
1920	137076	373418	164220	9503144		271195	
1927	687690	226896	6224139	13838786	1930429	1506066	
1931	525827	869553	3446694	14780710	3039233	1717819	
1936	663167	877782	7961927	899214			2398783
总计	3044480	3006620	17882285	99793321	4969662	9324484	2398783

注：①1864～1931 年单位为关平两，1936 年单位为元；②尽管两个时间段单位不一致，但是每个地区每年的单位是一致的，因此将这些年份出口价值相加并不影响判断。

资料来源：饶宗颐《潮州志》（第三册）《实业志·六》，潮州市地方志办公室重刊本 2005 年版。

表 7-6 显示近代主要由新加坡、安南、暹罗、中国香港、印度、荷属东印度、缅甸等地输入南洋货物，其中，新加坡、安南、暹罗、中国香港自清朝同治五年（1866 年）至抗日战争前一直与潮汕保持贸易往来，并无中断。上述各地中，中国香港输入货物价值总量最多，原因在于其转口贸易地位；暹罗仅次于中国香港，原因在于暹罗潮汕侨商数量庞大，据统计，1923 年暹罗曼谷经营汕头货物入口廊有 32 家，到抗日战争前增至 40 多家。这些入口廊主要分布在湄南河畔的嵩越路，使这一带成为潮汕侨乡货物的集散地。

总之，近代南洋各输入潮汕侨乡地商品主要来源于中国香港。自汕头开埠至清末，起初中国香港进口额几乎占整个进口总量的 90%，紧随其后的是新加坡、暹罗、安南。后来由于日本、中国台湾地区的进口货值逐渐增多，中国香港进口比重降低，但仍居首位。民国初期，中国香港仍位居南洋进口货值第一。20 世纪 20 年代中期由于进口大米的比重增大，暹罗成为南洋各地输入潮汕侨乡货品最多的国家，约占汕头进口总值的 1/4。1928 年时比例又有调整，依进口货值比重排列为：中国香港、暹罗、印度、新加坡、安南、荷属东印度、菲律宾等。直至抗日战争爆发，南洋各地输入潮汕侨乡货品价值总值排序基本如此。

　　3. 潮汕侨乡与南洋贸易的主要商品

　　（1）潮汕侨乡对南洋输出的主要商品。潮汕侨乡出口到南洋的商品以南洋华侨社会为主要消费群体，因此输出商品以食品、日用品、农产品等为主。食品以生柑、腌菜、杂果、蒜头、茶叶、鱼脯、家禽等为主，日用品以布、线、纸、铁、竹器、玩具等为主，农产品以马铃薯、番薯、菜籽、薯粉以及薯粉制作的通心粉等为主。其时，四大出口商之一的"南商"，在 1933 年左右"输出货品中以菜脯、柿饼、蒜头、后宅柔鱼、澄海土布、网线、土纸等为大宗"。① 四大出口商之一的"酱园"，即专门以潮汕侨乡所产腌菜运至南洋各地为业务，足见腌菜在潮汕侨乡对南洋贸易商品结构中的重要地位。

　　经汕头港输入南洋的货品中一部分并非潮汕侨乡所产，而是由其他省份转运至汕头，再经汕头港运至南洋，这在 1928 年以前，更为明显，如北部省份运来的豆、酒、冬粉、干菜均由汕头港转运至南洋各地。1928 年由于汕头关税调高，由北而来的货品改由中国香港转至南洋各地，经汕头至南洋各地的北货急剧减少。

　　（2）南洋对潮汕侨乡输出的主要商品。南洋销往潮汕侨乡的商品以棉纱、大米、生柚木、水泥、橡胶、香料、热带药材等为主。

　　19 世纪 80 年代以来输入汕头的棉纱有了非常明显的增加。清朝光绪十年（1884 年）进口总量是 96590 担，比前一年增加 15000 担，汕头的进口量达到了全国各埠进口量的 2/3，成为诸商埠中棉纱进口最多的港口，进口价值第一次超过鸦片。这些棉纱 70% 来自孟买，其余的是英国棉纱，因为，印度棉纱价钱便宜纱支较粗。这些棉纱大部分运至兴宁的织布厂，"但有些棉纱则在潮州用以织造南京花布，这种花布因为价格低廉，近年来在本港和其他地方销路很广"②。

　　抗日战争前南洋运至潮汕侨乡的粮食数量达至一定规模，其中主要是安南和

---

① 饶宗颐：《潮州志》（第三册）《实业志·六》，潮州市地方志办公室重刊本 2005 年版。
② 姚贤镐：《中国近代对外贸易史资料（1840～1895）》（第三册），中华书局 1962 年版。

暹罗的谷米。每年约有 400 艘米船进入汕头港，平均每天一艘，每艘米船运3 万 ~4 万包（每包 120 公斤）大米，每船价值 10 余万元，年进口量为 14.4万 ~19.2 万吨，贸易额达到 4000 万元之巨。①

1933 年，暹罗输入汕头柚木有 1191 吨，生柚木有 2471 担，水泥有11000 担。②

二、"南洋—潮汕"市场圈的主要贸易中心

潮汕侨乡与南洋贸易往来，《潮州志》载："以对香港为最多，因海程距离不远，与出入款项均赖其为汇驳故，次为新加坡及曼谷，因潮人侨居其地人数极多，有以促进贸易之关系，及再次为安南及荷属东印度，而台湾在隶日本时代每年输入潮州海产货品为数亦巨。"③ 是故，兹介绍这一市场圈主要贸易地的贸易概况。

1. 潮汕主要贸易中心：汕头

近代与南洋各地贸易往来是汕头最大的商业行业之一。随着"南洋—潮汕"市场圈的逐渐形成，汕头对南洋的出口贸易规模不断扩大，并形成各种独立行业，较大的行业有南商、暹商、南郊、和益四大公所，以运销潮汕侨乡所产货品及国内商品至南洋各地为主要业务。

南商以向南洋各地出口商品为主要业务，出口地域遍及中国香港、安南、马来亚和印度尼西亚群岛，故而得名"南商"。暹商经营品种与南商无异，不过输出地主要限于暹罗，故称之为暹商。南郊又称酱园业，以生产传统潮汕风味咸菜供应南洋各地潮汕移民为主要业务。和益又称生果业，专门以运载潮汕水果至南洋各地销售为主要业务，冬天以潮州柑为大宗，夏天以荔枝为多。据《潮州志》载，1933 年汕头市南商商号和暹商商号各 54 家，年营业额分别达 3000 万元、2000 万元之巨，南郊商号 37 家，营业总额达 1000 万元左右，和益商号 13 家，年营业额 100 万元左右。④

汕头从事南洋商品进口的商号也有很多。清朝光绪三十四年（1908 年）以前汕头进口、销售暹罗米的商号达 50 家之多。运销安南米和缅甸米的商号仅海外潮商所有的粮食商号就有 14 家之多。⑤ 其他亦有多家商号从事进口、销售柚木、苏木、水泥等南洋商品。

---

① 林济：《潮商》，华中科技大学出版社 2001 年版。

② 暹罗中华总商会：《华商》1934 年第 3 卷第 1 期，第 2 页。

③④ 饶宗颐：《潮州志》（第三册）《实业志·六》，潮州市地方志办公室重刊本 2005 年版。

⑤ 林济：《潮商》，华中科技大学出版社 2001 年版。

2. 贸易中转站：中国香港

19世纪50年代以来，中国香港在中国与南洋贸易往来中的贸易中转站地位逐渐确立。潮汕侨乡货品从汕头港口运销南洋的物品先运至中国香港，然后由中国香港分销至南洋各地；南洋输入潮汕侨乡的物资也汇集于中国香港，再运至汕头。中国香港成为"南洋—潮汕"市场圈的枢纽。以铁金属为例，清朝同治三年（1864年）汕头港进口的铁金属的92.9%是由海峡殖民地输入，经中国香港转口仅占7.1%；清朝同治五年（1866年）经中国香港转口的比例急剧升至37.15%；至清朝光绪九年（1883年），从中国香港转口的铁金属占汕头当年进口的铁金属总量的97.84%。

1928年以后，国内关税提高，汕头北货南运业务转移至中国香港，中国香港的转口贸易更趋活跃。中国香港从事转口贸易的潮汕侨商纷纷投资于中国香港转口贸易，仅暹罗的侨商商号就达70~80家之多。汕头最大的贸易伙伴由暹罗改为中国香港。潮汕侨乡与暹罗、马来亚、安南、苏门答腊、爪哇等地的金融兑换以中国香港为总站。

中国香港转运角色一般分为两种情况。第一种情况是，为南洋各地和潮汕侨乡乃至国内其他口岸货物交流提供中转服务。侨居国外特别是南洋的潮汕移民喜用家乡土货，这些土货一般分两种途径输入南洋各地，一种是经汕头直接输入，另一种则是由汕头运至中国香港，再由中国香港转运至南洋各地。南洋货品也通过中国香港中转运至汕头，如汕头出口的所谓土布，"原来是从中国香港进口的最著名的英国漂白市布，在运入汕头并缴纳进口税后，即运往潮州府染蓝，然后运回，于缴纳出口税后出口"①，运至上海和长江各埠。

第二种情况是，除了转运南洋与潮汕侨乡之间的物品外，中国香港还承担了潮汕侨乡与国内市场的转运站，即从汕头港运货至中国香港后再运至国内各口岸。以糖为例，土糖运到中国香港再运至国内，由于中国香港是英国的殖民地，而使得中国香港运至国内的土糖成为"洋糖"。镇江口岸1879年糖的进口总数为：赤糖2973.5万磅，白糖1848.7万磅，冰糖104万磅，其中洋糖与土糖之比例约为3∶1。实际上，这两种糖的原产地同样是中国，几乎全部来自汕头，其余来自中国台湾和广州。② 此外，芜湖、九江等地情形大致如此。这是由于"糖从中国口岸出口运往中国香港缴纳全部出口税，从中国香港再输入中国，又作为洋货另缴全部进口税。如果商人要运往内地，他便请领子口单，缴纳子口税（进口税的一半），于是他的糖便可豁免一切内地税捐，因此当他运往内地市场时，无

---

①②　姚贤镐：《中国近代对外贸易史资料（1840~1895）》（第二册），中华书局1962年版。

论距进口港多远，他只需缴纳两次整税，一次半税。……另一方面，土糖从一个中国港口运往另一港口，在出口港缴纳全部出口税，在进口港缴纳转口税或半税，因而比所谓洋糖节省一份半税。可是以后商人要运往内地，他不能缴纳子口税取得子口单，因为只有洋货才能享有这一特权，所以他的糖就要缴纳一切内地捐税，这些捐税的总数在某些情况下可能超过子口半税的十倍。……因此土糖便运往中国香港，再从中国香港作为洋货进口"①。

3. 南洋贸易中心：暹罗、新加坡、安南

总体来看，潮汕侨乡与南洋各地贸易以暹罗、新加坡、安南为最多。

暹罗盛产大米、柚木、海产品、药材及香料等。其中尤以大米和柚木为甚。清朝乾隆十二年（1747 年）清政府正式允许民间与暹罗进行米谷贸易，从此"澄海县商民领照赴暹罗国买米，接济内地民食"。至 1905 年达到约 344 万担。②输入大米路线以长江各口岸运销方式为主，"长江一带谷物失收，则从暹罗进口"③。柚木是近代潮汕自暹罗进口货物中第二大宗物品，到 20 世纪二三十年代占自暹罗进口货物总额的 5%～10%。总体看，近代暹罗是对潮汕侨乡输出额最大的南洋国家。据统计，清朝光绪二十七年（1901 年）对汕头输出额为 24.1927 万两，1917 年为 30.2203 万两，1927 年为 62.24139 万两，1936 年为 796.1927 万两。④

新加坡参与"南洋—潮汕"市场圈的包括香汕效公局、酱园公局、金果行公局，分别与中国香港南北行及汕头南商公所、南郊公所、和益公所相对应，以运销为主要业务，与汕头、中国香港、暹罗建立了巨额贸易关系。新加坡不仅将中国香港运来的北货、泰国大米转销至马来亚及印度尼西亚等地，而且由于潮汕移民数量众多，经新加坡转销的潮汕特产数量庞大。新加坡对汕头的贸易输入额在清朝光绪十三年（1887 年）达到 11.6185 万两，1936 年高达 66.3167 万两。

潮汕侨乡自安南进口货物主要以米、煤、水泥、鱼等为最多，占总进口额总数的 90% 以上。19 世纪初期潮汕每年从安南和暹罗平均输入的大米在 100 万担至 200 万担左右。"输往法属殖民地之纺织品、食料，以及越南中国殖民所用之华南产品，如棉织品、面粉、干菜、线面、茶、干水果、罐头水果、新鲜蔬菜、罐头蔬菜、糖、芋草等数量较多。"⑤

① 姚贤镐：《中国近代对外贸易史资料（1840～1895）》（第二册），中华书局 1962 年版。
② 杨群熙：《潮汕地区商业活动资料》（内部资料），潮汕历史文化研究中心、汕头市文化局、汕头市图书馆，2003 年。
③ 中国海关学会汕头海关小组、汕头市地方志编纂委员会办公室：《潮海关史料汇编》（内部资料）1988 年，第 66 页。
④ 林济：《潮商》，华中科技大学出版社 2001 年版。
⑤ 单岩基：《南洋贸易论》，上海申报馆 1943 年版。

除了上述三地之外，其他地区或国家也不同程度上与潮汕侨乡保持着商业往来。如 1873～1880 年每年从印度进口鸦片超过 1 万担。① 20 世纪 30 年代初印度、缅甸等地输入大米的数量也是很可观的。

三、华侨与"南洋—潮汕"市场圈

1. 海外华侨是潮汕侨乡商品主要消费群体

移居海外的潮汕人主要集中于南洋一带，"岭东南侨，散居英、荷、暹、越各地"②。潮汕移民乡土观念浓重，虽移居海外而生活习性仍然不能脱离家乡风尚，所用物品多是家乡所产。经汕头港出口的夏布、土布、柑橘、薯粉、烟丝、腌菜以及部分陶瓷、蔗糖等，几乎都以华侨社会为销售对象。这些货物或者通过汕头港直接输出，或者经由中国香港转运至南洋各地。

汕头出口南洋各地的货物，除抽纱品及少数原料外，其余几乎都以海外华侨为销售对象。以茶叶为例，潮汕侨乡茶叶出口历史悠久，早在明清时期，茶叶就是柘林、樟林港口的主要出口商品。汕头开埠后，茶叶出口更是呈上升趋势，尽管清朝光绪十六年（1890 年）以来茶叶出口量逐渐减少，但仍然是出口南洋的一个重要商品。这些经汕头港出口的茶叶约 80% 产自福建的武夷山和安溪，本地所产仅占 20%，主要品种是饶平、潮安的西岩色种、凤凰浪菜及水仙，揭阳和普宁的炒茶等。出口销地是中国港澳、菲律宾、新加坡、马来西亚、泰国、印度尼西亚、越南、柬埔寨等。销售对象主要是侨胞，而当地居民次之。③

马来西亚、荷兰属东印度及新加坡各地遍布潮汕移民，新加坡港每年进口大量潮汕土特产，转销各地供应潮汕移民，所以新加坡对汕头的贸易输入额在 1887 年即达到 11.6185 万两，一度领先于汕头与曼谷之间的贸易，1936 年对汕头贸易的输入额即高达 66.3167 万两。④

20 世纪初曾任潮海关税务司的克立基在《1902～1911 年潮海关十年报告》中关注到海外潮汕人对潮汕商品的需求："轮船公司不是从移民本身，而是从运载大量货物南下以满足移居马来亚和其他南方港口的华人的需要中获得他们的利润的。中国人的消费口味很保守，不论在何处落户，他们对来自家乡的食物、衣物和其他商品存

① 杨群熙：《潮汕地区商业活动资料》（内部资料），潮汕历史文化研究中心、汕头市文化局、汕头市图书馆，2003 年。

② 谢雪影：《潮梅现象》，汕头时事通讯社 1935 年版。

③ 汕头市对外经济贸易委员会：《汕头外经贸志》1993 年，第 168 页。

④ 林济：《潮商》，华中科技大学出版社 2001 年版。

在有一种偏爱。""据说本地区移居在外的侨民已达到三百万人……侨民需要的食物、瓷器、纸张、烟草及其他杂项物品都从这里运往供应。"①《1912～1921年潮海关十年报告》也指出："本港的贸易主要依赖于海峡地区（指当时英属马来亚——校译者注）、暹罗、荷兰属东印度群岛的中国出境移民。"②

2. 侨商推动了南洋与潮汕侨乡商贸往来

近代侨商是开拓南洋市场的重要力量，他们既是潮汕侨乡土特产输入的组织者，同时又是这些货品到达南洋后的推销者，对繁荣潮汕侨乡对外贸易做出极大贡献。

早在20世纪初，华侨就已在汕头设立专事进出口南洋货物的商号。如陈炳春、成德泰、裕兴利等商号专门运暹罗大米来汕头销售，至中华人民共和国成立以前华侨粮食商号达14家，基本上垄断了潮汕侨乡粮食的进口业务。抗日战争前汕头最大柚木行，是泰国华侨胡云江、辛文波等设在汕头的泰和隆木材行和广盛隆柚木行。据调查，"近代华侨在汕头从事进出口贸易的华侨商行有86家，投资额为401.022万元，这些商行几乎垄断了整个潮汕侨乡土特产品的出口和大米、木材的进口"③。这些设于汕头的侨商商行中最负盛名的当属南商、暹商、南郊、和益四家商行。据汕头海关估计，"1909年、1929年、1931年汕头港对外贸易输出额分别为1140.6072万两、1578.2156万两、1431.5932万两，其中，上述四家商行组织输往东南亚及中国港澳的分别达1069.795万两、1421.7589万两、1198.8403万两，后者与前者的比例分别为94%强、90%强和83%强"④。

侨商除了在汕头经营进出口业务，在南洋各地也是汇集了大量侨商。如在中国香港，大批侨商集中于文咸西街从事转口贸易，其中，将泰国、新加坡、马来亚、安南等的大米、树胶、椰油等土特产输往汕头等国内各地，互通有无。在暹罗，20世纪初陈黉利家族成为暹罗大米的加工与出口业巨商，陈嗣赞家族由银庄起家创办了和丰盛、和隆盛、和裕发三家火砻，成为暹罗大米加工与出口业大户。⑤ 新加坡参与南洋各地与潮汕侨乡贸易的新加坡酱园、金果、香汕三效合会，其主要进出口商多为潮汕侨商。

---

① 中国海关学会汕头海关小组、汕头市地方志编纂委员会办公室：《潮海关史料汇编》（内部资料）1988年，第83、86页。

② 中国海关学会汕头海关小组、汕头市地方志编纂委员会办公室：《潮海关史料汇编》（内部资料）1988年，第86页。

③ 李群：《试论近代华侨对潮汕经济的贡献》，汕头华侨历史学会：《汕头侨史》1994年第1期，第51页。

④ 李群：《试论近代华侨对潮汕经济的贡献》，汕头华侨历史学会：《汕头侨史》1994年第1期，第52页。

⑤ 张映秋：《泰国的普宁籍移民：经济活动与人物》，广东省政协文史资料委员会、汕头市政协文史资料委员会：《潮商俊彦》，广东人民出版社1994年版。

侨商的转口及推销业务一方面推动了潮汕侨乡土特产在南洋各地的销路，另一方面由于产品需求也带动了潮汕侨乡农业、手工业的近代化生产。

　　3. 侨汇带动潮汕侨乡金融业和市场消费能力发展

　　市场圈与金融业密不可分，金融业的持续发展可以为市场圈的良好运转提供一定基础。近代潮汕华侨大量的侨汇成为潮汕侨乡金融的支柱。其时，华侨稍有积蓄便汇归家乡，一般通过托水客捎带，返乡侨民携带，客栈汇兑，批局汇兑四种途径。其中，批局汇兑最为普遍。由此导致"批业之发达，实据汕市经济界大部分之势力也"①。据统计，1935 年汕头共有批信局 110 家，其设立于海内外各地的"分号"达 790 家，② 形成一个颇为完备的经营网络，支撑了潮汕侨乡金融业的健康发展。若无数额巨大的侨汇，潮汕侨乡金融业必受影响。如 20 世纪 30 年代的世界经济危机的爆发，"此次汕市风潮之发生……实受南洋商业衰落之影响，汕头每年为入超口岸……往年常赖华侨汇款以资挹注。自 1928 年世界商业凋敝以来……华侨汇款日减（据 1932 年华侨汇款统计，不及往年十分之二、三，可见一斑）。"南洋华侨的侨汇日益减少，这是酿成 1933 年全市工商金融业前所未有之大风潮的原因之一。③

　　侨汇还是大量侨眷的主要经济来源。侨乡主要劳动力往往南渡重洋谋生，侨眷多是老幼妇孺，其基本生活来源便是源源不断的侨汇。侨汇主要来源于南洋各地，而其中又以暹罗、安南为最。"出国谋生之侨胞络绎不绝，其中以赴暹罗者占十分之七，查自去岁年初至年末，赴暹罗旅客男妇总计约 20 万人……其中以澄海、潮阳、潮安等县为最多数……潮汕各县对南洋侨汇数目，亦至庞大……最近数月，约达二百万万元之巨，尤以暹罗、安南占过半数。"④ 实际上，侨汇不仅仅为侨眷提供基本的生活保障，而且侨眷的生活水平较高，是潮汕侨乡消费市场的主要构成部分。从这个意义上讲，侨汇对潮汕侨乡与国内外的商贸往来起到重要作用。

　　此外，侨汇平衡了近代汕头港的贸易逆差。汕头港是一直处于入超境地（唯1920 年因禁止鸦片输入而有出超）。抗日战争以前，每年少则有 640 余万海关两，多则有 2300 余万两的巨额逆差。⑤ 侨汇输入对于平衡汕头港的贸易逆差意义重大，进而为潮汕侨乡与南洋各地的商业贸易往来的正常发展奠定基础。

　　综上所述，汕头开埠后，"南洋—潮汕"市场圈逐渐形成。市场圈以汕头、

---

　　① 谢雪影：《潮梅现象》，汕头时事通讯社 1935 年版。

　　② 广东省档案馆档案：《批信局国内外分号开设地点名称一览表（1935 年）》，全宗号 29，目录号 2，案卷号 374，第 22～34 页。

　　③ 刘孔贵：《汕头金融风潮与补救办法》，《银行周报》1933 年第 17 卷第 22 期，第 17 页。

　　④ 曾景辉：《最新汕头一览》1947 年，第 38 页。

　　⑤ 《中国对外贸易问题》，《中行月刊》第 5 卷第 1 期，1932 年 7 月。

中国香港、暹罗、新加坡、安南等地为主要贸易中心，其中，中国香港作为贸易中转站地位而存在。潮汕侨乡输往南洋各地的货物以食品、日用品、农产品等为主，南洋各地输往潮汕侨乡的货物以大米、柚木、水泥、香料、药材等为主。市场圈的形成与潮汕移民密不可分，市场圈的循环主要是潮汕侨乡向南洋运销土特产品，而南洋华侨将大量侨汇输入潮汕侨乡，不仅平衡了潮汕侨乡对外贸易的逆差处境，而且提高了潮汕侨乡的消费能力。

第三节 潮汕侨乡区域市场圈

借助于内部交通网络和金融网络，潮汕侨乡也形成了区域市场圈。市场圈内部各县商品以汕头为贸易枢纽而形成具有一定等级的市场体系。作为市场体系最基层的组织——墟市，在密切潮汕侨乡经济往来中发挥了重要作用。

一、商品流通网络

1. 商品流通之交通网

（1）水运商品流通网络。内河水运一直是潮汕区域商业物资交流的主要交通方式。水运网络干线主要是由有"四江一河"之称的韩江、榕江、练江、龙江和黄冈河组成的地区内部水运网。

韩江由汀江、梅江汇合而成，韩江也因此成为域外连接兴梅、闽西，域内沟通境内南北的枢纽。韩江流域水运重要城镇上游是大埔县的三河镇，下游是潮州府城。韩江众多支流与沿岸各县形成沟通之势，如大埔与潮安之间形成了定期的航运往来，丰顺经丰良溪可与韩江连通等。汕头潮江而上经韩江干流至三河坝全程157公里。抗日战争前，韩江航线分为潮州至松口，松口至梅县，及潮安至大埔，俱有定期往来之航运。[①] 下游在潮州城下分为北溪、东溪、西溪几条支流出海，潮州城顺势可达澄海、饶平和汕头市，而汕头港与榕江、练江两江相通，内河船舶可直达揭阳、潮阳等县，海江河连为一体。因此，韩江干线成为境内重要的粮运、盐运孔道。

榕江是丰顺、揭阳、普宁、潮阳等县交通要道。河婆、棉湖都是榕江流域重镇，河婆周围各地土产集于此外运，棉湖商旅辐辏，近代颇为繁荣。丰顺界汤溪南流入揭阳界与榕江连通，自丰顺县汤坑至揭阳县城航程42公里。

练江是普宁、潮阳、南山管理局三县的主要水上运输线。练江水路运出的主

---

① 王琳乾、吴膺雄：《潮汕交通运输资料》（内部资料），潮汕历史文化研究中心，2003 年。

要货物有柑橘、蒜头、蔬菜、茨粉、梅脯、柿饼、赤糖、盐、生猪、粮食及鱼鲜等。运入的主要货物有豆饼、化肥、棉花、纱布、煤炭、柴炭、煤油、水泥及其他日用品。[①] 以练江为依托的货运、客运主要支流航道多分布于中下游。民国时期南山管理局治所两英就在练江支流上。

黄冈河是潮汕东部的河流，是饶平县内河运输主要水道。饶平县城三绕位于此河上游，黄冈河由北向南入海。

当然，除了这几条主要的水道外，各县之间还有许多小航道方便各地区之间的商业交流，虽然交易量不能与这几条主要航道相提并论，但对全境普遍的商业交流而言，毕竟是域内主航道的有益补充。

（2）陆路（铁路）商品流通网络。潮汕铁路未开通前潮汕侨乡陆上运输主要靠人力和畜力进行短途和就地搬运。清朝光绪三十二年（1906年）我国第一条商办铁路潮汕铁路建成通车，此后又有汕樟轻便铁路、汕潮电车铁路建成。1922年开始建筑公路，从1928年至1937年，潮汕完成公路网雏形，铁路、公路运输的优越性逐渐体现出来。具体线路本书第六章已经做了具体说明，在此不再赘述。

潮汕铁路在近代影响颇大，韩江至潮州后往汕头方向水运不畅，"自潮安而下，岐流众多，面狭量浅，稍遇抗旱，舟楫往来，辄生阻梗。离海岸三十里之梅溪头地方，泥沙淤积，阻塞益浅，秋冬水涸，仅容一舟"[②]。潮汕铁路的开通可以说是韩江交通运输的延续。需要说明的是，潮汕铁路开通后，客运、货运兼而有之，但以客运为主。1933年9月《潮汕铁路季刊》载："每天载客约四千人次，运货一百多吨。"乘客多为商人、华侨等。铁路第一个优点就是旅途时间大大缩减，从汕头到潮州的时间更快。乘船"逆水要行18小时，顺水也得11个小时……火车只用1小时18分钟就走完全程。"[③] 铁路的开通，极大地方便了潮汕侨乡人们的出行。

潮州至汕头的货运仍然以水路为主，但当水运受限或特殊商品不便水运时，铁路货运便成有益补充。对此，陈达做了相关调查："韩江流域的谷米、蔬菜、林檎，都因铁路之便，销路更旺。……潮汕铁路两边的柑，彩塘以北，遍地皆是。三冬腊月，柑色辉煌，鲜艳夺目，据汕头生果铺的估计，每年出口，总计不下国币二百余万元。上列各种产品，大致由铁路输往汕头或运国内他市，或南洋。"[④] 然而铁路货运费用比水运高，无法与水运竞争却是不争的事实。"铁路的运费除非降低到没有盈利，否则按照目前情况决无法与水路运输竞争。从相距2

① 王琳乾、吴膺雄：《潮汕交通运输资料》（内部资料），潮汕历史文化研究中心，2003年。

② 潮汕铁路季刊委员会：《潮汕铁路季刊》第1期，1933年9月，论著类第5页。

③ 中国海关学会汕头海关小组、汕头市地方志编纂委员会办公室：《潮海关史料汇编》（内部资料）1988年，第77页。

④ 陈达：《南洋华侨与闽粤社会》，商务印书馆1939年版。

公里的商业中心雇用驳船将货物运到火车站的运费加上铁路本身的运费，几乎是水路运费的一倍。"① 铁路运输的成本成为货运选择必须考虑的问题。

2. 金融网络

言及近代潮汕金融必谈侨汇，侨汇数额巨大，且源源不断。银庄大多兼营侨批业。如近代汕头有信银庄，除了经营银庄外，还在新加坡、中国香港等地兼有收揽侨批的业务，将侨批直接按址分发汕头、潮安、澄海，另外还在潮阳、揭阳、普宁、饶平、惠来等地委托代理店分发，经营业绩显著。②

银庄的服务地域范围十分广泛，触及潮汕侨乡各地，金融网络因之形成，城乡间的金融关系逐渐建立。据《潮州志》所载，1946 年潮汕侨乡各县市局侨批局共计 131 个，具体情形如表 7－7 所示。

表 7－7　1946 年潮汕侨乡各县市局侨批局数量

县市局	合计（个）	城镇	数量（个）	县市局	合计（个）	城镇	数量（个）
汕头市	73			普宁县	5	流沙墟	1
潮安县	6	在城	3			泥沟乡	3
		浮洋市	1			埠塘乡	1
		意溪市	1	惠来县	1	葵潭乡	1
		彩塘市	1			在城	1
潮阳县	13	在城	2	澄海县	13	莲阳乡	4
		成田乡	6			樟林乡	2
		金瓯乡	3			东里市	5
		关埠市	1			图濠乡	1
		大长陇	1	丰顺县	1	留隍市	1
揭阳县	10	在城	7				
		棉湖市	3				
饶平县	9	黄冈市	3				
		陇都乡	2				
		店市	2				
		浮山墟	1				
		洪洲乡	1				
总计							131

资料来源：饶宗颐：《潮州志》（第三册）《事业志·六》，潮州市地方志办公室重刊本 2005 年版。

表 7－7 显示，近代潮汕侨乡侨批局分布广泛，遍布各县城乡，潮阳、澄海、

---

① 陈达：《南洋华侨与闽粤社会》，商务印书馆 1939 年版。
② 杨群熙：《华侨与近代潮汕经济》，汕头大学出版社 1997 年版。

揭阳县的数量尤其多。考虑到移民之所以背井离乡的根本原因在于家乡贫困，因此我们认为，大部分的侨眷居于乡间，为了及时送达侨汇，乡间也因之分布了一定数量的侨批局，如表 7－7 所示。这样，通过侨批局的分布，潮汕侨乡金融网络的覆盖地域更为广阔。

二、潮汕侨乡区域市场圈的特征

潮汕侨乡区域市场圈的顺利开展有赖于潮属各县相互连通、配合，并据此形成一定的商品贸易网络。纵观潮汕侨乡区域市场圈的变迁可以看出如下几点特征。

1. 形成县、镇、墟市三个层级的市场体系

境内市场圈分为三个层次，依次为：县治所、（市）镇、乡村墟市。商贸往来以各县治所为依托，镇为沟通的纽带，以墟市为基层市场，建立起密布乡间的市场网络，商贸之益惠及城乡，商品交流通过三个层级的循环得以完成。"墟距城或数里或数十里，大率三日一市"，"乡里民间之工艺物品又通过墟市上达州县及至津、苏松等全国商贸中心，形成一个良性互动的商贸循环"。① 如饶平至清末形成饶城（三饶）、黄冈、店仔头（现属澄海县）三个经济商业中心，加上茂芝、新丰、浮山、钱东、柘林、洪洲等圩镇，商业形成网络，贸易初具规模。② 外来商品可以通过各层级市场运销于任何村落，同时乡间物产也可以通过各级市场运销境内外。

2. 区域市场圈仍以汕头为贸易中心

如前所述，潮汕侨乡对外贸易是以汕头为枢纽中心。潮汕侨乡区域的经济往来仍然是以汕头为枢纽，汕头既是销售中心，又是货物运转中心。

汕头是近代潮汕境内商业网络的枢纽，潮安县城是仅次于汕头的另一个中心，各县城、墟市又在其下一层级。"潮安县城（原府城）次之，各县城、墟市又其次焉。大抵以汕头与各县城市为买卖双方，既销出土货，又输入外货。"③ 各县商品运销一般先运输到汕头，然后由汕头再运往他县各市场分售，"如南澳、潮阳、惠来等县之咸鱼脯料，潮阳之薯粉、爆竹，澄海之海介、

---

① 郭剑鸣：《文化与社会现代化：对潮汕为中心的潮汕社会发展的文化透视》，汕头大学出版社 2002 年版。

② 饶平县地方志编纂委员会：《饶平县志》，广东人民出版社 1994 年版。

③ 饶宗颐：《潮州志》（第三册）《实业志·六》，潮州市地方志办公室重刊本 2005 年版。

土布、纸箔，大埔、丰顺之柴炭竹木等皆是至各县城市贸易类"。根据《潮州志》所载"潮汕各县市运销大宗物产表"整理潮汕境内运销物产情况，如表7-8所示。

从表7-8可以直观地看出，各县土产商品大部分直接运到汕头，汕头并非是这些商品的消费地，而是商品的转运地。一般农产品运销于本地的情况较少，要么至汕头转运，要么就近与邻县交易。汕头商品运销中心、物流中心的地位显而易见。

表7-8　近代潮汕侨乡各县物产及区域内运销表

县	镇	物产	运销地	县	镇	物产	运销地
丰顺		米	当地	惠来		生果	汕头、上海、南洋
		甘蔗	当地			鱼翅	汕头
		柴炭	揭阳、潮汕			干鱼鳔	汕头
		草席	潮汕			鲜鱼	汕头
	汤坑	柴炭	汕头、揭阳	大埔		柴	汕头
		夏布	汕头、揭阳			木炭	汕头
揭阳	棉湖	乌糖	潮汕等	白堠		条丝烟	潮汕
	河婆	土茯苓	棉湖、揭阳	普宁		柑	汕头
		淡竹	棉湖、揭阳			甘蔗	汕头
		乌糖	汕头			蒜头	汕头
		粗碗	揭阳			柔鱼	汕头
		土布	揭阳	南澳		金龙鱼	汕头
饶平	黄冈	木炭	本县			紫菜	汕头
		花生油	汕头				
		土糖	汕头				

资料来源：饶宗颐：《潮州志》（第三册）《实业志·一》，潮州市地方志办公室重刊本2005年版。

3. 贸易往来以交通便利为前提

各地商业贸易往来并不完全局限于所在政区，而是因地制宜，以交通便利作为贸易往来的考量点。同一县境内，虽然存在供求关系，但如若相邻外县之地与之交通便利，且也存在供求关系，则交通便利之地往往更易与之建立贸易关系。如"饶平属黄冈、钱东等区，即将米粮销济外县，而陇都区则由汕头输入外米为食；潮安隆溪、上莆等地将少量水产运销汕头，潮安县城则由汕头及澄海东里输入鱼鲜；潮阳海门、达濠等处盐制鱼类大量运销汕头、关埠、谷饶等处，又向汕头购入盐制鱼类"①。这是区域内部商品经济活跃的表现，同时也节约了资源，有利于区域经济的整体发展。

4. 商品交流逐渐由农产品扩至工业品

随着工业生产的发展，农产品已经不是主要的贸易商品。从工业生产企业的地域分布上看，多集中分布在区域东南部，那么在一定程度上便形成了东南部的工业成品供应全域之需。如火柴和肥皂是近代兴起的工业，其销售市场便以潮汕侨乡为主。据统计，至1934年，汕头市区开设的肥皂厂已有十几家。同期潮安澄海县城先后也开设了五六家肥皂厂，潮安庵埠则有成记等4家，揭阳县城有天生等2家，揭西的棉湖和潮阳各设厂1家。产品主要销于潮汕和兴梅各县，部分销往厦门、上海以及出口暹罗等。潮安、揭阳等县生产的肥皂质量比汕头市区较差，只能销于本地。② 个别工业品的生产和销售还承担了本县或邻近地区工业品消费之需求，这种工业商品的生产多在县城，因此县城往往向本县及邻近地区运销工业制成品，而农产品则由县以下各地运销于县城。城乡之间的合作交流更加频繁，贸易市场的数量在近代明显增加。

5. 生产分工逐步深化导致区域商业依赖明显

随着生产的发展，社会分工的加速，区域生产专业化程度越来越高，彼此商品需求关系便日益密切，区域商业依赖关系也因此强化。大埔县陶瓷生产历史悠久，民国《大埔县志》记载："以陶瓷为业者约四百余厂，皆由高陂出口"③，大埔"以山多田少之故，邑中所产粮食只足供三个月需要，于是粮食之所需皆取给于异地，此外布帛油粮海产杂货更无待言，邑内之需要取给于外者既多，则邑内之产物必当设法运售于外，以为抵偿之代价"④。近代高陂的瓷器生产专业化程度高，碗是大埔主要销出产品，主要销往潮阳、澄海等地。粮、布匹则主要靠外地输入，潮阳县"棉布，潮之女红最勤，故所出极多，销往大埔县各地"⑤。两地间商品需求相互补充，这是社会分工进一步发展的结果。

① 饶宗颐：《潮州志》（第三册）《实业志·六》，潮州市地方志办公室重刊本2005年版。
② 广东省汕头市地方志编纂委员会：《汕头市志》（第二册），新华出版社1999年版。
③ 大埔县地方志编纂委员会：《大埔县志》，广东人民出版社1992年版。
④⑤ 温廷敬：《大埔县志》卷十《民生志上·贸易》。

三、墟市贸易的发展

墟市是农村定期进行实物交换的场所，是城镇形成与发展的基础，是城镇市场圈中最基层的经济中心。时人对墟市的称谓各不相同，谢肇淛说："岭南之地谓之虚……西蜀谓之亥。……山东人谓之集。"[1] 即使在同一省、府内部墟市的称谓也不尽相同，"粤谓野市曰虚，市之所在，有人则满，无人则虚。满时少，虚时多，故曰虚也……叶石洞云：昔者圣人日中为市，聚则盈，散则虚，今北名集，从聚也。南名虚，从散也"[2]。墟市发展反映基层市场的变化。施坚雅在《中国农村的市场和社会结构》一书中，通过对近代中国村庄增长与市场数量、分布之间关系的研究，总结了墟市市场的发展演变及规律，并提出"市场活动密集循环理论"[3]。该理论虽然强调市场与村庄之间的比例关系，但对于探讨潮汕侨乡基层市场网络分布情况而言，仍然可以从中得到一定的启发。我们可以通过量化潮汕侨乡内部墟市相关信息，从中关注区域墟市规模和分布的情况。

1. 清朝后期墟市的发展

清朝的地方志中基本上都有墟市专题记述，一般列入建制志及疆域志中，但也有列于乡都、城池卷中的，如清朝光绪年间张鸿恩《大埔县志》将墟市置于城池志中；清朝光绪年间《饶平县志》将市、墟分别列于城池卷中；而清朝光绪年间《潮阳县志》将墟市置于乡都卷中。

为了说明清朝后期潮汕墟市的发展情况，我们以清朝乾隆年间和清朝光绪年间潮汕墟市分布为样本，对比清朝潮汕墟市的发展，进而说明清朝后期潮汕墟市的发展情况，如表7-9所示。

关于表7-9各项统计说明："实体墟市数"为每县墟市总数；"月墟市总数"为全县每月墟市总次数；"每墟市月平均次数"为月墟市总数与实体墟市数之商，这是每月每个墟市功能平均数的体现，县际墟次平均数差异，反映县际墟市功能的差别；"全县墟市日均次数"是"月墟市总数"除以30（每月按照30天计）得出的平均数，可以更微观反映各县墟市每日发挥功能的差别；"县城（附郭）墟市数占墟市总数百分比（%）"，为每县县城中的墟市个数在该县墟市

---

① （明）谢肇淛：《五杂俎》卷三《地部·一》，中华书局1959年版。

② （清）屈大均：《广东新语》卷二《地语·虚》，中华书局1985年版。

③ 该理论认为墟市市场活动分三个阶段，第一阶段，当新村庄建立时，可以预期的唯一反应是市场规模扩大；第二阶段，不仅市场规模会继续扩大，而且会逐渐增加新的集期；第三阶段，是最激烈的一种反应——新市场的成立，同时而来的是，随着旧的基层市场增加了新的中间市场的职能而使集期更频繁，市场规模则同时下降。

总数中所占比例，是县际县城墟市功能和实力的对比。

表7-9　清朝乾隆年间与清朝光绪年间潮汕墟市分布对比表

县（市局）	清朝乾隆年间					清朝光绪年间				
	实体墟市数（个）	月墟市总数（个）	每墟市月平均次数（日）	全县墟市日均次数（日）	县城（附郭）墟市数占墟市总数百分比（%）	实体墟市数（个）	月墟市总数（个）	每墟市月平均次数（日）	全县墟市日均次数（日）	县城墟市数占墟市总数百分比（%）
海阳	9	270	30	9	1（11）	26	276	—	—	1（3.8）
潮阳	17	294	17.29	9.8	0（0）	27	455	16.85	15.12	5（18.5）
揭阳	21	439	20.90	14.6	5（23.8）	34	480	14.12	16	4（11.8）
饶平	17	321	18.88	10.7	0（0）	18	270	15	9	0
惠来	11	249	22.64	8.3	3（27.27）	11	249	22.64	8.3	3（27.2）
大埔	20	276	13.80	9.2	0（0）	19	209	11	6.97	2（10.5）
澄海	10	300	30	10	2（20）	11	276	25.09	9.2	2（18.2）
普宁	13	120	9.23	4	1（7.6）	27	135	5	4.5	0

注：①南澳直隶厅乾隆时期和惠来县光绪时期的墟市数据尚未见于诸文献，这对两个时期墟市全局之判断基本不会构成实质性影响。②表中数据统计原则：方志中标明已废除之墟市，不计入计算；光绪方志中没有墟期记载的，一般按乾隆县志做补充，个别墟市参考民国方志；若光绪、乾隆方志均无记载的墟市墟期按方志中该墟市有无店铺来确定墟期，即有店铺的计作逐日墟市，无店铺的计作月三次墟市；县城墟市个数指县内或距县5里以内的墟市。

资料来源：①（清）周硕勋：《潮州府志》卷十四《墟市》；②（清）王崧、李星辉：《揭阳县续志》卷一《方舆志·墟市》；③（清）刘抃、惠登甲，齐翀：《饶平县志》卷二《城池》；④（清）张鸿恩：《大埔县志》卷三《城池志·墟市》；⑤（清）葛曙、许普济：《丰顺县志》卷一《疆舆志》；⑥刘禹轮：《丰顺县志》卷二《建制志·墟市》。

如表7-9所示，潮汕侨乡光绪年间较乾隆年间实体墟市总数明显增加；从地理实体墟市数来看，从乾隆年间到光绪年间，多数县的墟市都增加10个以上，增长最多的是海阳县；从县城墟市来看，增加最多者为潮阳县，墟市增加了5个，其次为大埔县，增加2个，其他各县总体变化不显著。总体而言，海阳、潮阳、揭阳、普宁县的墟市发展较快，饶平、澄海并没有体现出发展。由此可以得出初步结论，清朝后期潮州府城周围的地区经济核心地位更为突出。

另外，月墟市总数却没有相应增加。分析原因，主要由于清朝光绪年间的月墟市墟期不全，有些墟市只将实体墟市个数统计入内，其墟期却没有统计入内，造成清朝光绪年间月墟市总数减少。如清朝光绪年间海阳县实体墟市数为 26 个，其中，有墟期记载的仅有 11 个，统计相应月墟市总数为 276 个，这样清朝光绪年间的月墟市总数就已与清朝乾隆年间数字接近。

接下来，探讨清朝后期墟市规模情况，见表 7 - 10。计算原则：①"每墟市覆盖面积"指一县面积数除以该县墟市总数的商；②"平均交易半径"指"每墟市覆盖面积"与 3.14 的商的一半，以其作为考察每个墟市服务范围的指标；③这里假定每个墟市服务范围为圆形。

表 7 - 10　清朝后期潮汕侨乡墟市规模情况

县（厅）	面积 （平方公里）	墟市数 （个）	每墟市覆盖面积 （平方公里）	平均交易 半径（公里）
海阳县	1346.25	26	51.78	8.25
潮阳县	1100.25	27	40.75	6.49
揭阳县	2130.50	34	62.66	9.98
饶平县	2749.00	18	152.72	24.32
惠来县	2052.00	11	186.55	29.7
大埔县	2459.50	19	129.45	20.61
澄海县	427.25	11	38.84	6.18
普宁县	1052.25	27	38.97	6.21
丰顺县	2848.50	12	237.38	37.80
南澳厅	129.00	—	—	—
合计与平均值	16295.50	185	88.08	14.03

注：按照 1 平方公里 = 4 平方市里 = 3.01404321 平方华里 = 0.3861396 平方英里 = 1500 市亩，平方华里为我国旧营造制。

资料来源：①饶宗颐：《潮州志》第一册《疆域志》，潮州市地方志办公室重刊本 2005 年版；②（清）周硕勋：《潮州府志》；③光绪年间各县县志。

表 7 - 10 反映出清朝后期潮汕侨乡墟市总体规模以及各县墟市规模对比。每个墟市覆盖面积平均值为 88.08 平方公里，其中，5 个县的平均值小于这个数值，它们是澄海县、普宁县、潮阳县、海阳县、揭阳县，而这几县相邻且位于区域内部东南部平原地带，这一带我们可以称之为"核心贸易区"，每墟市覆盖面积最广的县为丰顺县。因此可以判断清朝后期潮汕侨乡基层市场由"核心贸易区"向府境其他方向，尤其是西北方向，市场网络由密布到稀疏的分布态势，即区域贸易需求由东南向其他方向逐渐降低。

2. 民国时期墟市的发展

民国时期，潮汕侨乡的墟市总体情况，可谓发展迅速，墟市总数、墟市规模等方面较清朝后期有明显发展。从墟市数量上看，据 1933～1939 年的调查，潮属各县墟市共计 323 个，比清朝乾隆年间新增 193 个，仅荒废 5 个①。从墟市的规模来看，拥有千家店铺的墟市有好几家，而拥有百家店铺的墟市数不胜数。

参考饶宗颐《潮州志》第三册《实业志·六》，辅以其他志书进行对照和补充，制作民国时期潮汕侨乡县市局墟市统计表，见表 7－11，并以此表分析民国时期潮汕侨乡墟市发展情况。

表 7－11 民国时期潮汕侨乡县市局墟市统计表

县（市、局）	墟市数量统计（个）				
	总计	千家以上	百家	几十家	十家以下
汕头市	1	1	0	0	0
潮安县	31	1	7	17	6
潮阳县	27	0	9	9	8
揭阳县	62	2	4	28	28
饶平县	36	0	6	17	13
惠来县	21	0	3	8	10
澄海县	25	0	8	14	3
大埔县	47	0	9	33	5
普宁县	52	0	3	34	15
丰顺县	18	0	5	8	5
南澳县	4	0	2	1	1
南山管理局	1	0	1	0	0
总计值（％）	325（100）	4（1）	57（18）	169（52）	94（29）
平均值	27.08	0.33	4.75	14.08	7.83

注：①数量统计。《潮州志》中凡标明"已废"的墟市，不计入计算；个别墟市另有注明"现营业者×家"，计算时以此数为准。②规模划分。按每墟市店铺数量多少进行规模进行划分。《潮州志》中没有统计数字的墟市按十家以下计算。③"总计值"指各县市局墟市总数统计及不同等级规模墟市总数统计。括号内的百分比数字表示不同等级规模墟市在墟市总数中所占比重。

资料来源：饶宗颐：《潮州志》（第三册）《实业志·六》，潮州市地方志办公室重刊本 2005 年版。

从表 7－11 不难看出，民国时期潮汕侨乡墟市在规模和分布上都有了较大发展。从墟市规模来看，拥有千家店铺的墟市共有 4 个，其中，揭阳县有 2 个千家以上店铺的墟市，足见其商业之发达。拥有几十家店铺的墟市有 169 个，此规模

① 杨群熙：《潮汕地区商业活动资料》（内部资料），潮汕历史文化研究中心、汕头市文化局、汕头市图书馆，2003 年。

墟市数量最多，占总数的 52%，表明民国时期潮汕侨乡此种规模的墟市分布已较为普遍。从分布来看，各县市区均有墟市；而揭阳、汕头、潮安墟市最为发达，拥有本地区最大规模墟市，普宁、大埔、揭阳为本区拥有几十家店铺的墟市最多者。上述地区是民国时期墟市较发达地区。南山管理局和南澳县墟市发展则没有呈现出明显变化。

由表 7－11 可知，墟市规模与分布不均衡的特点也是显而易见的：首先，就各县市区墟市总数来说，揭阳县最多而南山管理局最少；其次，拥有千家以上店铺的墟市仅占墟市总数的 1%，而拥有几十家店铺的墟市占墟市总数的 52%，也即一半以上的墟市为几十家店铺的规模，千家店铺以上的墟市所含比例甚少。

接下来，据 1934 年各县市局人口总数与民国时期各县市局墟市总数之商，作为民国时期每个墟市服务的人口数，相应编制民国时期潮汕侨乡墟市规模简表，如表 7－12 所示。

表 7－12　民国时期潮汕侨乡墟市规模简表

县市局	墟市数	墟市服务面积			墟市服务人数（人）	
		县市局面积（平方公里）	每墟市覆盖面积（平方公里）	平均交易半径（公里）	各县市局人口	每墟市服务人数
汕头市	1	30.50	30.50	4.86	209598	209598
潮安县	31	1346.25	43.43	6.92	829226	26749.2
潮阳县	27	964.00	35.7	5.69	827027	30630.6
揭阳县	62	2130.50	34.36	5.47	725000	11693.5
饶平县	36	2749.00	76.36	12.16	379995	10555.4
惠来县	21	1806.00	86	13.69	328682	15651.5
澄海县	25	409.50	16.38	2.61	447552	17902.0
大埔县	47	2459.50	52.33	8.33	257294	5474.3
普宁县	52	919.50	17.68	2.82	490811	9438.7
丰顺县	18	2848.50	158.25	25.2	208600	11588.9
南澳县	4	129.00	32.25	5.14	35171	8792.8
南山管理局	1	503.25	503.25	80.16	67181	67181
合计与平均值	325	16295.50	50.14	7.98	4806137	14788.1

注：各县市局人口普遍采用 1934 年数据，澄海县因资料所限采用 1935 年数据。

资料来源：①饶宗颐：《潮州志》（第一册）《疆域志》，（第三册）《实业志·六》，（第四册）《户口志》（上），潮州市地方志办公室重刊本 2005 年版；②杨群熙：《潮汕地区商业活动资料》（内部资料），潮汕历史文化研究中心、汕头市文化局、汕头市图书馆，2003 年。

由表 7 - 12 可知，从区域内墟市覆盖面积平均值与各县市局对应值的对比来看，民国时期潮汕侨乡基层市场总计 12 个县市局中有 7 个县市的数值低于平均值 50.14，它们是汕头市、潮安县、潮阳县、揭阳县、澄海县、普宁县、南澳县。这些县市较清朝后期的"核心贸易区"，从空间范围上看，变化不大，仅增加了南澳县。各县市中墟市平均交易半径小于平均值 7.98 公里，服务人口数量多于平均值 14788.1 的县市有 4 个，分别是澄海县、潮安县、潮阳县、汕头市。这说明这 4 个县市的墟市最为密集，经济贸易也相对频繁，4 县市处于"核心贸易区"的核心地位。

　　清朝后期、民国时期墟市发展情况如何？从墟市数、每墟市覆盖面积、平均交易半径三项指标，对比表 7 - 10 和表 7 - 12 数据，得到近代潮汕侨乡墟市规模发展情况（见表 7 - 13）。

表 7 - 13　近代潮汕侨乡墟市规模发展情况

时期	总面积 （平方公里）	县城数 （个）	墟市数 （个）	每墟市覆盖面积 （平方公里）	平均交易半径 （公里）
清朝后期	16295.50	10	185	88.08	14.03
民　国	16295.50	12	325	50.14	7.98

　　注：表中数据来源于本章表 7 - 10、表 7 - 12。

　　表 7 - 13 反映出，从清朝后期到民国时期在墟市总数和县城总数同时增加的情况下，每个墟市覆盖面积减少很多，墟市的平均交易半径也缩小了，交易半径的平均值由 14.03 降为 7.98，这说明民国时期墟市数量急剧增长，基层市场更为活跃。

　　综上所述，借助于境内四通八达的水运网络及民国以来的陆路网络，潮汕侨乡的县治—市镇—墟市三级区域市场网络不断发展，并呈现出仍以汕头为核心、商品往来以交通便利为首要考虑要素、商品交流由农产品扩展至工业产品、生产专业化分工并导致区域经济联系密切等特点。在区域市场圈中，作为基层经济组织的墟市发挥着重要作用，是有效沟通城乡经济的元素，而且民国时期墟市数量较清朝后期有了显著增加。

本章小结

　　汕头开埠后，潮汕侨乡凭借沿海的地理区位以及汕头港的天然优势，加上资本主义的冲击，潮汕侨乡商品经济蓬勃发展，形成了"欧美日—潮汕—内地"市场圈。与欧美日等国和地区贸易，从商品类型来看，1915年以前鸦片输入为大宗，1915年以后以棉布、煤油、铁等为主要进口商品。输出商品以1928年为界，之前主要是农副产品为主，之后手工业品的输出值比重急速增加，到1935年已经发展为以手工业品为主要输出产品。从商品来源地来看，输入潮汕侨乡的洋货来源地广泛，其中，英国、德国、日本、美国为主要来源地，潮汕侨乡商品输出以英国、美国为主。与内地贸易，从商品类型来看，20世纪20年代前以大豆、豆饼、大米、棉布、棉纱、肥田料、青麻等为主，20年代后以棉纱等为内地输入潮汕侨乡主要商品。销往内地的潮汕侨乡商品以蔗糖为最大宗者，此外，柑、海味、抽纱、夏布、瓷器、罐头、薯粉、柳条布、白布、烟丝、锡箔、土布、土碗、细茶等商品也运销内地。从商品来源地看，输入潮汕侨乡商品来源地主要是上海、芝罘、牛庄、天津、厦门、福州、宁波、汉口、芜湖、镇江等地，潮汕侨乡输出商品来源地几乎遍及各县市，其中，蔗糖以揭阳为主，甘薯以潮阳为主，柑橘以潮安、潮阳、普宁为主。

在这一市场圈中，潮汕侨乡充当了欧美日、内地贸易的转口港，欧美日等国和地区商品并不以潮汕侨乡为主要销售市场而是通过汕头转运至内地，其中，鸦片最为明显。内地商品在1928年以前也主要是通过汕头港运至其他各地。因为有潮汕侨乡的转口贸易，所以"欧美日—潮汕—内地"市场圈得以实现。

南洋各地与潮汕侨乡经济互动由来已久。开埠前，主要依托柘林港，而且贸易并不频繁，开埠后，贸易连接点转至汕头而且日渐繁盛。潮汕侨乡商品主要运销至新加坡、暹罗、中国香港、安南等地，输出商品以中国食品、日用品、农产品等为主。南洋输入商品以中国香港为最多，其次是新加坡、暹罗、安南、荷属东印度、菲律宾等地，输入商品以棉纱、大米、生柚木、水泥、橡胶、香料、热带药材等为主。在"南洋—潮汕"市场圈中，主要的贸易中心包括中国香港、汕头、暹罗、新加坡、安南等地。其中，中国香港更多地体现出贸易中转站的特征，一方面为南洋各地和潮汕侨乡商品交流提供中转服务，另一方面也提供潮汕侨乡与国内市场的转运服务。汕头以四大公所为核心从事与南洋各地的贸易往来。暹罗、新加坡、安南等地不仅有数量众多的华侨，为潮汕侨乡商品的销售提供了市场，而且大量侨商从事南洋商品出口潮汕侨乡的业务。

不难发现，华侨是"南洋—潮汕"市场圈的重要组成因素，在市场圈的形成、发展过程中发挥着极其重要的作用。具体体现在南洋华侨社会是潮汕侨乡商品的主要消费群体，汕头及南洋各地侨商在转口贸易、产品推销等方面推动了商贸往来，侨汇构建了城乡金融网络的同时也提高了侨乡消费能力。

潮汕侨乡内部由于水陆交通体系的构建，遍及城乡的金融服务机构而形成县、镇、墟市三级结构的区域市场体系。从总体上看，汕头处于区域市场圈的核心地位，各县商品大多汇集于汕头，再运销至其他县。除了汕头的辐射外，其他各县商品交流往往以交通便利与否作为考量点，邻近县城交流频繁。随着工业发展，区域商品交流种类由农产品扩至工业品。并且随着产业分化，区域商业依赖性明显加强。墟市作为最基层的经济中心，在区域市场圈中扮演了重要角色。通过对近代潮汕侨乡墟市的量化分析可知，近代墟市数量有所增加，从东南向西北，墟市发展情况呈递减趋势，尤其是民国时期，基层市场更为活跃。

以上三个市场圈仅从粗略视角进行划分，实际上，它们并不存在严格界限，彼此往往相互交织，相互促进，形成一个立体贸易局势。以潮汕侨乡出口至南洋的土货为例，其中大部分产品原材料来源于潮汕侨乡，但棉纱、火麻等用于生产土布、夏布或渔网等原料则主要来源于内地及欧美，两个市场圈不是孤立存在和运作的。潮汕侨乡区域市场圈汇集于汕头的商品，部分分散至潮属各县，还有部分则运至国内其他口岸，以及南洋、欧美日等地。欧美日、南洋各地输入潮汕侨乡之商品也不仅局限于以潮汕侨乡为消费市场。因此，近代潮汕侨乡城镇贸易网络是由三个相对独立而又彼此联系的市场圈构成，市场圈内部及市场圈之间的商品交流井然有序。

参考文献

一、方志、史籍

[1]（明）张燮：《东西洋考》卷三《旧港》。

[2]（清）吴颖：《潮州府志》。

[3]（清）金廷烈：《澄海县志》。

[4]（清）王植：《新会县志》。

[5]（清）刘业勤：《揭阳县正续志》。

[6]（清）刘业勤：《揭阳县志》。

[7]（清）《城镇乡自治章程》。

[8]（清）贾祯等：《筹办夷务始末》。

[9]（清）林大川：《韩江记》。

[10]（清）刘抃：《饶平县志》。

[11]（清）周恒重：《潮阳县志》。

[12]（清）卢师识：《普宁县志稿》。

[13]（清）王崧、李清辉：《揭阳县续志》。

[14]（清）张鸿恩：《大埔县志》。

[15]（清）翁辉东：《海阳县乡土志》。

[16]（清）陈善圻：《澄海县舆地图说》。

[17]（清）梁廷楠：《粤海关志》。

[18]（明）谢肇淛：《五杂俎》，中华书局 1959 年版。

[19]（明）戴璟、张岳等：《广东通志初稿》卷二十五《民物》，岭南美术出版社 2006 年版。

[20]（清）张珝美：《惠来县志》卷二《市镇》，台北成文出版社 1968年版。

［21］（清）张渠：《粤东闻见录》，程明校点，广东高等教育出版社 1990 年版。

［22］（清）周硕勋：《潮州府志》，上海书店 2003 年版。

［23］（清）李书吉：《澄海县志》，上海书店 2003 年版。

［24］（清）吴道镕：《海阳县志》，上海书店 2003 年版。

［25］（清）卢蔚猷：《海阳县志》，台北成文出版社 1967 年版。

［26］（清）朱寿朋：《光绪朝东华录》，中华书局 1958 年版。

［27］（清）廖廷臣等：《广东舆地图说》，台北成文出版社 1970 年版。

［28］（清）周世堂、孙海环：《二十世纪中外大地图》，新学会社藏版，光绪三十二年（1906 年）。

［29］（清）福格：《听雨丛谈》卷一一《繁简》，中华书局 1982 年版。

［30］（清）陈徽言：《南越游记》，谭赤子校点，广东高等教育出版社 1990 年版。

［31］（清）朱庆澜：《广东通志稿》，中华全国图书馆文献缩微复制中心 2001 年版。

［32］（清）鄂尔泰：《雍正砾批谕旨》（第九册），北京图书馆出版社 2008 年版。

［33］陈光烈：《南澳县志》，广东省地方史志办公室：《广东历代方志集成》（第 47 册），岭南美术出版社 2009 年版。

［34］饶锷：《潮州西湖山志》，《饶锷文集》，天马出版有限公司 2010 年版。

［35］赵尔巽：《清史稿》，中华书局 1977 年版。

［36］饶锷：《潮州艺文志》，上海古籍出版社 1994 年版。

［37］温廷敬：《大埔县志》，上海书店出版社 2003 年版。

［38］潘载和：《潮州府志略》，上海书店出版社 2003 年版。

［39］饶宗颐：《潮州志》，潮州修志馆 1949 年版。

［40］饶宗颐：《潮州志》，潮州市地方志办公室重刊本 2005 年版。

［41］揭西县侨务办公室：《揭西县华侨志（初稿）》（内部资料），1987 年。

［42］华侨志编写组：《汕头华侨志（初稿）》（内部资料），1987 年。

［43］潮州市文化志编写组：《潮州市文化志》（内部资料），1987 年。

［44］揭阳县计划生育委员会：《揭阳县人口志》（内部资料），1987 年。

［45］潮州市人民政府侨务办公室、潮州市归国华侨联合会：《潮州市华侨志（初稿）》（内部资料），1988 年。

［46］普宁县人口志编写组：《普宁县人口志（初稿）》（内部资料），1988 年。

［47］丰顺县华侨志编纂办公室：《丰顺县华侨志（初稿）》（内部资料），1988 年。

［48］汕头海关编志办公室：《汕头海关志》（内部资料），1988 年。

［49］揭阳侨务办公室：《揭阳华侨志（初稿）》（内部资料），1989 年。

［50］潮州市浮洋镇志编纂办公室：《浮洋镇志》（内部资料），1989 年。

［51］庵埠志编纂委员会：《庵埠志》（内部资料），1990 年。

［52］榕城镇地方志编纂办公室：《榕城镇志》（内部资料），1990 年。

［53］汕头商业志编写办公室：《汕头商业志》（内部资料），1991 年。

［54］彩塘镇志办公室：《彩塘镇志》（内部资料），1992 年。

［55］汕头市对外经济贸易委员会：《汕头外经贸志》，1993 年。

［56］饶平县地方志编纂委员会办公室：《饶平县志补订》（内部资料），2009 年。

［57］陈正祥：《广东地志》，天地图书公司 1978 年版。

［58］大埔县地方志编纂委员会：《大埔县志》，广东人民出版社 1992 年版。

［59］揭西县地方志编纂委员会：《揭西县志》，广东人民出版社 1994 年版。

［60］饶平县地方志编纂委员会：《饶平县志》，广东人民出版社 1994 年版。

［61］丰顺县地方志编纂委员会：《丰顺县志》，广东人民出版社 1995 年版。

［62］潮州市地方志编纂委员会：《潮州市志》，广东人民出版社 1995 年版。

［63］广东省地方史志编纂委员会：《广东省志·人口志》，广东人民出版社 1995 年版。

［64］广东省地方史志编纂委员会：《广东省志·教育志》，广东人民出版社 1995 年版。

［65］普宁县地方志编纂委员会：《普宁县志》，广东人民出版社 1995 年版。

［66］澄海市交通局：《澄海市交通志》，广东人民出版社 1995 年版。

［67］汕头市地名志委员会、汕头市国土局：《汕头市地名志》，新华出版社 1996 年版。

［68］广东省地方史志编纂委员会：《广东省志·对外经济贸易志》，广东人民出版社 1996 年版。

［69］广东省地方史志编纂委员会：《广东省志·华侨志》，广东人民出版社 1996 年版。

［70］潮阳市地方志编纂委员会：《潮阳县志》，广东人民出版社 1997 年版。

［71］广东省汕头市地方志编纂委员会：《汕头市志》，新华出版社 1999 年版。

［72］广东省地方史编纂编委会：《广东省志·地名志》，广东人民出版社

1999 年版。

　　[73] 潮州市地名委员会、潮州市国土局：《潮州市地名志》，广东省地图出版社 2000 年版。

　　[74] 广东省地方史志编纂委员会：《广东省志·总述》，广东人民出版社2004 年版。

二、民国文献资料

1. 报刊

　　[1]《广州民国日报》1925 年 5 月。

　　[2] 潮梅商会联合会半月刊编辑处：《潮梅商会联合会半月刊（创刊号）》，1929 年。

　　[3]《香港华字日报》1930 年 2 月。

　　[4]《中行月刊》第 5 卷第 6 期，1932 年。

　　[5] 潮汕铁路季刊委员会：《潮汕铁路季刊》1933 年第 1 期。

　　[6]《工商半月刊》第 6 卷第 2 号，1934 年。

　　[7] 暹罗中华总商会：《华商》第 3 卷第 1 期，1934 年。

　　[8]《广东银行季刊》第 1 卷第 2 期，1941 年。

　　[9] 香港《星岛日报》1947 年 4 月。

　　[10]《银行周报》，1937 年、1941 年、1947 年、1948 年。

　　[11]《岭东民国日报》，1941～1945 年。

2. 档案

　　[1] 广东省民政厅，全宗号 3，目录号 1：《内政部户籍法实施细则及一九三四年度广东各县户口统计数字（1934 年)》。

　　[2] 广东省档案馆，全宗号 3，目录号 1，案卷 54：《广东省各县市自然及人文概况调查表〈之一〉（1948 年)》。

　　[3] 广东省档案馆，全宗号 3，目录号 1，案卷 45：《内政部户籍法实施细则及一九三四年度广东各县户口统计数字（1934 年)》。

　　[4] 广东省档案馆，全宗号 3，目录号 1，案卷 4：《广东各县等级人口、面积、税收情况、经费预算表（1927 年)》。

　　[5] 广东省档案馆，全宗号 3，目录号 1，案卷 50：《广东省各县市面积、人口、行政设置调查表（1931～1933 年)》。

［6］广东省档案馆，全宗号 29，目录号 2，案卷 427：《潮汕铁路全图》。

［7］广东省档案馆，全宗号 28，目录号 2，案卷 1：《民国档案》。

［8］广东省档案馆，全宗号 29，目录号 2，案卷 374：《批信局国内外分号开设地点名称一览表（1935 年）》。

［9］广东省档案馆，全宗号 86，目录号 1，案卷 593：《汕头邮局档案》。

［10］汕头市档案局：民国档案——《汕头市政公报》R102。

［11］汕头市档案局：民国档案——《大埔旅刊》E207。

［12］汕头市档案局：民国档案——《道路月刊》E509。

［13］汕头市档案局：民国档案——《岭东日报摘要》E527。

［14］汕头市档案局：民国档案——《潮州月报》E442。

［15］汕头市档案局：民国档案——《二十三年本市交通（剪贴）》I10。

［16］汕头市档案局：民国档案——《潮州耆旧集》J62。

［17］汕头市档案局：民国档案——《华侨先锋》N5。

［18］汕头市档案局：民国档案——《潮汕铁路季刊》E365、E366、E357。

［19］汕头市档案局：民国档案——《工商半月刊》H14～H22。

［20］汕头市档案局：民国档案——《新农业》M6。

3. 年鉴、报告

［1］上海银行周报社：《中华民国 14 年经济统计》，1925 年。

［2］广东省政府广东年鉴编纂委员会：《广东年鉴》，广东省政府秘书处编译室，1941 年。

［3］汕头澄光新闻社：《潮汕年鉴》，1949 年。

［4］国民党中央执行委员会、粤闽区宣传专员办事处：《潮汕沦陷区报告》（调查资料第二辑），1940 年。

［5］汕头市政府：《汕头事情》，台湾新民报社 1940 年版。

［6］《国民政府公报》第 300 号，1929 年 10 月。

4. 专著

［1］萧冠英：《六十年来之岭东纪略》，培英图书印务公司 1925 年版。

［2］温雄飞：《南洋华侨通史》，东方印书馆 1929 年版。

［3］谢雪影：《潮梅现象》，汕头时事通讯社 1935 年版。

［4］丁文江、翁文灏、曾世英：《中国分省新图》，上海申报馆 1935 年版。

［5］潘文安：《粤桂印象》，生活书店 1936 年版。

［6］陈达：《南洋华侨与闽粤社会》，商务印书馆 1937 年版。

［7］新宇舆地学社：《广东明细分县袖珍图》，新宇舆地学社 1938 年版。

［8］刘伯骥：《广东书院制度沿革》，商务印书馆 1939 年版。

［9］贾德怀：《民国财政简史》，商务印书馆 1941 年版。

［10］曾仲谋：《广东经济发展史》，广东省银行经济室 1942 年版。

［11］单岩基：《南洋贸易论》，上海申报馆 1943 年版。

［12］姚曾瘾：《广东省的华侨汇款》，商务印书馆 1943 年版。

［13］曾景辉：《最新汕头一览》，1947 年版。

［14］谢雪影：《汕头指南》，时事通讯社 1947 年版。

［15］广东省政府粤侨事业辅导委员会：《华侨投资广东实业要览》，1947 年。

三、今人著述

1. 专著

［1］杨家骆：《大陆沦陷前之中华民国》（第三册），台北鼎文书局 1973 年版。

［2］中国历史地理图集编辑组：《中国历史地图集》（第八册），中华地图学社 1975 年版。

［3］梁方仲：《中国历代户口、田地、田赋统计》，上海人民出版社 1980 年版。

［4］傅筑夫：《中国经济史论丛》（上），生活·读书·新知三联书店 1980 年版。

［5］谭其骧：《中国历史地图集》，中国地图出版社 1982 年版。

［6］于洪俊、宁越敏：《城市地理概论》，安徽科学技术出版社 1983 年版。

［7］广州市文史研究馆：《广州百年大事记》，广东人民出版社 1984 年版。

［8］一川：《饶平乡土》，饶平政协文史组，1984 年。

［9］杨荣春：《中国封建社会教育史》，广东人民出版社 1985 年版。

［10］张在普：《中国近现代政区沿革表》，福建省地图出版社 1987 年版。

［11］叶显恩、蒋祖缘：《明清广东社会经济研究》，广东人民出版社 1987 年版。

［12］李平日：《韩江三角洲》，中国海洋出版社 1987 年版。

［13］刘石吉：《明清时代江南市镇研究》，中国社会科学出版社 1987 年版。

［14］林金枝：《近代华侨投资国内企业概论》，厦门大学出版社 1988 年版。

［15］朱云成：《中国人口·广东分册》，中国财政经济出版社 1988 年版。

［16］许正文：《中国历代政区划分与管理沿革》，陕西师范出版社 1990 年版。

［17］樊树志：《明清江南市镇探微》，复旦大学出版社 1990 年版。

［18］潘理性、曹洪斌、余永哲：《广东政区演变》，广东省地图出版社 1991 年版。

［19］潮州市地方志办公室：《潮州两千年》，1991 年。

［20］杨群熙：《潮汕历史名人录》，广东高等教育出版社 1991 年版。

［21］彭世奖：《潮汕风物谈》，中华书局 1992 年版。

［22］蒋祖缘、方志钦：《简明广东史》，广东人民出版社 1993 年版。

［23］朱国宏：《中国的海外移民》，复旦大学出版社 1994 年版。

［24］吴勤生：《汕头史话》，广东旅游出版社 1989 年版。

［25］徐俊鸣：《岭南历史地理论集》，中山大学学报编辑部，1990 年。

［26］李长傅：《南洋华侨史》，上海书店 1991 年版。

［27］潘理性：《广东政区演变》，广东省地图出版社 1991 年版。

［28］黄梅岑：《潮州街道掌故》，广东旅游出版社 1991 年版。

［29］徐学林：《中国历代行政区划》，安徽教育出版社 1991 年版。

［30］陈历明：《潮汕史话》，广东旅游出版社 1992 年版。

［31］顾朝林：《中国城镇体系——历史·现状·展望》，商务印书馆 1992 年版。

［32］崔功豪：《中国城镇发展研究》，中国建筑工业出版社 1992 年版。

［33］司徒尚纪：《广东文化地理》，广东人民出版社 1993 年版。

［34］梁必骐：《广东的自然灾害》，广东人民出版社 1993 年版。

［35］陈历明：《潮汕考古文集》，汕头大学出版社 1993 年版。

［36］陈朝辉、蔡人群、许自策：《潮汕平原经济》，广东人民出版社 1994 年版。

［37］潮汕百科全书编辑委员会：《潮汕百科全书》，中国大百科全书出版社 1994 年版。

［38］杜松年：《潮汕大文化》，中国科学技术出版社 1994 年版。

［39］司徒尚纪：《岭南史地论集》，广东省地图出版社 1994 年版。

［40］熊月之：《西学东渐与晚清社会》，上海人民出版社 1994 年版。

［41］陈礼颂：《一九四九前潮州宗族村落社区的研究》，上海古籍出版社 1995 年版。

［42］广东历史地图集编辑委员会：《广东历史地图集》，广东省地图出版社

1995 年版。

[43] 张仲礼：《东南沿海城市与中国近代化》，上海人民出版社 1996 年版。

[44] 林玉茹：《清代台湾港口的空间结构》，知书房出版社 1996 年版。

[45] 李南、李树苗：《区域人口城镇化问题研究》，华东师范大学出版社 1996 年版。

[46] 张明赓、张明聚：《中国历代行政区划》，中国华侨出版社 1996 年版。

[47] 王伟琛：《潮汕地名掌故》，广东高等教育出版社 1997 年版。

[48] 黄挺：《潮汕文化溯源》，广东高等教育出版社 1997 年版。

[49] 杜桂芳：《潮汕海外移民》，汕头大学出版社 1997 年版。

[50] 杨义全：《潮汕自然概览》，汕头大学出版社 1997 年版。

[51] 杨群熙：《华侨与近代潮汕经济》，汕头大学出版社 1997 年版。

[52] 黄挺：《潮汕文化源流》，广东高等教育出版社 1997 年版。

[53] 龙登高：《中国传统市场发展史》，人民出版社 1997 年版。

[54] 黄挺：《潮商文化》，华文出版社 2008 年版。

[55] 姜涛：《中国近代人口史》，南天书局 1998 年版。

[56] 陆大道：《区域发展及其空间结构》，科学技术出版社 1998 年版。

[57] 隗瀛涛：《中国近代不同类型城市综合研究》，四川大学出版社 1998 年版。

[58] 马正林：《中国城市历史地理》，山东教育出版社 1998 年版。

[59] 包伟民：《江南市镇及其近代命运 1840 ~ 1949 年》，知识出版社 1998 年版。

[60] 马正林：《中国城市历史地理》，山东教育出版社 1998 年版。

[61] 黄挺、马明达：《潮汕金石文征》，广东人民出版社 1999 年版。

[62] 王琳乾、黄万德：《潮汕史事纪略》，花城出版社 1999 年版。

[63] 顾朝林、柴彦威：《中国城市地理》，商务印书馆 1999 年版。

[64] 周一星：《城市地理学》，商务印书馆 1999 年版。

[65] 吴郁文：《广东经济地理》，广东人民出版社 1999 年版。

[66] 杨群熙、陈骅：《海外潮人慈善业绩》，花城出版社 1999 年版。

[67] 林家劲：《近代广东侨汇研究》，中山大学出版社 1999 年版。

[68] 孙谦：《清代华侨与闽粤社会变迁》，厦门大学出版社 1999 年版。

[69] 亢亮、亢羽：《风水与城市》，百花文艺出版社 1999 年版。

[70] 史远芹：《中国近代化的历程》，中共中央党校出版社 1999 年版。

[71] 王本尊：《海外华侨华人与潮汕侨乡的发展》，中国华侨出版社 2000 年版。

［72］庄国土：《中国侨乡研究》，厦门大学出版社2000年版。

［73］陈历明：《从考古看潮州》，潮汕历史文化研究中心，2000年。

［74］鲁西奇：《区域历史地理研究：对象与方法——汉水流域的个案考察》，广西人民出版社2000年版。

［75］天津市城市科学研究会、天津社会科学院历史研究所：《城市史研究》，天津社会科学院出版社2000年版。

［76］路遇、滕泽之：《中国人口通史》，山东人民出版社2000年版。

［77］胡序威：《中国沿海城镇密集地区空间集聚与扩散研究》，科学出版社2000年版。

［78］顾朝林等：《集聚与扩散——城市空间结构新论》，东南大学出版社2000年版。

［79］费孝通：《费孝通论小城镇建设》，群言出版社2000年版。

［80］林济：《潮商》，华中科技大学出版社2001年版。

［81］曹树基：《中国人口史》（第五卷），复旦大学出版社2001年版。

［82］吴承明：《中国的现代化：市场与社会》，生活·读书·新知三联书店2001年版。

［83］赵春晨、陈历明：《潮汕百年履痕：近代潮汕文化与社会变迁图录》，花城出版社2001年版。

［84］林伦伦：《地名学与潮汕地名》，香港艺苑出版社2001年版。

［85］陈景熙：《潮汕工商业史话》，香港艺苑出版社2001年版。

［86］陈泽弘：《潮汕文化概说》，广东人民出版社2001年版。

［87］黄挺、陈占山：《潮汕史》，广东人民出版社2001年版。

［88］侯杨方：《中国人口史》（第六卷），复旦大学出版社2001年版。

［89］庄国土：《华侨华人与中国的关系》，广东高等教育出版社2001年版。

［90］司徒尚纪：《岭南历史人文地理——广府、客家、福佬民系比较研究》，中山大学出版社2001年版。

［91］曾昭璇、黄伟峰：《广东自然地理》，广东人民出版社2001年版。

［92］华侨华人百科全书编委会：《华侨华人百科全书（侨乡卷）》，中国华侨出版社2001年版。

［93］吴承明：《吴承明集》，中国社会科学出版社2002年版。

［94］林远辉：《潮州古港樟林》，中国华侨出版社2002年版。

［95］杨天宏：《口岸开放与社会变革——近代中国自开商埠研究》，中华书局2002年版。

［96］刘权：《广东华侨华人史》，广东人民出版社2002年版。

[97] 许学强《城市地理学》，高等教育出版社 2002 年版。

[98] 郭剑鸣：《文化与社会现代化：对汕头为中心的潮汕社会发展的文化透视》，汕头大学出版社 2002 年版。

[99] 司徒尚纪：《珠江文化与史地研究》，中国评论文化有限公司 2003 年版。

[100] 冯尔康：《顾真斋文丛》，中华书局 2003 年版。

[101] 周大鸣、柯群英：《侨乡移民与地方社会》，民族出版社 2003 年版。

[102] 龚伯洪：《广府华侨华人史》，广东高等教育出版社 2003 年版。

[103] 刘海岩：《空间与社会：近代天津城市的演变》，天津社会科学院出版社 2003 年版。

[104] 欧志图：《岭南建筑与民俗》，百花文艺出版社 2003 年版。

[105] 黄志云：《珠江三角洲城市文化论》，广东人民出版社 2004 年版。

[106] 李孝聪：《中国区域历史地理》，北京大学出版社 2004 年版。

[107] 李崴主：《侨乡文化探研》，广东人民出版社 2004 年版。

[108] 何一民：《近代中国城市发展与社会变迁（1840～1949 年）》，科学出版社 2004 年版。

[109] 汤铭潭、宋劲松、刘仁根：《小城镇发展与规划概论》，中国建筑工业出版社 2004 年版。

[110] 陆集源：《古今潮汕港》，中国文联出版社 2004 年版。

[111] 刘朝晖：《超越乡土社会：一个侨乡村落的历史文化与社会结构》，民族出版社 2005 年版。

[112] 胡百龙、梅伟强、张国雄：《侨乡文化纵论》，中国华侨出版社 2005 年版。

[113] 刘权：《念祖爱乡：海外广东人的情结》，广东人民出版社 2005 年版。

[114] 周霞：《广州城市形态演进》，中国建筑工业出版社 2005 年版。

[115] 樊树志：《江南市镇：传统的变革》，复旦大学出版社 2005 年版。

[116] 黄滨：《近代粤港客商与广西城镇经济发育》，中国社会科学出版社 2005 年版。

[117] 卢继定：《潮汕老百业》，香港公元出版有限公司 2005 年版。

[118] 张晓辉：《民国时期广东社会经济史》，广东人民出版社 2005 年版。

[119] 龙彬：《风水与城市营建》，江西科学技术出版社 2005 年版。

[120] 厦门大学中国海关史研究中心：《中国海关与中国近代社会》，厦门大学出版社 2005 年版。

［121］顾朝林：《城镇体系规划》，中国建筑工业出版社 2005 年版。

［122］张在谱：《中国近现代政区沿革表》，福建省地图出版社 2006 年版。

［123］蔡苏龙：《侨乡社会转型与华侨华人的推动——以泉州为中心的历史考察》，天津古籍出版社 2006 年版。

［124］李培祥：《城市与区域相互作用的理论与实践》，经济管理出版社 2006 年版。

［125］吴松弟：《中国百年经济拼图：港口城市及其腹地与中国现代化》，山东画报出版社 2006 年版。

［126］林琳：《港澳与珠江三角洲地域建筑——广东骑楼》，科学出版社 2006 年版。

［127］阙本旭、陈俊华：《汕头大学潮学研究文萃》，汕头大学出版社 2006 年版。

［128］郑一省：《多重网络的渗透与扩张——海外华侨华人与闽粤侨乡互动关系研究》，世界知识出版社 2006 年版。

［129］陈景熙：《潮州学论集》，汕头大学出版社 2006 年版。

［130］赵冈：《中国城市发展史论集》，新星出版社 2006 年版。

［131］赵荣、王恩涌、张小林等：《人文地理学》，高等教育出版社 2006 年版。

［132］李安山：《中国华侨华人学——学科定位与研究展望》，北京大学出版社 2006 年版。

［133］袁祖亮：《中国人口通史》，人民出版社 2007 年版。

［134］李孝聪：《历史城市地理》，山东教育出版社 2007 年版。

［135］郝寿义：《区域经济学原理》，上海人民出版社 2007 年版。

［136］苏伟忠、杨英宝：《基于景观生态学的城市空间结构研究》，科学出版社 2007 年版。

［137］王炜中、杨群熙、陈骅：《潮汕侨批简史》，香港公元出版有限公司 2007 年版。

［138］王炜中：《潮汕侨批》，广东人民出版社 2007 年版。

［139］汕头大学图书馆：《日军侵略潮汕写真》，汕头大学出版社 2007 年版。

［140］陈子：《汕头建阳村与海外乡亲互动研究》，暨南大学出版社 2007 年版。

［141］何一民：《近代中国衰落城市研究》，巴蜀书社 2007 年版。

［142］梁川：《近代广东要塞》，中共党史出版社 2007 年版。

［143］邹逸麟：《中国历史地理概述》，上海教育出版社 2007 年版。

［144］唐次妹：《清代台湾城镇研究》，九州出版社 2008 年版。

［145］潮州市委宣传部、汕头市委宣传部、揭阳市委宣传部、汕尾市委宣传部：《潮汕华侨历史文化图录》（上），山东美术出版社 2008 年版。

［146］陈炜：《近代广西城镇商业网络与民族经济开发》，巴蜀书社 2008 年版。

［147］张仲礼：《近代上海研究（1840～1949 年）》，上海文艺出版社 2008 年版。

［148］张鹏：《都市形态的历史根基——上海公共租界市政发展与都市变迁研究》，同济大学出版社 2008 年版。

［149］牛贯杰：《17～19 世纪中国的市场与经济发展》，黄山书社 2008 年版。

［150］刘景纯：《城镇景观与文化：清代黄土高原地区城镇文化的地理学考察》，中国社会科学出版社 2008 年版。

［151］王晶：《潮汕区域文化研究》，暨南大学出版社 2008 年版。

［152］牛凤瑞：《城市学概论》，中国社会科学出版社 2008 年版。

［153］潮州市文化广电新闻出版局：《明清档案与潮州文化》，广东人民出版社 2008 年版。

［154］潮州市政协文教体卫史委员会：《海外潮人史话》，中国文史出版社 2009 年版。

［155］刘林、刘承水：《城市概论》中国建筑工业出版社 2009 年版。

［156］曾谦：《近代山西城镇地理》，宁夏人民出版社 2009 年版。

［157］刘辉：《五十年各埠海关报告》，中国海关出版社 2009 年版。

［158］沈卫红：《侨乡模式与中国道路》，社会科学文献出版社 2009 年版。

［159］饶锷：《饶锷文集》，香港天马出版有限公司 2010 年版。

［160］蓝勇：《中国历史地理》，高等教育出版社 2010 年版。

［161］周一星：《城市地理求索——周一星自选集》，商务印书馆 2010 年版。

［162］吴宏岐：《历史地理学方法论的探索与实践》，暨南大学出版社 2010 年版。

［163］张晓辉：《民国时期广东的对外经济关系》，社会科学文献出版社 2011 年版。

2. 史料汇编

［1］严中平：《中国近代经济史统计资料选辑》，科学出版社 1955 年版。

［2］彭泽益：《中国近代手工业史资料（1840～1949年）》（第二、三、四卷），生活·读书·新知三联书店1957年版。

［3］陈真：《中国近代工业史资料》（第三辑），生活·读书·新知三联书店1960年版。

［4］姚贤镐：《中国近代对外贸易史资料》（第一、二、三册），中华书局1962年版。

［5］宓汝成：《中国近代铁路史资料》，中华书局1963年版。

［6］刘玉遵：《猪仔华工访问录》，中山大学东南亚历史研究所，1979年。

［7］福建师范大学历史系华侨资料选辑组：《晚清海外笔记选》，海洋出版社1983年版。

［8］政协潮州市文史资料征集编写委员会：《潮州文史资料》（第一辑），1984年。

［9］中国海关学会汕头海关小组、汕头市地方志编纂委员会办公室：《潮海关史料汇编》（内部资料），1988年。

［10］徐载平、徐瑞芳：《清末四十年申报史料》，新华出版社1988年版。

［11］广东省档案馆、广州华侨研究会等：《华侨与侨务史料选编（广东卷）》（全二册），广东人民出版社1989年版。

［12］政协澄海县委员会文史资料工作委员会：《澄海文史资料》（第三辑），1989年。

［13］饶平县政协文史组：《饶平文史》（第七辑），1989年。

［14］林金枝、庄为玑：《近代华侨投资国内企业资料选辑（广东卷）》，福建人民出版社1989年版。

［15］政协丰顺县文史资料委员会：《丰顺县文史资料》（第五辑），1992年。

［16］汕头大学潮汕文化研究中心、汕头市潮汕历史文化研究中心：《潮汕文化论丛》（初集），广东高等教育出版社1992年版。

［17］潮汕历史文化研究中心、汕头大学潮汕文化研究中心：《潮学研究》（第一辑），汕头大学出版社1994年版。

［18］广东省政协委员会文史资料委员会：《广东文史资料》（第七十六辑），广东人民出版社1994年版。

［19］蔡志祥：《许舒博士所藏商业及土地契约文书：乾泰隆文书（一）潮汕地区土地契约文书》，东京大学东海文化研究所，1995年。

［20］政协惠来县文史资料征集研究委员会：《惠来文史》（第六辑），1995年。

［21］广州市地方志编委会办公室：《清实录广东史料》，广东省地图出版社1995年版。

［22］林忠佳、张添喜：《〈申报〉广东资料选辑》，广东省档案馆《申报》该书编辑组，1995年。

［23］政协普宁县文史资料委员会：《普宁文史》（第十二辑），1997年。

［24］广东省档案馆：《民国时期广东省政府档案资料汇编》（内部资料），1998年。

［25］中国第二历史档案馆、中国海关总署办公厅：《中国旧海关史料》，京华出版社2001年版。

［26］王琳乾、吴坤祥：《早期华侨与契约华工（卖猪仔）资料》（内部资料），潮汕历史文化研究中心，2002年。

［27］郑可茵、赵学萍、吴里阳：《汕头开埠及开埠前后社情资料》（内部资料），潮汕历史文化研究中心、汕头市文化局、汕头市图书馆，2003年。

［28］王琳乾、吴膺雄：《潮汕交通运输资料》（内部资料），潮汕历史文化研究中心，2003年。

［29］政协大埔县委员会文史资料委员会：《大埔文史》（第二十一辑），2003年版。

［30］潮汕历史文化研究中心：《潮汕侨批萃编》，香港公元出版有限公司2003年版。

［31］杨群熙：《潮汕地区商业活动资料》（内部资料），潮汕历史文化研究中心、汕头市文化局、汕头市图书馆，2003年。

［32］王琳乾、吴膺雄：《潮汕邮政电信发展资料》（内部资料），潮汕历史文化研究中心，2004年。

［33］林天、蔡琼红：《明清以来潮汕的海防设施资料》（内部资料），潮汕历史文化研究中心，2004年。

［34］杨群熙：《海外潮人对潮汕经济建设贡献资料》（内部资料），潮汕历史文化研究中心，2004年。

［35］杨群熙、吴坤祥：《海外潮人对潮汕教育事业贡献资料》（内部资料），潮汕历史文化研究中心，2005年。

［36］杨群熙、赵学萍、吴里阳：《潮汕教育事业发展资料》（内部资料），潮汕历史文化研究中心，2005年。

［37］林亚杰：《广东文史资料存稿选编》（第四、第五卷），广东人民出版社2005年版。

［38］《民国珍稀短刊断刊——广东卷》，全国图书馆文献缩微复制中心，

2006 年版。

　　［39］潮汕历史文化研究中心：《潮汕侨批集成》，广西师范大学出版社 2007 年版。

　　［40］王炜中：《潮汕侨批业档案选编：1942~1949》，香港天马出版有限公司 2010 年版。

　　3. 期刊论文

　　［1］傅衣凌：《明清时代江南市镇经济的分析》，《历史教学》1964 年第 5 期。

　　［2］林金枝：《解放前华侨在广东投资的状况及其作用》，《学术研究》1981 年第 5 期。

　　［3］游仲勋、刘晓民：《华侨收入与华侨投资》，《南洋资料译丛》1982 年第 2 期。

　　［4］李龙潜：《明清时期广东墟市的类型及其特点》，《学术研究》1982 年第 6 期。

　　［5］兰益江：《谈侨区人口问题》，《人口研究》1983 年第 6 期。

　　［6］叶显恩、谭棣华：《明清珠江三角洲农业商业化与墟市的发展》，《广东社会科学》1984 年第 2 期。

　　［7］庄义青、洪松森：《华侨与潮汕》，《韩山师范学院学报》1984 年第 3 期。

　　［8］杜恂诚：《日本在旧中国投资的几个特点》，《学术月刊》1984 年第 7 期。

　　［9］庄义青、洪松森：《华侨与潮汕关系述略》，《汕头大学学报》（人文社会科学版）1985 年第 2 期。

　　［10］邓莹：《侨乡的经济发展与人口迁移》，《广东社会科学》1987 年第 1 期。

　　［11］樊树志：《市镇与乡村的城市化》，《学术月刊》1987 年第 1 期。

　　［12］方地：《从人口普查资料中反映出来的侨乡老年女侨属的特点》，《人口与经济》1987 年第 4 期。

　　［13］黄绮文：《华侨张榕轩、张耀轩与潮汕铁路》，《汕头大学学报（人文社会科学版）》1989 年第 1 期。

　　［14］张晓辉：《广东近代蚕丝业的兴衰及其原因》，《暨南学报》（人文科学与社会科学版）1989 年第 3 期。

　　［15］乔素玲：《清代广东的人口增长与流迁》，《暨南学报》（哲学社会科学

版）1990 年第 2 期。

〔16〕司徒尚纪：《珠江三角洲经济地理网络的嬗变》，《中山大学学报论丛》（自然科学版）1990 年第 4 期。

〔17〕洪松森：《华侨与近代潮汕经济》，《岭南文史》1991 年第 1 期。

〔18〕谢荣：《潮汕文化的特点及其在中国历史上的地位》，《韩山师范学院学报》1991 年第 1 期。

〔19〕吴建新：《明清广东人口流动概观》，《广东社会科学》1991 年第 2 期。

〔20〕杨行之：《樟林港与红头船贸易》，《华侨华人历史研究》1991 年第 3 期。

〔21〕林金枝：《侨汇对中国经济发展与侨乡建设的作用》，《南洋问题研究》1992 年第 2 期。

〔22〕张映秋：《普宁县人移居泰国的历程和分布》，《南方人口》1992 年第 3 期。

〔23〕陈荆淮：《从香港潮商沿革看潮汕人的经商特性》，《岭南文史》1992 年第 3 期。

〔24〕熊蔚霞、郑甫弘：《抗日战争时期闽粤侨乡的侨眷生活》，《南洋问题研究》1992 年第 4 期。

〔25〕陆集源：《汕头港与潮汕侨胞的历史渊源》，《交通世界》1994 年第 5 期。

〔26〕洪松森：《近代华侨在潮汕地区的投资及其启示》，《韩山师范学院学报》1995 年第 1 期。

〔27〕连浩鋈：《二十世纪三十年代广东米荒问题的研究》，《中国经济史研究》1996 年第 4 期。

〔28〕米红、蒋正华：《民国人口统计调查和资料的研究与评价》，《人口研究》1996 年第 5 期。

〔29〕丁旭光：《民国初年广东社会阶层变动简析》，《广东社会科学》1997 年第 1 期。

〔30〕米红、李树苗、胡平、王琼：《清末民初的两次户口人口调查》，《历史研究》1997 年第 1 期。

〔31〕黄绮文：《汕头开埠以来的华侨投资》，《汕头大学学报》（人文科学版）1997 年第 2 期。

〔32〕邓亦兵：《清代前期的市镇》，《中国社会经济史研究》1997 年第 3 期。

［33］林有能：《清代广东人口膨胀原因及其影响》，《学术研究》1997 年第 9 期。

［34］吴榕青：《潮州历史政区地理述略》，《岭南文史》1998 年第 4 期。

［35］王本尊：《海外侨胞投资侨乡的一种特殊形式——侨属企业》，《八桂侨刊》1999 年第 1 期。

［36］龙登高：《粤闽侨乡的经济变迁——来自海外社会资源的影响》，《华侨华人历史研究》1999 年第 3 期。

［37］冷东：《潮汕地区的制糖业》，《中国农史》1999 年第 4 期。

［38］房建昌：《潮汕地区中英交涉数事》，《汕头大学学报》（人文科学版）2000 年第 3 期。

［39］周聿峨、曾品元：《华侨华人与广东侨乡关系的思考》，《华侨华人历史研究》2001 年第 1 期。

［40］卜奇文：《论明清时期岭南地区市场中心地分布的差异性》，《广东史志》2001 年第 2 期。

［41］唐玲玲：《从三个典型谱牒看潮汕早期移民的若干特点》，《广东史志》2001 年第 3 期。

［42］任放：《二十世纪明清市镇经济研究》，《历史研究》2001 年第 5 期。

［43］张晓辉、梁向阳：《清末广东人口发展缓慢探因》，《五邑大学学报》（社会科学版）2002 年第 2 期。

［44］陈友义：《试论地理环境对潮汕传统文化精细特色的影响》，《汕头大学学报》（人文社会科学版）2002 年第 4 期。

［45］张晓辉：《近代列强入侵与岭南各通商口岸地位的变迁》，《岭南文史》2002 年第 4 期。

［46］彭黎明：《海外华资对侨乡的投资探讨——以广东侨乡为例》，《华侨华人历史研究》2002 年第 4 期。

［47］王晓莺：《论 1927～1937 年华侨在广东的大投资》，《汕头大学学报》（人文社会科学版）2002 年第 4 期。

［48］沙东迅：《抗日战争时期广东人民的生活》，《广东史志》2002 年第 4 期。

［49］唐孝祥：《近代岭南侨乡建筑的审美文化特征》，《新建筑》2002 年第 5 期。

［50］郭剑鸣：《潮汕社会近代化成功的文化启示》，《汕头大学学报》（人文社会科学版）2002 年第 6 期。

［51］梁向阳：《民国时期广东人口向海外流动初探》，《八桂侨刊》2003 年

第 1 期。

［52］刘沛林：《广东侨乡聚落的景观特点及其遗产价值》，《中国历史地理论丛》2003 年第 1 期。

［53］冷东：《明清潮州海商与区域社会》，《东北师大学报》（哲学社会科学版）2003 年第 1 期。

［54］魏明枢：《晚清时期客家华侨在国内的经济投资》，《史学月刊》2003年第 6 期。

［55］李益杰：《海外潮汕华侨华人集中于泰国的原因浅析》，《东南亚》2004 年第 1 期。

［56］马明达、黄泽纯：《潮汕侨批局的经营网络》，《暨南学报》（人文科学与社会科学版）2004 年第 1 期。

［57］熊燕军、孟广军：《试论近代潮汕经济的"华侨性"》，《湖北省社会主义学院学报》2004 年第 6 期。

［58］江莹、曾菊新：《城乡关联发展的动力机制与实现途径》，《开发研究》2004 年第 2 期。

［59］许桂林、司徒尚纪：《广东华侨文化景观及其地域分异》，《地理研究》2004 年第 3 期。

［60］徐鲁航：《美国浸礼会近代以来在潮汕办学述评》，《汕头大学学报》（人文社会科学版）2004 年第 4 期。

［61］陈春声：《近代华侨汇款与侨批业的经营——以潮汕地区的研究为中心》，《中国社会经济史研究》2004 年第 4 期。

［62］周琍：《明清时期潮州盐业初探》，《盐业史研究》2005 年第 1 期。

［63］吴妙娴、唐孝祥：《近代华侨投资与潮汕侨乡建筑的发展》，《华南理工大学学报》（社会科学版）2005 年第 1 期。

［64］赖瑛：《试比较广东侨乡近代建筑审美文化特征》，《南方文物》2005年第 2 期。

［65］王元林、邓敏锐：《近代广东侨乡生活方式与社会风俗的变化：以潮汕和五邑为例》，《华侨华人历史研究》2005 年第 4 期。

［66］陈友义、张妍瑾：《近代潮汕文化的嬗变及其历史启示》，《汕头大学学报》（人文社会科学版）2005 年第 4 期。

［67］柯群英：《人类学与散居人口研究：侨乡研究中的一些注意事项》，《广西民族学院学报》（哲学社会科学版）2005 年第 4 期。

［68］陈建新：《长江三角洲与珠江三角洲城镇历史沿革研究》，《华南理工大学学报》（社会科学版）2005 年第 6 期。

［69］张应龙：《都市侨乡：侨乡研究新命题》，《华侨华人历史研究》2005年第9期。

［70］唐孝祥、朱岸林：《试论近代广府侨乡建筑的审美文化特征》，《城市建筑》2006年第2期。

［71］黄燕华：《华侨汇款对近代潮汕地区农业与农村社会的影响》，《华南农业大学学报》（社会科学版）2006年第3期。

［72］吴宏岐：《历史地理学视野下的中国近代社会史研究》，《学术月刊》2006年第3期。

［73］张应龙：《输入与输出：广东侨乡文化特征散论——以五邑与潮汕侨乡建筑文化为中心》，《华侨华人历史研究》2006年第3期。

［74］毛立坤：《晚清时期香港与两广的贸易关系》，《安徽史学》2006年第4期。

［75］唐孝祥、吴妙娴：《试析近代潮汕侨乡建筑的审美文化特征》，《城市建筑》2006年第5期。

［76］郑一省：《水客与近代中国侨乡的金融网络及移民网络——以闽粤侨乡为例》，《东南亚研究》2006年第5期。

［77］黄挺：《海外潮人对潮汕地区兴办大学的推动与贡献》，《汕头大学学报》（人文社会科学版）2006年第5期。

［78］何敏波：《简述侨批业发展过程中的潮商精神》，《八桂侨刊》2006年第5期。

［79］林琳：《广东骑楼建筑的历史渊源探析》，《建筑科学》2006年第6期。

［80］汤开建、田渝：《明清时期华人向暹罗的移民》，《世界民族》2006年第6期。

［81］周毅刚：《明清佛山的城市空间形态初探》，《华中建筑》2006年第8期。

［82］黄挺：《明代前期潮州的海防建制与地方控制》，《广东社会科学》2007年第3期。

［83］肖文燕、张宏卿：《华侨与近代侨乡工业——以广东梅县为例》，《华侨华人历史研究》2007年第3期。

［84］韩强：《岭南区域文化构成及特色》，《岭南文史》2007年第4期。

［85］吴晓琼：《档案人看侨批：传承华侨历史的档案》，《广东档案》2007年第6期。

［86］陈友义：《试论开埠对近代汕头崛起的历史作用》，《广东史志视窗》

2007 年第 6 期。

[87] 黄挺：《1860 年以前的潮州海外移民——以族谱资料为中心》，《海交史研究》2008 年第 1 期。

[88] 郑朝焕：《清末民初潮汕留学浪潮述略》，《韩山师范学院学报》2008 年第 2 期。

[89] 卢帆：《炫耀性消费：基于侨乡文化的分析》，《经济与社会发展》2008 年第 2 期。

[90] 郑松辉：《论潮汕近代民居建筑的海洋文化内涵》，《汕头大学学报》（人文社会科学版）2008 年第 4 期。

[91] 黄绮文：《近代海外潮人与中西文化交流》，《汕头大学学报》（人文社会科学版）2008 年第 4 期。

[92] 杨群熙：《海外潮商对潮汕经济建设的贡献》（上），《潮商》2008 年第 4 期。

[93] 杨群熙：《海外潮商对潮汕经济建设的贡献》（下），《潮商》2008 年第 6 期。

[94] 周琍、周建新：《水客与客家侨乡社会变迁》，《中南民族大学学报》（人文社会科学版）2009 年第 4 期。

[95] 杨思声、肖大威：《中国近代南方侨乡建筑的文化特征探析》，《昆明理工大学学报》（理工版）2009 年第 2 期。

[96] 陈卓坤：《近现代潮汕女子教育概观》，《汕头大学学报》（人文社会科学版）2009 年第 2 期。

[97] 郑銮娟：《明清时期潮州经济市场网络初探》，《知识经济》2009 年第 8 期。

[98] 黄挺：《城市、商人与宗族——以民国时期汕头市联宗组织为研究对象》，《中国社会历史评论》2009 年第 10 卷。

[99] 胡恒：《清代巡检司时空分布特征初探》，《史学月刊》2009 年第 11 期。

[100] 郑松辉：《口述历史：侨批研究的新视角——以潮汕侨批文化研究为例》，《广东技术师范学院学报》2010 年第 1 期。

[101] 陈勇：《潮海开关史事考略》，《汕头大学学报》（人文社会科学版）2010 年第 4 期。

[102] 张卓娅：《浅析 1943 年广东大饥荒》，《知识经济》2010 年第 11 期。

[103] 于亚娟、吴宏岐：《华侨华人历史地理刍议》，《东南亚纵横》2012 年第 2 期。

［104］朱士光：《关于中国城市史研究的几个问题之管见》，《江汉论坛》2012 年第 1 期。

4. 学位论文

［1］梁向阳：《民国时期广东人口问题浅探》，暨南大学硕士学位论文，2002 年。

［2］黄泽纯：《潮汕侨批业探析》，暨南大学硕士学位论文，2004 年。

［3］朱栩翔：《广东五邑侨乡城镇演变研究》，华南理工大学硕士学位论文，2004 年。

［4］林星：《近代福建城市发展研究（1843～1949 年)》，厦门大学博士学位论文，2004 年。

［5］刘强：《明清潮州对外贸易研究》，暨南大学硕士学位论文，2005 年。

［6］陈丽：《清代后期汕头的对外贸易（1860～1911 年)》，暨南大学硕士学位论文，2005 年。

［7］谭玉秀：《1927～1937 年中国城市失业问题研究》，浙江大学博士学位论文，2006 年。

［8］郑銮娟：《明清潮州城市空间形态初步探究》，暨南大学硕士学位论文，2008 年。

［9］文燕：《华侨与侨乡社会变迁》，上海师范大学博士学位论文，2008 年。

［10］汤苑芳：《分合与互动：清代广东墟市经济地理研究（1644～1911)》，暨南人学博士学位论文，2011 年。

四、外文著述

［1］John Crawfurd. History of the Indian Archipelago，Vol. 3，1820，London.

［2］R. Murphey. "The City as a Center of Change：Western Europe and China"，Annals of the Association of American Geographers，Vol. 44，1954.

［3］［苏］H. H. 巴朗斯基：《经济地理学论文集》，邓静中、周起业、李恒等译，科学出版社 1958 年版。

［4］Sen‐dou Chang. "Some Aspects of the Urban Geography of the Chinese Hsien Capital"，Annals of the Association of American Geographers，Vol. 51，No. 1，1961.

［5］中共中央马克思恩格斯列宁斯大林著作编译局：《马克思恩格斯选集》（第二卷），人民出版社 1972 年版。

［6］ G. William Skinner. The City in Late Imperial China，Stanford University Press，Stanford，California，1977.

［7］［德］阿尔夫雷德·赫特纳：《地理学：它的历史、性质和方法》，王兰生译，商务印书馆1986年版。

［8］［美］R. E. 帕克、E. N. 伯吉斯、R. D. 麦肯齐：《城市社会学——芝加哥学派城市研究文集》，宋俊岭、吴建华、王登斌译，华夏出版社1987年版。

［9］［日］游仲勋：《东南亚华侨经济简论》，郭梁等译，厦门大学出版社1987年版。

［10］中共中央马克思恩格斯列宁斯大林著作编译局：《列宁全集》（第27卷），人民出版社1990年版。

［11］［苏］B. C. 热库林：《历史地理学——对象和方法》，韩光辉译，北京大学出版社1992年版。

［12］［美］施坚雅：《中国农村的市场和社会结构》，史建云、徐秀丽译，中国社会科学出版社1998年版。

［13］［德］沃尔特·克里斯塔勒：《德国南部中心地原理》，常正文、王兴中、李贵才等译，商务印书馆1998年版。

［14］［德］黑格尔：《历史哲学》，王造时译，上海书店出版社1999年版。

［15］［日］滨下武志：《近代中国的国际契机：朝贡体系与近代亚洲经济圈》，朱荫贵、欧阳菲译，中国社会科学出版社1999年版。

［16］［美］施坚雅：《中华帝国晚期的城市》，叶光庭等译，中华书局2000年版。

［17］［美］何柄棣：《明初以降人口及其相关问题1368～1953》，葛剑雄译，生活·读书·新知三联书店2000年版。

［18］［日］织田万：《清国行政法》，李秀清、王沛点校，中国政法大学出版社2003年版。

［19］［美］吉尔伯特·罗兹曼：《中国的现代化》，国家社会科学基金比较现代化课题组译，江苏人民出版社2003年版。

［20］［美］林达·约翰逊：《帝国晚期的江南城市》，成一农译，上海人民出版社2005年版。

［21］［日］滨下武志：《中国近代经济史研究：清末海关财政与通商口岸市场圈》，高淑娟、孙彬译，江苏人民出版社2006年版。

［22］［英］阿兰·R. H. 贝克：《地理学与历史学——跨越楚河汉界》，商务印书馆2008年版。

［23］［日］山岸猛：《侨汇与侨乡的经济变化》（上），《南洋资料译丛》2010年第2期。

后 记

本书是在我的博士毕业论文基础上修改而成的。在这个即将收获的时刻，回想这几年来的学习、生活与心路历程，感慨颇多，不能自已，个中滋味"不足为外人道也"，此处唯有感恩。

感谢我的博士生导师吴宏岐教授。老师宏大的学术视野、独到的视角分析、敏锐的思辨思维，以及严谨求学的治学态度，常令我有高山仰止之感，内心钦服不已。自投师门下，老师即对我谆谆教诲，传道授业，恩惠颇多。我的每一篇习作老师都精心修改，从行文措辞到文章架构，关注之细微，令我每每想起每每感动。而且，老师高屋建瓴的提点总让我豁然开朗、耳目一新。读博三年的锻造是我学术生涯中的一枚珍珠，这三年能以吴老师为师是我的幸运，我将用一生来珍惜这难得的师生之缘。

感谢暨南大学历史地理中心的郭声波教授、陈伟明教授、王颋教授、王元林教授。各位老师在我研学期间给予的指导和帮助，拓展了我的学术视野，深化了我对历史地理学的认识。几位老师在开题时对我论文提出的中肯建议和指导性意见，给我极大启发。这洋洋洒洒二十余万字的论文也凝结了各位老师的心血。

感谢北京大学周一星先生。论文撰写中急要一篇外文文献，各种获取途径都无果时，发现此文所刊发的论文集中同时刊有先生的文章，这令我欣喜不已。但是欣喜之余又很矛盾，因得知先生有恙在身，怕打扰先生休养生活，但同时又渴望获得这份资料。抱着试试看的心态给先生发了电邮，没想到第二天先生就回信并询问邮寄地址，第三天我便收到材料。看着快递信封上先生整齐的字体，心绪异常复杂，难以形容！后来与先生多次通信求教，先生对我文章中的问题一一批注，十分细致，甚至连标点符号都有改正，让我实在汗颜！先生严谨的治学态度以及对晚学的关爱，让我铭记于心。在此谨祝先生身体康健！

感谢韩山师范学院的黄挺教授，汕头大学的陈占山教授。二位教授细致、无私地指导我搜集、获取潮汕相关资料，黄挺教授还特地与我探讨了论文的框架以及细节问题。还要感谢在汕头查阅资料期间，汕头市地方志编纂委员会、汕头市档案局、潮汕历史文化研究中心的几位老师给予我的热情帮助。另外，在潮汕调研期间，还得到了潮州市庵埠镇朋友陈若的父亲、母亲的帮助。在调研期间，我衣食起居都在朋友家，二老不仅在生活上对我细心照料，还非常热心地发动朋友、邻居为我提供家谱等民间资料。最让我感动的是，阿姨担心我不熟悉路、不懂当地方言，不顾天气炎热，年近六旬却常常执意带我去周围各个地方去考察。

最后，感谢我的家人——父亲、母亲、妹妹、爱人及儿子！他们是我博士学位论文顺利完成和拙著付梓的基石和保障。倘若没有他们无私的支持和宽容的爱，我的生活将是另一番景象，虽不至于惶惶不可终日，却也注定暗淡无光。我因你们而幸福！